21 世纪高等院校教材 · 工业工程系列

新产品开发

（第二版）

任君卿　周根然　张明宝　编著

科 学 出 版 社

北 京

内 容 简 介

本书是在第一版（2005年）的基础上修改而成的，主要对新产品开发这一系统工程在其过程中所涉及的基本概念、原理、方法和先进的产品数字化技术进行了比较全面而详细的阐述，试图给读者建立一个较完整、清晰的新产品开发的知识体系，并介绍了一系列有关产品开发的实用程序和记载着产品开发成败的案例。应用本书介绍的理论知识和方法，可帮助读者掌握新产品开发的实质内容，建立自己的新产品开发的系统，并通过系统工程完成产品的研发与创新。

本书既可作为高等院校管理类、经济类等专业本科生和研究生的教材，也可作为工科学生从事新产品开发的培训教材，另外对于从事新产品开发的工程技术人员和管理人员也有一定的参考价值。

图书在版编目(CIP)数据

新产品开发/任君卿，周根然，张明宝编著. —2版. —北京：科学出版社，2009

21世纪高等院校教材・工业工程系列

ISBN 978-7-03-024863-3

Ⅰ. 新… Ⅱ. ①任…②周…③张… Ⅲ. 企业管理-产品开发-高等学校-教材 Ⅳ. F273.2

中国版本图书馆CIP数据核字（2009）第104485号

责任编辑：方小丽/责任校对：宋玲玲

责任印制：赵 博/封面设计：耕者设计工作室

科学出版社出版

北京东黄城根北街16号

邮政编码：100717

http://www.sciencep.com

北京凌奇印刷有限责任公司印刷

科学出版社发行 各地新华书店经销

*

2005年9月第 一 版 开本：B5（720×1000）

2009年7月第 二 版 印张：17 1/2

2025年1月第十八次印刷 字数：333 000

定价：68.00元

（如有印装质量问题，我社负责调换）

丛书序

教材体现了相关课程的教学内容和基本要求，是教师组织教学的主要依据。一套好的教材，应当覆盖相应专业所要求的知识点而无重要遗漏；一本好的教材，内容上应能自成体系而又与丛书中其他教材无交叉重复。一本教材，若能深受学生喜爱并由此引发其对相关课程愿学、爱学，同时让教师用起来得心应手，当属教材中的上品。倘若是妙笔生花，能把枯燥、艰涩的科学知识组织得详略得当，自然天成，让教师、学生虽登山攀崖却如履平川，使科学知识的授受成为师生共同的乐趣，这样的教材当属极品，是读书人、教书人、写书人毕生追求的最高境界。

重视教材建设是南京航空航天大学经济与管理学院的传统。“十五”以来，我们组织教师编写、出版教材 40 余种。其中，9 种入选普通高等教育“十一五”国家级规划教材，《应用统计学》被评为国家精品教材，《灰色系统理论及其应用》等 5 种教材被评为江苏省精品教材。一批优秀教材的出版对学院课程建设形成强有力的支撑。“灰色系统理论”课程入选国家精品课程，“应用统计学”、“预测方法与技术”等 4 种课程入选江苏省精品课程和优秀研究生课程。教材和课程建设为人才培养质量的不断提高奠定了坚实的基础，一大批优秀学子脱颖而出。“十五”以来，南京航空航天大学经济与管理学院先后有 60 多位同学获得全国“挑战杯”创业计划大赛等奖励。其中，陈吕栋等 19 人获国家金奖。5000 多名毕业校友活跃在全国各地，受到用人单位的欢迎。不少人已开始崭露头角，成为高等学校、科研院所、企事业单位和政府部门的学术、技术和管理骨干。2007 年，南京航空航天大学经济与管理学院组织申报的经济管理创新人才培养模式试验区被评为教育部、财政部人才培养模式试验区。

2005年，南京航空航天大学经济与管理学院在学校和科学出版社领导的大力支持下，结合工业工程专业（江苏省品牌专业）建设的需要和社会需求，组织出版了工业工程系列教材。这套教材问世以来，相继被许多兄弟高校选用。其中，多数教材在短短3年内数次重印，深受师生喜爱。教材出版后，学院、学校和江苏省根据工业工程专业人才培养模式创新、国家和江苏省精品课程、精品教材建设的需要，安排了一批教学改革研究课题。这次对丛书进行修订，吸收了各位作者近年来取得的教学改革成果，融入了新的教学实践经验，并充分考虑读者反馈的意见和建议。同时，根据国家人才培养质量工程的要求，增加了《系统建模与仿真》等新的选题。

在丛书修订过程中，我们仍然要求参加编写工作的老师坚持读者至上的原则。在理论阐述上力求简明扼要，深入浅出，通俗易懂，易于自学。对相关方法和应用技术的讨论，则力求清晰、详尽而不累赘。因此，丛书修订版是在第一版基础上的一次升华，更适合用做政府部门、企事业单位管理干部、工程技术人员和理工科学生系统学习现代工业工程方法与技术的自学参考书。

丛书的修订、再版得到了南京航空航天大学教材出版基金资助。在此，特向支持丛书出版的领导和专家表示深深的谢意！

好的教材是在多年教学实践的锤炼中逐步形成的，需要根据教学改革、专业设置和学科发展的要求不断充实、修订、完善。殷切期望专家、老师和广大读者将使用这套教材时发现的问题以及改进意见和建议及时反馈给我们，以便修订时借鉴。

国家有突出贡献的中青年专家

南京航空航天大学特聘教授、博士生导师　刘思峰

南京航空航天大学经济与管理学院院长

2009年1月2日

第二版前言

本书第一版（2005年）出版已有三年多，期间被一些高等院校及培训班选为教材，使用效果良好。三年多来，无论是国际金融形势还是国内经济发展，都有了巨大的改变，环境的变化需要我们与时俱进，及时更新与完善教材的知识与内容。为了适应新形势的发展和对新知识的需求，我们参考国家有关新产品研发的政策与策略，结合在教学与研究中的新体会，对第一版作了适时的修改，并增加了一些符合新形势要求、实用性较强的新产品研发的程序、方法与案例，使本书的知识结构更合理、论述更清晰、案例更贴近实践，以便供读者学习与参考。

我们希望本书的第二版能够更充分、更及时地反映本门课程教学与研究中的新动态，进一步增强本书的可读性与实用性。与本书第二版配套的电子课件正在修订之中，使用本书的教师可以与科学出版社或作者联系。

本书的第二版相对于第一版在下面几个方面作了修改与整合：

（1）在每章的篇首列出本章学习目标，便于学生在学习的过程中能了解每一章的基本内容和重点。

（2）每章后均附有案例，案例是教与学的延伸，通过案例分析可以帮助学生汲取知识，提高对知识的应用能力。

（3）第1章结合科技部、财政部和国家税务总局联合颁布的2008年国家重点支持的高新技术领域及产品类对高新技术新产品的概念作了更新。

（4）第4.2节“技术创新”中，对几种技术创新模式作了调整与优化，使其更适应新形势下的技术创新。在第4.3节，增加了产品创新的品牌意识，让无形价值放大有形价值。考虑到新产品开发方式在企业研发过程中的重要性，第二版把“新产品开发的方式”作为单独一节加以论述。

（5）第5章增加了“基于供应链的新产品开发战略”一节。

（6）第9章作了删减与调整，使主题更加突出，凸显了数字化产品在新产品研发过程中的作用。

(7) 其余章节也作了适当的知识更新和内容补充。

本书共分 9 章，其中第 1 章、第 2 章、第 4 章、第 7 章、第 8 章、第 9 章由任君卿编写，第 3 章、第 6 章由周根然编写，第 5 章由张明宝编写。全书由任君卿主编、统稿和修订。

本书在撰写与修订过程中，参考了大量的资料，是这些在产品创新领域里作出开拓性贡献的学者、作者与实践者，为本书的写作打下了坚实的基础，本书的完成充分借鉴了他们的研究成果。由于篇幅所限，没有将他们在参考文献中一一列入，在此对他们表示衷心的感谢。同时，也要感谢王慧林、任晓宇等同学为本书的资料收集所做的工作。

新产品开发涉及的知识面广，管理幅度大，个性化强，由于作者水平有限，加上查阅资料与调查研究不够，书中的不妥与疏漏在所难免，敬请学者、同行与读者批评指正。

编　者

2009 年 6 月

第一版前言

21世纪，企业正面临着越来越激烈的全球化市场竞争，新经济的浪潮正冲击着以产品为载体的企业竞争活动，高新技术的迅猛发展与推广应用虽然增加了新产品开发的投入和风险，但同时高技术含量的产品又给企业带来了丰厚的回报。如今，市场需求变化多端，随之而来的是新产品更新换代不断加快，新产品研制周期大幅度缩短，各种新的产品开发技术应运而生，特别是以信息技术为核心的数字化开发技术在产品创新中的应用，进一步推动了新产品的开发。

本书是作者在这几年课程教学的基础上，经过数届研究生、本科生教学实践，累积了国内外新产品开发的成功经验与失败教训，并充分借鉴国内外学者最新研究成果编写而成的。本书的特点是理论性和实践性并重，定性分析与量化方法同步，一方面从管理者的角度阐述新产品开发的程序和方法，另一方面结合案例进行解析，这有利于读者充分吸收并借鉴优秀企业的决策模式。同时，为方便教学，每章后设置思考题并提供一些相关案例，以便参考。

本书主要围绕新产品开发这一系统工程，对其过程中所涉及的基本概念、原理、方法和先进的产品数字化技术进行了比较全面而详细的阐述，试图给读者建立起一个较完整、清晰的新产品开发的知识体系，并介绍了一系列有关产品开发的实用程序和记载着产品开发成败的案例。应用本书介绍的理论知识和方法，可帮助读者掌握新产品开发的实质内容，建立自己的新产品开发系统，并能够通过系统完成企业的新产品开发。

本书共分9章，其中，第1～3章、第7～9章由任君卿编写，第4章由张明宝编写，第5章、第6章由周根然编写。全书由任君卿统稿修改和定稿。由于作者水平有限及编写时间仓促，书中的不妥与疏漏之处在所难免，敬请读者批评指正。

编　者

2005年6月26日

目　录

第1章

产品与新产品的概念

【本章学习目标】　掌握产品与新产品的定义，熟悉产品的整体概念及新产品的主要特征。掌握产品生命周期的理论，了解产品在生命周期不同阶段的特点。清楚产品组合的概念及产品组合对企业发展的意义。

企业的经营主要是围绕着产品（包括实体产品和无形产品）展开的活动，产品是企业面对社会、面对市场最重要也是最基本的因素。与其说是企业在应对社会的发展，不如说是产品在迎接市场的挑战。

企业间的竞争也主要体现为产品的竞争，企业在市场上的生存与发展更多地表现为产品的生存与发展。因此，产品的开发及其成功对企业来说可视为头等大事，尤其是对于那些处于高度竞争的市场环境中的企业来说更是如此。下面介绍有关产品的最基本的概念。

1.1　产品的概述

1.1.1　产品

产品是企业从事生产经营活动的直接有效的物质成果。在不同的阶段，对产品的理解也不同。

1. 产品的传统定义

关于产品的定义，传统的解释是局限在产品的物质形态和具体用途上的，如汽车、冰箱、打字机、食品、洗涤剂等，都是产品。这一定义强调了产品的物质属性。因此，产品一般被理解或表述为：由劳动创造，具有使用价值和价值，能满足人类需求的有形物品。但是随着市场竞争的日趋激烈，传统产品的定义越来越显得含义狭隘了。

2. 产品的现代定义

产品的现代定义的基础是市场营销学的观点，在现代市场营销学中，产品概念具有极其宽广的外延和深刻而丰富的内涵。所谓产品是指通过交换而获得的需求满足，即向市场提供的能满足人们某种需求和利益的有形产品和无形服务均为产品。有形产品包括产品实体及其品质、特色式样、品牌和包装，无形服务包括可以给买主带来附加利益的心理满足感和信任感的保证、形象和声誉等。这些就构成了产品的整体概念。产品的整体概念包括五个层次的内容，如图 1-1 所示。产品的整体概念通过五个层次的特征，全方位地满足顾客的全面需求。

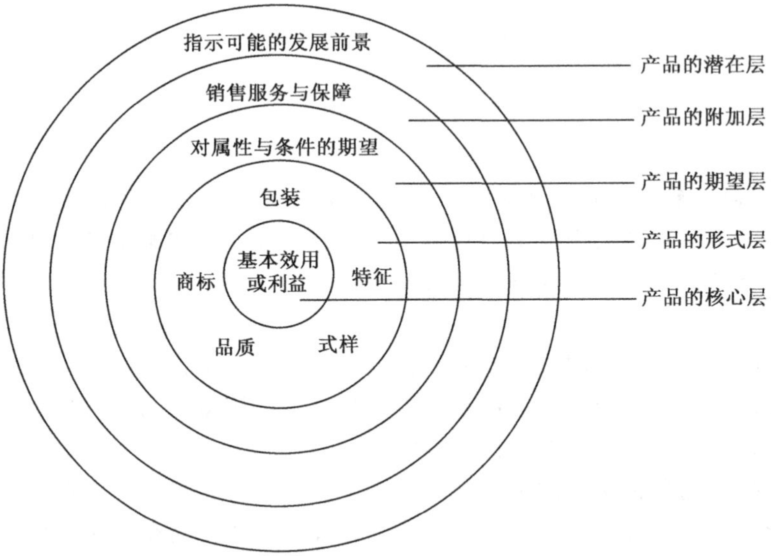

图 1-1　产品的整体概念的五个层次

(1) 产品的核心层。这是产品的整体概念中最基本也是最实质性的层次，是满足顾客需求的核心内容，这个层次为顾客提供了作为一个产品的最基本的效用或使用价值。例如，人们购买房屋，既为自己寻找一处避风挡雨的地方，也为获得一方调整身心、享受生活的天地。又如冰箱，在那个箱体里拥有制冷与保鲜的功能，才是人们购买的意愿。如果只制冷不保鲜，那是冰柜。

(2) 产品的形式层。由于核心产品只是一个抽象的概念，作为开发者必须将其转化为具体形式的产品，这就产生了形式层。形式层是消费者对某一个需求的特定满足形式。它一般是通过产品所具有的质量水平、式样、特征、包装和品牌等多个侧面表现出来的。再以冰箱举例，产品形式不是指冰箱的制冷与保鲜功能，而是指冰箱的品质、颜色、外观式样、品牌等综合因素的概念。

(3) 产品的期望层。这一层次是指购买者在购买某产品时期望得到的与产品密切相关的一整套属性和条件。譬如，旅馆的客人期望得到清洁的床位、洁具齐备的卫生间等。因为大多数旅馆均能满足旅客这些一般的期望，所以旅客在选择档次大致相同的旅馆时，一般不是选择哪家旅馆能提供期望产品，而是根据哪家旅馆就近和方便而定。

(4) 产品的附加层。这是指顾客购买形式产品和期望产品时企业所提供的产品说明书、保证书，以及安装、维修、送货和技术培训等。国内外许多企业的成功，在一定程度上应归功于它们更好地认识到服务在产品的整体概念中所占的重要地位。在市场竞争日益激烈的环境下，企业销售的绝不只是特定的使用价值，而必须是反映产品的整体概念的一个系统。实践表明，对产品的新的竞争并非仅存在于各企业在其流水线上所进行生产的部分，它还附加在产品的包装、服务、广告、顾客咨询、资金融通、运送、仓储及其他有价值的形式中。因此，能够正确发展附加产品的企业必将在竞争中赢得主动。

(5) 产品的潜在层。这一层次是指现有产品包括所有附加产品在内的、可能发展成为未来最终产品的潜在状态。潜在产品指出了现有产品可能的演变趋势和前景，如彩电可发展为计算机终端机等。

产品的整体概念的五个层次，充分体现了以顾客为中心的现代营销理念。随着科学技术的进步，人们的需求日益多样化，企业在生产和销售产品的全过程中必须树立产品的整体概念的意识，从产品的内在核心、外观形态到扩增的附加利益以及可持续发展系统地满足消费者的消费需求。只有这样，产品才有竞争力。

3. ISO9000 的产品定义

ISO9000 对产品的定义：产品是过程的结果。一般产品有四种通用类别：

(1) 服务（如运输）。服务通常是无形的，并且是在供方和客户接触面上至少需要完成一项活动的结果。

(2) 软件（如计算机程序、字典）。软件由信息组成，通常是无形产品并可以方法、论文或程序的形式存在。

(3) 硬件（如发动机的机械零件）。硬件通常是有形产品，其量具有计数的特性。

(4) 流程性材料（如润滑油）。流程性材料通常是有形产品，其量具有连续的特性。硬件和流程性材料经常被称为货物。

大多数产品是由不同类别的产品部件构成的，服务、软件、硬件或流程性材料的区分取决于其主导成分。例如，外供产品“摩托车”是由硬件（如轮胎）、流程性材料（如燃料、冷却液）、软件（如发动机控制软件、驾驶员手册）和服务（如销售人员所作的操作说明）等组成。

1.1.2 产品分类

对于产品来说，从不同的角度有不同的分类方法。

1. 按产品的有形性和消费的耐久性划分

按产品的有形性和消费的耐久性不同，可将产品分为耐用品、非耐用品和劳务。

耐用品中的有形产品包括住房、汽车、彩电、冰箱等；无形产品包括旅游观光、观赏高档文艺演出、观摩高档体育竞技等。非耐用品的有形产品包括食品、服装、化妆品、一次性用品等；无形产品包括美容、修理、近距离旅游观光、中低档文体表演等。劳务包括咨询业、技术服务、体力劳务等。

2. 按消费者的购买习惯划分

按消费者购买习惯的不同，可将产品分为便利品、选购品、特制品和非寻求品。

便利品是工作、学习与日常生活用品中的常用品与低价品，购买方便，质量一般，包装简易，携带方便，如练习本、牙刷、牙膏、毛巾等。选购品为非必需品，价格为中或低价位，如图书、水果、公文包、艺术品等。这类商品品种规格多，挑选性强。顾客在选购时，会受心理因素和购买环境的影响，在对商品的规格、质量（含食物的口感）、款式、材料、价格等各方面进行比较后才确定购买择定的商品。特制品是指特定的品牌、特定的规格、特定的款式、特定的质量水平的商品，一般由特定的厂家生产并供应给特定的顾客，如军警等服装、特制轿车、特制纪念品、特制消费品等。此类商品一般以合同形式生产与销售。非寻求品是一般情况下顾客想不到需要购买的商品。这类商品起着激发潜在需求的作用。该类商品的推销需进行周密策划、精心安排。

3. 按产业用品划分

按产业用品的不同，可得产品分为原材料与零部件、固定资产、供应品和劳务。

原材料包括钢材、水泥、有色金属型材、塑料管等；零部件包括螺钉、垫圈、销钉、螺帽、减速器、电动机、轴承等。此类物品完全进入产品的生产过程，其价值一次性计入生产成本。固定资产包括厂房、设备、生产设施、办公桌、文件柜、计算机软硬件等。此类物品的价值以折旧的形式分期计入生产成本。供应品又可分为生产供应品、维护用品和办公用品。生产供应品包括煤炭、润滑油、燃气等；维护用品包括油漆、铁钉、装潢装饰材料等；办公用品包括计算机、文具、纸张等。对于供应品而言，虽然使用特征各不相同，但其价值均可被分期计入成本。劳务主要指维修、保养、保管、体力劳务、业务咨询等，其价值亦应分期计入成本。

由于产品的类别不同、特征不同，因此产品策划部门应对特质不同的产品策划不同的开发、生产、营销等方案。

1.1.3 产品的生命周期理论

1. 产品生命周期理论的来源

产品生命周期理论是美国哈佛大学教授费农 1966 年在其《产品周期中的国

际投资与国际贸易》一文中首次提出的。费农认为：产品生命是指产品上市后的营销生命，产品和人的生命一样，要经历形成、成长、成熟、衰退这样的周期，而这个周期在不同技术水平的国家里，发生的时间和过程是不一样的，其间存在一个较大的差距和时差。正是这一时差，表现为不同国家在技术上的差距，它反映了同一产品在不同国家市场上竞争地位的差异，从而决定了国际贸易和国际投资的变化。为了便于区分，费农把这些国家依次分成创新国（一般为最发达国家)、一般发达国家和发展中国家。

费农还把产品生命周期分为三个阶段，即新产品阶段、成熟产品阶段和标准化产品阶段。费农认为，在新产品阶段，创新国利用其拥有的垄断技术优势，开发新产品，由于产品尚未完全成型，技术上未加完善，加之竞争者少、市场竞争不激烈、替代产品少、产品附加值高、国内市场就能满足其攫取高额利润的要求，所以产品极少出口到其他国家，绝大部分产品都在国内销售。而在成熟产品阶段，由于创新国垄断技术和市场寡占地位被打破，竞争者增加，市场竞争激烈，替代产品增多，产品的附加值不断走低，企业越来越重视降低产品成本，较低的成本开始处于越来越有利的地位，且创新国和一般发达国家市场开始出现饱和。为降低成本，提高经济效益，抑制国内外竞争者，企业纷纷到发展中国家投资建厂，逐步放弃国内生产。在标准化产品阶段，产品的生产技术、生产规模及产品本身已经完全成熟，这时对生产者技能的要求不高，原来新产品企业的垄断技术优势已经消失，成本、价格因素已经成为决定性的因素。这时发展中国家已经具备明显的成本因素优势，创新国和一般发达国家为进一步降低生产成本，开始大量地在发展中国家投资建厂，再将产品远销至别国和第三国市场。

2. 产品生命周期

根据费农的思想，产品生命周期指的是产品的市场生命，即一种产品从投入市场到退出市场的全过程。图 1-2 是用产品上市后的销售额曲线表示的产品生命周期。

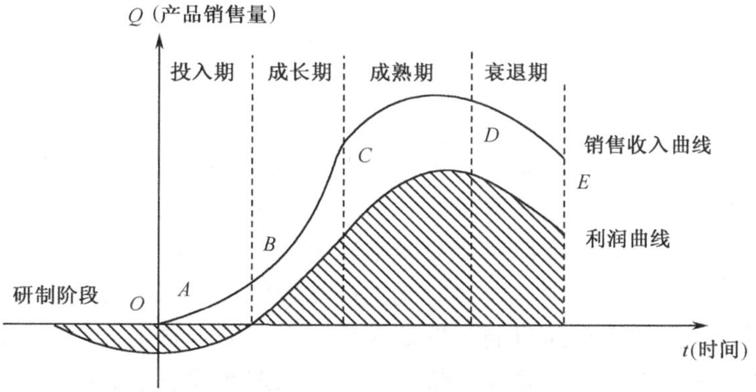

图 1-2　产品生命周期

根据产品的销售量和利润额的变化情况将产品生命周期分为四个阶段：投入期、成长期、成熟期和衰退期，各阶段的特征如下：

（1）投入期。当一个产品刚投放市场时，由于顾客对该产品尚不了解，购买力低下，因此产品销售增长缓慢，成本高，无利或微利。此时产品能否被市场接受的风险比较大，产品成活率低。

（2）成长期。进入成长期的产品，销售量快速增长，利润增长率也明显上升，此时的产品显现出强大的生命力。

（3）成熟期。此阶段的产品已被顾客普遍接受，生产量大、销售多、企业赢利额高，但利润增长率反而低于成长期，市场逐渐饱和，竞争则日趋激烈。

（4）衰退期。一个产品市场饱和度最大时，也是替代产品、换代产品发展势头强劲之时。新陈代谢的规律使得原产品逐渐滞销，利润大幅度下降，直至无利可图。这时，产品就该退出市场了。

产品生命周期理论描述的是产品从进入市场直至被市场淘汰的客观规律。此规律阐明了一个事实：没有一种产品可以经久不衰，永远获利，它揭示了产品更新换代的必然性。

3. 产品生命周期的其他形态

产品生命周期是现代营销理论中的一个重要概念，是以统计规律为基础进行理论指导的结果。作为一种理论抽象，“产品生命周期”同经济学中的“纯粹竞争”概念一样，是一种分析归纳现象的工具。但是在现实经济生活中，产品的生命历程大相径庭。常见的类型有以下几种：

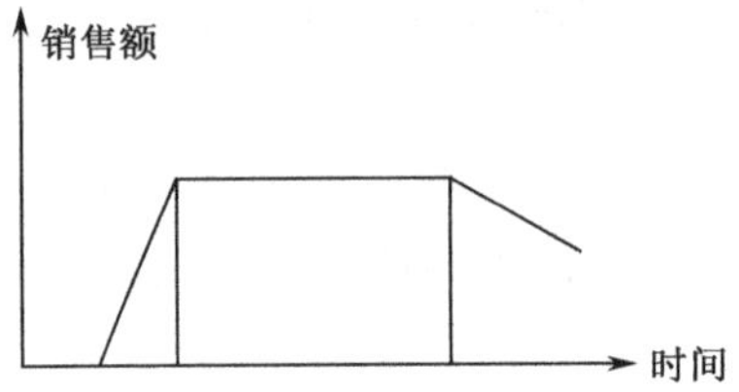

图 1-3　理想型的生命周期曲线

（1）理想型。理想型的生命周期曲线如图 1-3 所示。理想型的生命周期形态具有以下特征：①产品投入期短，因此企业新产品研制开发成本较低；②成长期短，新产品的销售额和利润迅速增长，很快进入高峰，这意味着在产品生命初期即可获得最大的收入；③成熟期持续的时间相当长，这实质上延长了企业的获利时间和利润数额，这一时期对企业是极为有利的；④衰退期非常慢，它意味着销售额和利润缓慢下降，而不是突然跌落。

企业在市场上推出新产品时，可以根据影响每一阶段长度的因素来预测产品的生命周期形态。而且，在开发阶段，不同产品类别有很大的差异。譬如，新型的快餐和化妆品等，只需在原有产品的基础上进行某些改进，不需要很长的开发时间，投入的费用相对较少，顾客对此类产品较熟悉，因而可能很快地通过投入期和成长期；而高技术产品研制开发期较长，工程成本费用也很高，因而，一般通过投入期和成长期的时间要长。快速渡过投入期和成长期的前提是：不需要重新建立分销渠道和运输、服务等一系列新的基础结构；经销商对新产品具有高度的信心，愿意接受和推销新产品；消费者对新产品抱有极大的兴趣，早已在等待购买，并予以充分的肯定等。显然，这些条件较多地适用于人们所熟悉的消费品，对一般需要较长的投入期和成长期的高科技产品则不甚有效。成熟期是产品生命周期的重要阶段，这个时期越长，对企业越有利。如果消费者需求和产品质量相对稳定，企业在市场上又处于领先者地位，这意味着企业会通过一个理想而漫长的成熟期，获取满意的利润收益。最后，理想的衰退期是产品缓慢退出市场。这是因为消费者的需求和产品技术变化缓慢；另外，竞争者退出市场的障碍越低，其撤退速度就越快，这也会缩短衰退期。

（2）改进型。在产品生命周期类型中，改进型是最典型的类型形态，其生命周期曲线如图 1-4 所示。这一曲线表示市场的需求起伏明显，而产生这种起伏的原因则可能是企业环境因素的作用，如政治因素、经济因素、消费观念因素、自然条件因素等综合影响的结果，也可能是厂商自身的原因，如投入了更多的销售推广费用或采用降价等策略。

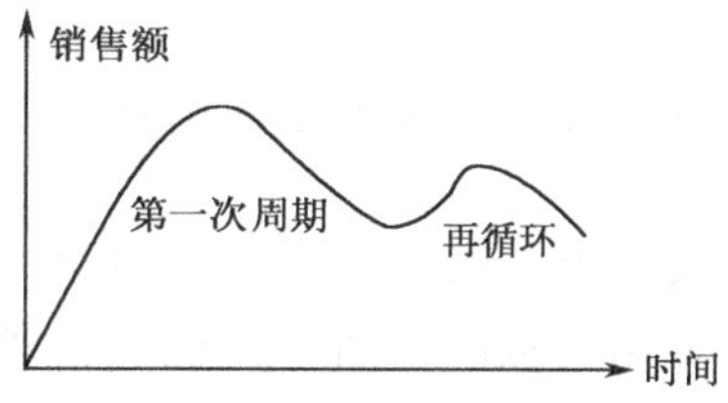

图 1-4　改进型的生命周期曲线

改进型曲线不代表产品的固有特征，而是反映了市场可能存在的动态特性。因此，当某产品出现市场萎缩时，切不可立即武断地认为该产品已进入衰退期，而应根据该产品的本身特征进行缜密分析，以正确判定该产品是处于被市场淘汰的行列还是特定时空的消费低潮期。

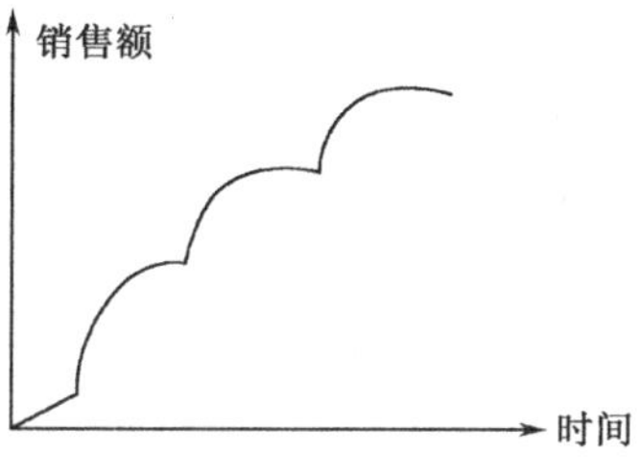

图 1-5　发展型的生命周期曲线

（3）发展型。发展型的生命周期曲线呈波浪循环形态，见图 1-5。这种状态绝非仅求助于降价或营业推广费用的增加，而是在产品进入成熟期以后，企业通过进一步发展产品新的特性，寻求产品新的用途，或者改变企业的营销战略，重新树立产品形象，开发新的市场，使产品销售量从一个高潮进入另一个新的高潮。

（4）时尚型。时尚型的生命周期曲线如图1-6所示。通常时尚型产品与时间因素有关，生命周期较短。时尚型产品在市场上的表现是产品一上市即热销，而后很快在市场上销声匿迹。企业对于这类产品往往采取静观其变的态度，很少去作延长其成熟期的努力，但是会等待下一个销售潮流的来临。

（5）长寿型。图 1-7 表示的就是长寿型的生命周期曲线。产品的长寿一般是指产品的种类、形式和品牌。其中，产品种类具有最长的生命周期，很多产品种类如大米、钢铁、汽车、冰箱等的产品成熟阶段可以无限期地持续下去，其生命周期的变化与人口增长率成正比关系。产品形式比产品种类能够更准确地体现标准的产品生命周期历程。例如，手控打字机在经历了典型的投入期、成长期、成熟期之后，由于电动打字机的问世而进入衰退期，最终被淘汰而退出市场。产品品牌相对于前两者而言，生命周期历程较短。

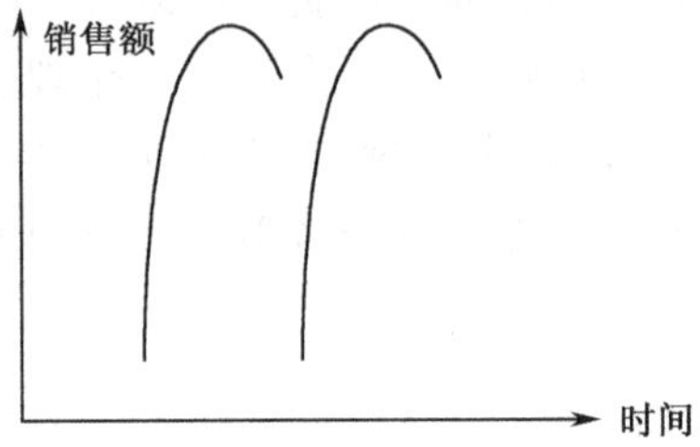

图 1-6　时尚型的生命周期曲线

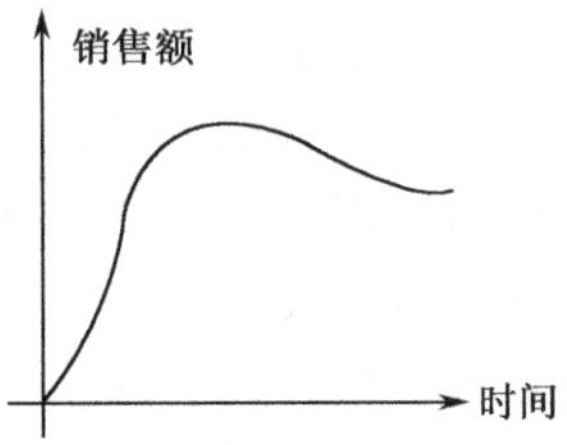

图 1-7　长寿型的生命周期曲线

实际上，长寿型产品本身也是在遵循产品发展规律的基础上不断向前进步的，如精度提高、质量优化、款式更新、材料更替等，但其主要功能基本可以保持不变。

(6) 亏损型。一般来说，高科技产品往往面临着比较困难的产品生命周期，类型曲线见图 1-8。在此形态中，由于产品研制开发的时间过长，导致前期成本相应过高；投入期、成长期时间长，成熟期短，则市场衰退快，亏损是在所难免的。如某些高技术公司为了开发新产品，必须投入大量的时间和研制成本，而新产品为用户所接受的过程相当长，由于技术更新的速度越来越快，造成产品在市场上持续的时间变得越来越短，最后不得不草草地进入衰退期。

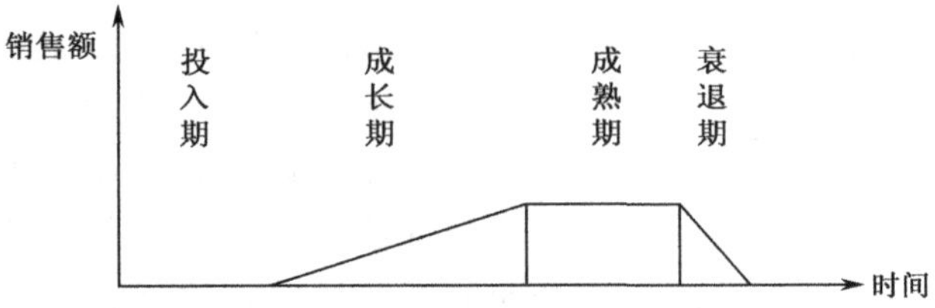

图 1-8　亏损型的生命周期形态

1.1.4　产品组合

1. 产品组合的含义

现代企业提供给市场的产品，往往不是单一品种。例如，日本松下电器公司的产品包括电视机、冰箱、录像机、空调机、音响、除湿机、小家电等。企业经营多种产品的目的在于满足目标市场的多样需求、扩大销售、分散风险、增加利润，但并非是经营的品种越多越好。通常，企业是根据外部环境的需要与内在条件的许可，来确定生产经营的产品品种。

当然，一个企业所生产的产品也反映了企业的经营范围与结构。多种产品的组合涉及产品与产品之间的匹配关系，包括产品项目、产品平台、产品线和产品组合。

产品项目是指由不同功能、不同质量水平、不同规格、不同色彩、不同包装等形成的各个不同产品，亦即在企业产业目录上所罗列的每一项产品（不管其性能是否相关联）均称作一个产品项目。

产品平台是指一组产品共享的设计与零部件集合。这组共享一个平台的产品，具有不同的性能与特征，而功能相同、规格等不相同的并满足不同用户需求的系列产品就是产品线。一个坚实的产品平台是成功产品线的心脏，是一系列紧密相关的产品的基础。

产品组合是指一个企业所经营的全部产品项目、产品线的结构方式或组合方式。产品组合包括三个变化要素：产品组合深度、产品组合广度和产品的关联程度。

（1）产品组合深度是指每条产品线所包含的产品项目数。当每条产品线的产品项目数不相同时，可求出其平均的产品项目数。

（2）产品组合广度是指一个企业所拥有的产品线数目。

例如，四川长虹集团彩电产品项目与产品线的发展如图 1-9 所示。

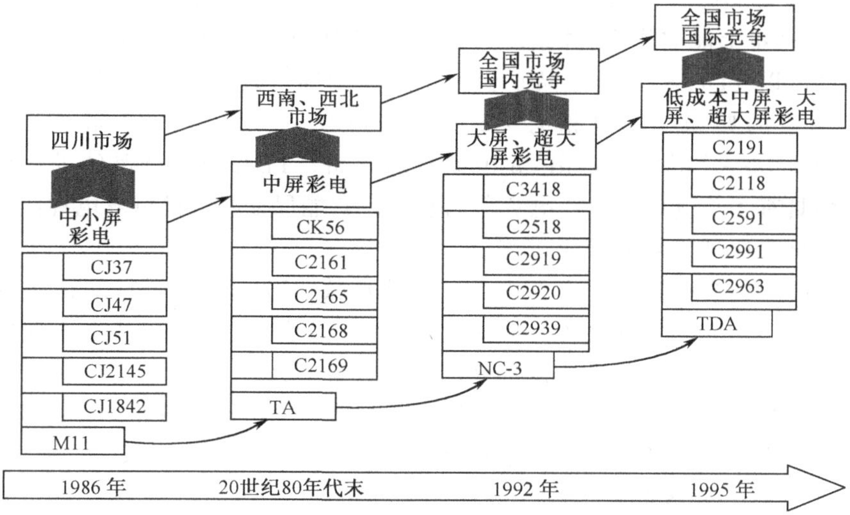

图 1-9　四川长虹集团彩电产品项目与产品线的发展

四川长虹集团从 20 世纪 80 年代中期到 90 年代中后期这一段时间内，产品平台不断更迭，产品线不断向纵深发展。长虹彩电为能满足逐步扩大的市场需求，市场绩效不断提高，从而使市场空间不断扩展，其主导市场从四川省逐步扩展至全国市场，从与国内企业的竞争走向与国际企业的竞争。

从图 1-9 中可以看出，1986 年长虹集团从松下引进 M11 机芯生产线，基于此平台，长虹集团形成了各型中小屏彩电产品线，主要产品为 CJ37、CJ47、CJ51、CJ1842、CJ2145 等。以 M11 机芯为平台的产品项目共有 11 个，为长虹集团成功实现了占领四川市场，走向西南、西北市场的战略目标。

20 世纪 80 年代末，长虹集团在对引进技术消化吸收的基础上，设计了 TA 机芯。以 TA 机芯为产品平台，长虹集团发展出中屏彩电产品线，主要包括 CK53、CK56、C2165、C2168、C2169 等规格的产品。以 TA 机芯为平台的产品型号共有 18 个，这使长虹集团满足了市场不断增长的需求，并在全国电子百强企业中名列前茅。

20 世纪 90 年代以来，世界彩电技术进入大屏幕主导时代，此时的长虹集团与东芝合作，成功开发出 NC-3 机芯。以 NC-3 机芯为产品平台，长虹集团相续开发出 C2518、C2919、C2939 等系列彩电。以 NC-3 机芯为平台形成的彩电产品型号共有 26 个，这使长虹集团跨入了大屏幕、超大屏幕时代。

1995 年，长虹集团采用荷兰飞利浦单片集成电路 TDA8361/8362，成功研制开发 TDA 大屏幕彩电机芯。该机芯具有性能好、功能强、结构合理、可靠性高等优点。更重要的是，TDA 机芯这一产品平台是长虹自主开发的，在保证产品性能的前提下，成本显著下降。这一机芯的另一特点是适用性强，既能用于 21 英寸的中屏彩电，也能用于 25 英寸、29 英寸等大屏和超大屏的彩电。因此，TDA 机芯基本上能取代原有机芯，几乎适用于所有长虹彩电产品。1996 年，长虹集团推出以 TDA 机芯为产品平台的低成本中屏、大屏、超大屏彩电产品族。这一产品线的典型产品规格有 C2191、C2118、C2591、C2991 和 C2963。至 1997 年底，这一产品线共推出 28 个型号的产品。TDA 机芯产品线的推出，使长虹集团具有了与进口品牌彩电竞争的基础。它能保证在与进口彩电性能相当的条件下，价格比进口彩电低约 30%。

在长虹集团彩电产品的案例中，产品项目数：M11（11 个），TA（18 个），NC-3（26 个），TDA（至 1997 年底，28 个），共有 83 个；产品组合深度（平均）：83/4 = 21；产品组合广度即产品线的数目，为 4。

（3）产品的关联程度是指各产品的使用对象、生产技术条件、分销网点、原材料的采购和使用以及其他方面相互关联的程度。

2. 产品组合的类型

产品组合必须考虑促进销售和增加企业的总利润，同时必须考虑企业所拥有的资源条件、市场需求、生产能力、技术水平、竞争条件等因素。目前，常用的产品组合类型有全面全线型、市场专业型、产品线专业型、有限产品线专业型和特殊产品专业型等。

全面全线型指企业生产一个或几个行业的产品。其思考基础是在较大量的产品项目中总有一些产品项目是成功的，但也存在面太广而可能有难以顾全之虞。

市场专业型指企业只生产某一类族产品。例如，有的企业专门生产食品，有的企业专门生产家用电器，有的企业专门生产厨具……市场专业型的产品易上水平、易创名牌，但也可能因类族单一而在市场起伏时受到影响甚至存在风险。

产品线专业型指企业集中生产某一类产品，一般这类产品是具有较广阔市场的产品。如某柴油机厂专门生产单缸、双缸、四缸等柴油机。产品线专业型的专业化程度高，质量和信誉一般较高，所以此类型易创名牌。

有限产品线专业型指企业仅生产某一类产品中的一种或有限几种。例如，某轿车厂仅生产一种微型轿车，某飞机公司仅生产有限几种型号的飞机。有限产品线专业型具有很高程度的专业化。这种产品组合方式的特点是产品技术含量高、制造工艺复杂、生产周期长、相对难以仿制。

特殊产品专业型指企业仅生产某一特定产品。例如，宇航工程产品、核能发电工程产品等生产即属这一组合类型。尽管竞争少，但由于产品的技术要求独特，市场风险也较大。

3. 产品组合的调整

即产品结构调整和优化或产品组合策略，就是对产品组合的深度、广度和关联性作出决策，它涉及下述三个层次的决策。

产品项目层次：作出有关产品项目的修改、增加、删除决策；

产品线层次：作出有关产品线的伸展、填充、删除决策；

整个产品组合层次：作出有关产品线的增设、加强、淘汰决策。

企业根据市场的现实需求与潜在需求以及生产的可行性与经济性，遵循两个基本原则，即促进销售原则和增加企业总利润原则，对产品组合作出必要的调整。产品组合的调整方法有：

(1) 改良现有产品。企业对现有产品进行改良，改良的方法是借助新工艺、新技术、新材料等，使产品性能得到提高。这种改良可以是分步进行的，使原有的第一代产品发展为第二代、第三代……

(2) 开拓现有产品。企业在现有产品上进行拓展，由规格的拓展而开发出系列产品，由功能的拓展开发出更高功能的产品或多功能产品，由繁化简而开发出功能相似的简化产品或一次性产品等。

(3) 淘汰产品。当企业的部分产品或全部产品滞销时，淘汰这些产品便势在必行。淘汰时，也必须研究一套与萎缩的市场相吻合的策略，如以怎样的替代产品充实市场等。

(4) 开发全新产品。新陈代谢是产品发展的规律，因此，为确保企业合理的利润，新产品的投入势在必行。企业不能等到现有产品市场开始萎缩时才想起开发新产品，开发新产品应成为企业重要的战略目标。企业应该具备不断开发新产品的强烈意识、足够的资源投入、严密的计划与措施、科学合理的管理与措施，以及行之有效的开发方法，从而使新产品源源不断地涌现于企业、驰骋于市场，企业借以获得生存和发展。

1.2 新产品的概述

1.2.1 新产品的定义

关于新产品，通常由于所讨论问题的范围和观察角度的不同，给予新产品不同的界定。

1. 从技术发展的角度给出的定义

新产品是指由于科技进步和工程技术的突破而产生的，使产品本身有了显著变化，并具有了新性能的产品。新产品可分为两类：一是采用新技术原理、新设计构思研制的全新型产品；二是应用新技术原理、新设计构思，在结构、材质、工艺等任一方面比现有产品有重大改进，并显著提高了产品性能或扩大了使用功能的改进型产品。

2. 市场营销观念给出的定义

新产品是一种具有新意的产品，它能进入市场并提供给用户新的效用价值而被用户认可。所谓"能进入市场"，有三个方面的含义：新产品得到市场认同；新产品在给用户提供效用的同时，也给企业带来经济利益；新产品还必须符合社会整体的、长效发展的利益。即新产品的存在，需兼顾用户、企业和社会三方利益，并得到三方认同。

3. 新产品的相对定义

上面两种定义是新产品的绝对定义。新产品概念除具有绝对性外，还具有相对性。不同的利益相关主体从不同的角度出发，可以赋予新产品不同的含义，最后可能以不同的形式出现。

(1) 潜在购买者的看法。对于潜在购买者来说，新产品代表那种以先前未曾有过的方式来满足其需要的可能。由于人的需要是复杂的，而且是多层次的，所以满足需要的方式也应该是丰富多层次的。例如，笔记本电脑的核心功能是使移动的使用者也能富有成效地工作。从使用者的角度来看，此产品的核心概念应该包括充分的自由移动性、高效的生产率、象征性的社会地位等方面。

(2) 贸易中介人的看法。贸易中介人认为，一种新产品代表了在把其概念传递给潜在顾客过程中的一个增加价值的机会。批发商、零售商等贸易中介人通过新产品的进入（低）价格、训练有素的推销人员、高质量的服务和产品的可选择性等因素的组合，来实现其价值的增长，并兑现给潜在购买者。

(3) 组织的看法。在一个组织内，不同职能部门也许会对一种新产品有不同的看法，这种分歧在市场营销、研究与开发以及生产部门之间表现得尤为突出。

对一个组织的市场营销部门来讲，新产品体现了一组相关的特性，这些特性界定了新产品的概念，并提供了消费者所追求的满足需求的利益。因此，可以通过市场研究，确认潜在购买者的期望利益，重塑核心产品概念，以及界定出具体的产品特性。例如，笔记本电脑的新产品界定可以从潜在购买者的期望利益出发，确定可携带性、使用方便、气派、价格以及其他感觉性的利益。然后，利用各种营销方法和技术把确定的利益转化为具体产品特性，如大小、重量、外形、处理速度、电池寿命等。

对于公司的研究与开发部门来讲，新产品体现了基本要素的汇总，它为阐明和解释产品的结构和运作提供了基础。在理解这些基本要素的情况下，工程师、设计员、科学家及其他参与产品开发的人员就能以多种方式使产品成形。例如，移动电话的关键技术包括硅片、电路板、显示屏、电源等。由于移动电话的待机时间取决于电池寿命，因而新产品开发需要估计电池的技术曲线，了解各种电池生产技术的发展状况及其技术特点，为新产品开发做好准备。

对于公司的生产部门来讲，新产品代表了必须组合成最终产品或服务的部件和工艺。例如，把电源、显示屏、磁盘驱动器、主板、外壳及其他部件综合起来的工艺和操作可从生产角度来确定笔记本电脑的特点。由于生产参数影响产品的设计特点，新产品开发需要考虑工艺性设计方法，如装配设计和分解设计，以减少制造时间、制造成本和提高质量，或有利于售后服务、维修和回收。这样，市场运作部门必须参与新产品开发，以获得新产品的最佳设计。

1.2.2 新产品分类

1. 按新产品具有的新质程度来划分

按新产品具有的新质程度不同，可将新产品分为全新型新产品、换代型新产品、改进型新产品和仿制型新产品。

(1) 全新型新产品。所谓全新型新产品指的是完全应用新原理、新技术、新材料制成的新产品。例如，当年发明的电话、电视机、收音机、计算机、塑料制品等，当它们作为新产品问世时，都是前所未有的全新产品。这类新产品的诞生，往往伴随着科学技术的重大突破。再如，20 世纪 60 年代激光技术的突破，导致了激光切削机、激光打印机、激光测距仪、激光治疗仪、激光雷达、激光唱片、激光炮等一系列全新产品的问世，它们的成功开发，开辟了一个世界范围的崭新市场，而且能在较长时期处于领先地位和垄断地位。全新型新产品是应用基础研究、应用研究与开发研究的成果，它首先是在技术上取得了新的突破，因此又称创新型产品。这类产品在技术、经济、用途、性能等方面，具有新的特点，令人耳目一新。

(2) 换代型新产品。这是指在原有产品基础上，为满足社会需求，采用或者部分采用新原理、新材料、新结构、新技术而制造出来的性能有重大提高的新产品。例如，第一台计算机是以电子管作为主要元件，第二代计算机是晶体管的，第三代计算机采用了集成电路，第四代计算机采用大规模集成电路，现在的人工智能计算机是第五代计算机。产品的发展就是这样推陈出新的。

(3) 改进型新产品。这是指在老产品基础上加以改进，使之在性能上、结构上具有新的特点；或在用途上有所扩大，满足用户的某种需要；或采用新的工艺、新的设备来生产，使生产成本有较大幅度下降的新产品。改进型新产品，可以是对现有产品稍加改进而成的，也可以由基础产品派生出变型产品，还可以在变型产品的基础上又派生出新的变型产品。相对于全新型新产品和换代型新产品来说，改进型新产品的开发更简便易行，大多数是既不需要高深的技术，又不需要大量投资，可以通过小改小革，利用现有技术、现有设备来实现，而带来的经济效益则可能是很大的。

(4) 仿制型新产品。这是指合法地仿制其他企业的成熟产品，在一定的区域范围内，它属于新产品。从区域经济学理论来看，仿制型新产品对于技术和经济相对滞后的区域的发展具有积极的促进作用。

2. 按新产品所在地域范围划分

按新产品所在地域范围的不同，可将新产品分为世界性新产品，国家级新产品，省、市级新产品以及企业新产品。

(1) 世界性新产品。这类新产品是指世界上从未曾出现过的产品，它们在原理、结构、性能等方面是独创的，是别的产品所不具备的。世界性新产品是在多年基础研究和应用研究取得成果的基础上进行开发研究的结果。世界性新产品具有先进性和新颖性，正因为如此，这类新产品诞生之时，可能有许多不完善之处，但它标志着某种技术的突破，因而具有划时代的意义。

(2) 国家级新产品。国家级新产品是指在国内属于首次设计、试制、生产的产品，其填补了国内空白，因而具有重要意义。国家级新产品可以是独立自主地进行研究开发的，也可以是通过技术引进，进行消化、吸收或仿制而成的。我国国家统计局明确规定，经鉴定认定是在国内第一次研制并生产的产品，才能称为国家级新产品。

(3) 省、市级新产品。这类新产品虽在国内已开发成功，并投入生产，但市场对这类产品需求量大，而本省、本市还没有企业生产。本省、本市的企业，可以组织力量进行试制、生产，但要充分利用国内现有技术，可以通过技术合作、技术有偿转让来进行，而不必从头干起，以免造成人力、物力的浪费。对于需要从国外引进技术、设备来开发的新产品，要注意避免技术的过度重复引进。

(4) 企业新产品。这是指企业未生产过但在市场上已出现的产品。对于某些热门产品，市场需求量大，虽已有企业生产，但不能满足市场需求，有条件的企业可以通过市场调查，作出正确决策，进行试制和生产。一般这类产品能称为新产品的范围很小。

3. 按新产品的应用范围来划分

按新产品的应用范围不同，可将新产品分为配套型新产品和系列型新产品。

（1）配套型新产品。这是为满足较大使用范围而研制的、由多种新产品配套而成的产品组合，可能有数套，以便消费者选用。

（2）系列型新产品。这是为满足不同特点用户而研制的参数不同、规格不同的系列产品，以便消费者选用。

1.2.3 新产品的主要特征

1. 新颖性

一个产品之所以可以归入新产品的范围，就说明它在技术性能、结构、指标上与现有产品相比具有一定的先进性。产品或者采用了新原理、新结构、新材料、新工艺、新技术、新元件，或者具有新功能、新性能、更高质量、外观新颖……新产品的新颖性可以是上述“新”中的全部，也可以是其中的一项或几项。

新产品所在地域范围的分类，就是根据产品的新颖性程度来划分的。

2. 商品性

从技术创新的角度来看，某项产品概念虽然经过开发，但缺乏商品性，这只能称作技术成果，而不能称作新产品。

新产品的商品性表现在如下几个方面：

（1）新产品的市场适应性。这是指用户对新产品有功能、质量与可靠性、使用方便、包装、价格等方面的显在与潜在需求。在这方面还包括产品效用释放的安全性，特别是针对那些在产品使用过程中，可能会造成人身危害或财产损失的商品。

（2）新产品的时效性。新产品应以合适的时机投放市场，否则极易因失去市场而被淘汰。

（3）新产品的可生产性。这是指新产品在技术上可行，而且能以市场可接受的价格成本进行工业化生产。

（4）新产品的效益性。开发新产品是一项耗资巨大的工程，回收投资并获取相应利润，是企业对新产品的合理要求。同样，当开发产品的投资转化为成本并以价格的形式被消费者买单时，“物有所值”是消费者对所购商品的合理要求。产品的效益性是新产品层出不穷的真正原因。通常，一种新产品的效益越高，其开发扩散的速度就越快。

3. 风险性

通常，新产品存在三个方面的风险：技术风险、市场风险和效益风险。

技术风险尤其是指采用新技术制造新产品而存在的风险，因有时新技术在原理上是可行的，实验室内也可能是成功的，但该技术在生产实践中能否形成生产能力则存在一定的风险。

市场风险是指新产品面市后是否能满足顾客需求，以及需求与生产能力是否匹配。

效益风险是指所开发的新产品在收回开发投资后的获利情况，与开发其他新产品比较利润是否是合理的。在新产品开发早期的市场评价时，对新产品市场效益预测的不确定将造成效益风险。

1.2.4 高新技术新产品的概念

高新技术新产品指的是在高新技术领域里从技术进步与发展的角度开发出来的新产品。

2008年国家重点支持的高新技术领域与产品类有以下几种。

1. 电子信息技术

电子信息技术领域新产品包括软件类、微电子技术方面、计算机及网络技术方面（采用OEM或CKD方式的集成生产项目除外）、通信技术类、广播电视技术方面、新型电子元器件、信息安全技术方面（市场前景不明朗，低水平重复，以及简单的技术引进类信息安全软件及其相关产品除外）、智能交通技术等方面的产品。

2. 生物与新医药技术

生物与新医药技术领域新产品包括医药生物技术、中药及天然药物、化学药（简单地改变制备工艺的品种除外）、新剂型及制剂技术（简单地改变剂型和给药途径的技术除外）、医疗仪器技术及设备与医学专用软件（机理不清、治疗效果不确定的产品除外）、轻工和化工生物技术、现代农业技术等方面的产品。

3. 航空航天技术

航空航天技术领域新产品包括民用飞机技术（无动力运动滑翔机、教练机等除外）、空中管制系统、新一代民用航空运行保障系统（通用独立的机场运行保障信息显示、控制设备及仪器除外）、卫星通信应用系统、卫星导航应用服务系统等类别的产品。

4. 新材料技术

新材料技术领域新产品包括金属材料［高污染、高能耗的金属镁及镁合金、常规铝合金、仿不锈钢铝建材和一般民用铝制品除外；高能耗、高污染的一般建筑用钢、常规铸造、常规机加工项目除外；超细钨粉及碳化钨粉和传统工艺生产常规粉末冶金材料及制品除外；铝塑复合管材、钢（铝）塑门窗等一般民用产品除外；常规电力电工用金属电线、电缆及漆包线材料，贵金属浆料及阴极、阳极铝箔等除外；常规铸造、常规机加工项目，电弧喷涂、镀锌磷化、电镀硬铬（铜）、火焰喷涂、喷焊、渗氮渗碳等中低档表面工程技术用以修复部件的项目除外］、无机非金属材料（钽酸锂、铌酸锂、钒酸钇、六面顶金刚石、蓝宝石和石英晶体除外）、高分子材料（以下普通材料除外：普通塑料的一般改性专用料；普通电线、电缆专用料；流延、吹塑、拉伸法生产的通用薄膜；普通管材、管件异型材；普通橡胶制品；以聚乙烯、聚丙烯为基材的降解材料；普通 PS、PU 发泡材料；普通塑料板材等。还有淀粉填充的不完全降解塑料及制品；单纯填充材料；废旧高分子直接回用、单纯降解塑料制品等）、生物医用材料（一般性能的除外；一般的复合树脂充填材料、种植体、银汞合金、藻酸盐印模材料除外）、精细化学品（常规的粉体材料除外；生物降解功能差或毒性大的表面活性剂、通用溶剂型涂料、通用水性建筑涂料及普通防锈涂料、低档涂料及助剂、普通打印墨水、低水平重复生产的精细化学品除外）等方面的产品。

5．高技术服务业

高技术服务业是以信息技术、生物技术、新材料和新能源等高新技术为支撑，提供高质量、高技术含量和高附加值服务的新兴产业，主要包括信息服务、研发服务、专业技术服务、科技推广和中介等。它不包括仅对国外创意进行简单外包、简单模仿或简单离岸制造，且既无知识产权，也无核心竞争力，产品内容涉及色情、暴力、意识形态、造成文化侵蚀、有害青少年身心健康的产品。

6．新能源及节能技术

新能源及节能技术领域新产品包括可再生清洁能源技术（简单重复生产的产品除外；简单太阳电池组件的封装和低水平的重复性生产除外）、核能及氢能、新型高效能量转换与储存技术、高效节能技术（高热值燃气发电技术及产品除外）等方面的产品。

7．资源与环境技术

资源与环境技术领域新产品包括水污染控制技术、大气污染控制技术、固体废弃物的处理与综合利用技术、环境监测技术、生态环境建设与保护技术、清洁生产与循环经济技术、资源高效开发与综合利用技术（一些常规的污染控制技术除外）等方面的产品。

8．高新技术改造传统产业

高新技术改造传统产业新产品包括工业生产过程控制系统、高性能及智能化仪器仪表（一般传统的流量、温度、物位、压力计或变送器除外；采用传统工艺且性能没有显著提高的传感器除外）、先进制造技术（低附加值和低技术含量的零部件加工技术除外；性能和结构一般且没有知识产权的普通机器人除外；性能一般的电源变换产品除外；性能一般的普通纺织机械、性能一般的包装机械及柔性版印刷机、卷筒进料多色凹版印刷机、不干胶商标印刷机除外）、新型机械（常规通用工艺技术，性能、结构、精度、寿命一般的普通机械基础件、普通塑料模具和冷冲压模具除外；性能一般的各类普通泵和阀门除外）、电力系统信息化与自动化技术（传统的高、低压开关设备，常规的发、供、配电设备除外）、汽车行业相关技术等方面的产品。

➢思考题

1. 什么是产品的整体概念？研究产品的整体概念的意义是什么？
2. 分别从新产品的绝对性和相对性来阐述新产品的含义。
3. 按照新产品具有的新质程度来划分，新产品可以分为哪几类？
4. 什么是产品组合？研究产品组合对企业的产品开发有什么意义？
5. 什么是产品的生命周期？产品生命周期各阶段特征是什么？
6. 何为高新技术新产品？

➢案例　多元发展的长虹

2007年，长虹集团总体销售收入突破300亿元大关，同比增长31.17%，这是长虹集团自2005年连续第三年业绩平均增速达30%。彩电、白电、IT产业的全面开花，说明长虹集团已摆脱命系彩电的状况，成长为多元化发展的企业。

成功转型显实力

事实上，自电视从CRT向平板全面转型后，不掌握平板电视核心技术且又以彩电作为主营业务的国内家电企业，遭遇了前所未有的低迷，销售收入的大体情况是小幅增长、停滞不前甚至倒退。从这方面来看，长虹集团的业绩实属不易。

从长虹集团这几年的财报情况可以看出其销售收入快速增长的苗头：

2005年，四川长虹集团实现主营业务（彩电）收入150.61亿元，同比增长30.53%；实现净利润2.85亿元，同比增长107.74%。不过统计数据显示，电视占长虹集团总营业收入的比例仍高达65.95%，长虹集团命系彩电的状况依旧没有得到改观。

2006年，四川长虹集团实现主营业务收入187.57亿元，同比增长24.54%。电视业务所占比重进一步下降，徘徊在55%左右，IT、通信等3C业务出现良好的增长态势。

2007年上半年，四川长虹集团实现营业总收入106.43亿元，同比增长35.97%。电视业务的收入比例占集团收入的比例已经首次跌破50%，为49%；而IT、通信和白电的新产业所占比重达到39%。

2007年，长虹集团销售额突破300亿元，这在家电企业中除了海尔、海信外并不多见。

新兴业务唱主角

长虹集团销售收入能达到300亿元，除传统彩电业务的功劳外，IT、通信、白电和手机业务的兴起也起到了关键作用。

2004年以来，长虹集团的产品策略是沿着“传统家电—信息家电—IT”，即主张传统家电信息化、信息产品家电化的产品发展路线，并且大举涉足IT、网络和白电业务。

长虹集团近年来的财报也显示，这几年传统家电业务在长虹集团所有业务中的比例迅速下降，从70%的占比下降至2007年的49%，而IT、通信、网络等业务的比例则上升至39%。

具体来说，在手机方面，继2007年初长虹集团手机千万部产能基地落成后，长虹集团的手机业务突飞猛进，到年底仅12月单月的销售量就突破100万部，从手机新兵跃升至国产手机三强行列。

IT产业方面，2007年长虹佳华的销售业绩突破33亿元，长虹佳华在存储产品分销业务上位居国内第一，笔记本、消费电子、网络等产品分销也稳居前列。在海量分销方面，长虹佳华在成为东芝笔记本产品中国区总代理后，陆续引进了迈克菲、罗技等世界知名品牌；在增值分销方面，长虹佳华存储分销业务销售额超过4亿元，成为国内专业存储领域中最大的分销商。此外，机顶盒业务也做到了市场占有率第一。

白电方面，2007年被长虹集团收购后的美菱销售收入从2005年的20亿元上升到了2007年的近40亿元，翻了一番；国内冰箱销量由2005年的102万台上升到2007年的超过200万台，也翻了一番。

因此，新兴业务的兴起与迅速发展壮大对集团销售收入的整体提高带来了巨大的推动作用。

“三驾马车”保平安

单从销售额方面考虑，突破300亿元的成绩对长虹集团来说无疑是成功的，不过按照长虹集团自己的判断，2008年才是长虹集团质变的真正“拐点”。

这主要有两点原因：一方面，是等离子屏工厂的投产；另一方面，2008年恰逢长虹集团成立50周年，这对长虹集团来说具有深刻意义。

一方面，长虹投资几十亿元建立的等离子面板工厂，使长虹集团的等离子业务发生了本质变化；另一方面，长虹的研发总投入逐年上升。2007年较上年增加超过5%，其中国家支持研发项目经费比重较上年增加超过20%，研发经费支出占产品销售收入比重较上年增长超过5%。2007年研发费用超过15亿元，今后的研发费用还将有所提升。

长虹集团还值得人们期待的是，通过自主技术创新，将继续完善和健全其国际化的创新体系，建成具有国际竞争力的世界级创新研发体系，并在标准建设方面不断研发。

最关键的是，长虹集团已经从原先的单一体制成功转型为业务多元化的企业，大大增强了自身的抗风险能力。

近年来，在长虹集团3C战略转型取得阶段性成果，“黑＋白”的大家电格局成型并取得不俗成绩的同时，长虹集团“大公司架构”已见雏形。在大公司架构下，长虹集团确立电子电器、军工和房地产作为三大产业板块。而这三大产业板块将成为长虹集团新的“三驾马车”，也将构成长虹集团利润的主要来源。

第2章

新产品开发综述

【本章学习目标】 掌握新产品开发的概念、新产品开发的程序与方式。认识新产品开发的环境因素与影响新产品开发的关键因素，学会分析新产品开发的风险，并会解析新产品开发成败的要素。

2.1 新产品开发概述

新产品开发，是指新产品构思、研制、生产和销售活动的全过程。产品是企业赖以生存和发展的物质基础，在日益激烈的市场竞争中，企业之间的竞争在很大程度上表现为产品之间的竞争，产品的竞争又促进了新产品的开发。

2.1.1 新产品开发的意义

新产品开发的重要性可以从两个层面去理解：一是纵观企业的发展，新的产品给企业注入了新的生命力，产品开发水平的高低，直接关系到企业的兴衰存亡；二是横看社会整体的进步，产品开发的速度又关系着整个社会的经济与技术的发展水平。

1. 企业的发展是新产品开发的动机

首先，从产品的生命周期来看，任何一种产品都会经历成长、成熟到退出市场的过程。死守产品不思进取的企业，必然会被市场淘汰。尤其在今天，国内市场与国际市场融为一体，在这个大市场中，新的产品层出不穷，产品的生命周期也越来越短，企业要应对这种环境的变化，就要把开发新产品与企业的发展密切联系起来。

其次，从企业的经济效益角度来看，企业的目标是利润，利润的获取靠市场份额。统计资料表明，现代企业的获利中，新产品获利占有较大的比重，尤其是一些新兴的行业，新产品甚至成为获利的主要支柱。在激烈的竞争中，老产品或仅略加改进的老产品在艰难竭蹶中获利甚微，因而不断地开发新产品成为企业利润的源泉和占领市场的前提。

最后，不断地开发新产品，有利于树立企业形象，提高企业在市场中的竞争优势和竞争地位。新产品的市场投放能激起市场反应，影响利益相关者的观念，从而能够提高或损害在利益相关者中间的市场形象。所以，开发新产品是当今企业形成竞争力的重要手段，而且领先的市场占有率也是提高企业知名度的重要途径。

当然，开发新产品的过程，也使企业的生产和经营能力得到充分的锻炼与优化，这样，企业就可以从容地应对市场的变化，在变化中成长、壮大。

2. 社会发展的需要推动新产品开发

社会的发展，必将伴随社会文明程度的不断提高、工作条件的不断改善和人们生活水平的逐步上升，这就要求工业等系统不断地提高产品性能和增加产品品种，不断地开发出新产品，以增强综合国力、提高国家的经济实力；有利于工作，提高工作质量和效率；方便生活与生存，提高生活与生存质量，促进社会文明程度的不断提高。不论社会制度如何，凡属这一类的产品必然是社会所需要的，也一定会深受社会的欢迎。

此外，企业在开发新产品的过程中，还将不断增强自身的创新意识，促进企业的技术进步，这对企业的经营机制、组织与管理和市场营销策划等的创新也有巨大的推动作用。

再有，开发新产品也有利于加速新技术、新材料、新工艺的传播和应用。新技术、新材料和新工艺可以提高产品性能，增加产品的新功能，降低成本，创造出新的需求，它们是新产品开发的重要前提与基础。同时，新产品的开发也为新技术、新材料、新工艺的应用和传播提供了重要的机会与途径。

2.1.2　新产品开发的原则

开发新产品意味着为组织精心培育一种智力活动的过程，这个过程遵循以下原则。

1. 开发的战略性原则

促使新产品开发的每一个商业机会或问题都随当时情况而各不相同。时机、企业环境、消费者、竞争者、其他主要利益相关者以及组织资源等代表了各种因素的集合，它们对一种新产品的环境具有很大的特质性，从这个角度看，用过去产品开发成功的“处方”对待下一次开发，就有可能是错误的。对各种环境情况下的新产品开发进行管理，需要一种战略性的知识眼光和灵活性，这有助于对不确定的和未意料到的情况作出反应。在一个企业组织的日常生活中，建立与长期竞争优势的目标相一致的战略性的知识眼光，应成为管理新产品开发的指导原则。

建立必要的智力资源主要依靠教育和经验积累。形成企业的战略性开发观念主要是在考虑开发新产品的环境时提高敏感性。如果一种能明确说明新产品环境、包括诸多战略因素的关于新产品开发的观念得以形成，如果这种观念在企业组织内得到交流，那么在一个剧烈变化的企业环境中不断创造出新产品的机会就大大增加了。

2. 开发的灵活性原则

管理新产品开发的一个关键任务就是要将它与一个企业的战略联系起来。这种联系是通过典型的情况分析实现的，这类分析为发展战略的选择提供了基础(如评估力量、弱点、机会和问题)。这需要从认识市场经济的普遍趋势出发（如经济制度、人文环境或技术力量)，然后引向对复杂性和迅速变化的原因即不确定性的主要根源的分析。为了在迅速变化的环境下有效地管理新产品开发，就需要一个具有应付环境变化的灵活性的开发程序，并拥有足够的资源以维持这种灵活性。

为进一步阐明灵活性的含义，重要的是要把企业组织的新产品开发程序与具体的开发项目区分开来。开发程序由新产品开发的各方面知识组成，它应当渗透到企业组织的各个方面。开发项目则涉及新产品所针对的特定的市场机会。对较小、较新的企业来说，新产品开发可能就是某个单一的产品项目；对较大的企业来说，它可能是同时或一段时间内进行的多种产品开发项目。灵活性使多产品开发项目成为可能，并有助于在特定开发项目内变动。

3. 开发的互动性原则

当环境变化时，环境中各种利益相关者的需要也会发生变化。因此，为了跟上这些变化，在整个开发过程中，与市场的主要利益相关者建立和维持一种互动的关系，并不断地监视市场机会或市场问题是十分必要的。

4. 开发的综合性原则

企业组织对新产品的机会作出反应的方式决定了开发过程能否成功。由于组织内各职能部门的差别，形成了部门子目标的差异，这就造成各部门面对产品开发机会的不同反应。激励组织对各种机会（问题）作出反应需要实行一体化，以克服变革的阻力。实现这种一体化最通常的方法就是通过在组织内成立有效设计、目的明确的跨职能部门的新产品开发小组，实行必要的变革以利用机会。

5. 开发的持续性原则

新产品开发的过程是持续的、动态的。因为环境、市场和组织是始终在不断变化的，因此它们对新产品的影响也是变化的。即便某一特定产品在直至推出的那一刻以及推出以后，仍然在不断发生渐进式的变化。因此，组织内对新产品开发共有的一种认识过程持有一种清晰的看法是很重要的，这样，就可能迅速地实施开发计划并作出必要的调整（调整对于成功常常至关重要）。同时，维持一个历史的和当前信息的数据库作为一个决策支持系统也很重要，它有助于相对较快地作出分析和决策以及解决频频产生的意见分歧。认同这种“持续性”原则就是承认在新产品开发的整个过程中学习的重要性，并且强调新产品在一个组织不断更新的过程中所起的中心作用。

事实上，管理新产品开发就是要动员组织内的各种主要职能对各种不确定因素和迅速变化的市场和环境作出反应。减少不确定性的一个重要根源是发挥新产品预测的功能——提供关键性信息的过程。

2.1.3 新产品开发的方向

从世界各国企业新产品开发的情况和发展趋势来看，新产品开发，尤其是高新技术产品开发的方向主要体现在以下几个方面。

1. 向多功能方向发展

多功能化，这是目前国际上比较流行的一种产品创新开发方式，它的着眼点就是通过增加产品的功能来满足市场需求。由单一功能产品发展为多功能产品，比较典型的产品是手表和收录机。机械表由于受到结构和零件方面的限制，增加了一个能显示日历的功能，但远达不到人们设想的多功能化，后来又受到电子表的挑战。由于电子表的电子元件可以微型化和高度集成化，这就为在有限的空间内安排更多的功能或单元提供了可能。所以，电子表问世以后，就迅速地向多功能化方向发展了。

开发新产品首先是定义开发产品的功能，使潜伏在产品自身中的各种功能尽可能地发挥出来，或者通过新的技术和手段，增加和扩大产品的功能，使新产品的功能得到不断完善。在功能开发上，企业新产品向多功能方向发展，主要体现在以下几个方面：

(1) 功能延伸。这是指沿着产品自身原有功能的方向，通过研究和试制，使开发出来的同类型新产品的功能向前延伸，既保留了原有功能，又在原基础上扩大了功能。这种延伸了的功能往往优于原有功能。

(2) 功能放大。这是指通过开发，原有产品的功能作用范围扩大，或者是原有功能作用力度增强，从而使新产品的功能放大，形成多功能产品。例如，目前开发出的新型塑料，使用范围比以前扩大了许多。

(3) 功能组合。这是指企业通过研究、试验，把不同产品的不同功能组合到同一种新产品中，或者是以一种产品为主，把其他产品的不同功能移植到这种新产品中去。通过这种组合方式，开发出来的新产品向多功能的方向发展，形成一物多用。例如，有些厂商将微风扇与台灯合二为一。又如，组合机床就是由几种不同功能的机床组合在一起的，现代数控机床也是将计算机的功能组合进去。

（4）功能开发。这是指运用现代科学技术和新的手段，不断开发潜伏在产品中的新功能。这是新产品的单一功能向多功能发展的一种主要方式。例如，计算机自1946年问世以后，潜伏在这种产品中的功能不断被开发出来，发展到今天已经是第5代产品了，它的功能已从简单的数学运算，发展到深入社会、经济生活的各个方面，正发挥着越来越巨大的作用，成为一个庞大的产业。

需要说明的是，多功能通常与区域经济的发展联系在一起。对于一种产品而言并不是功能越多越好，一个功能的介入就存在一个功能成本。当一个区域的经济萧条时，市场需要的是有限资金的最大效用。

2. 向系列品种方向发展

企业新产品的开发已从过去那种大批量少品种向小批量多品种的方向发展。目前由于市场竞争激烈，顾客需求变化快，企业新产品开发速度也较快，产品批量相对于过去来说都趋于较小，而品种发展十分迅速。企业产品开发从单一品种方向向系列品种方向发展，已成为越来越显著的发展趋势。企业产品开发的系列品种主要表现为以下几种方式：

（1）专门系列。这是指以一种产品为主或以某一功能为主，进行专门的系统开发，形成的产品品种系列。专门系列的开发方式容易铸就企业的核心技术，有利于企业树立形象、打造品牌。如早期的春兰集团，是以制冷技术的空调产品为企业的主打产品。

（2）树型系列。这是指以一种基础产品为树干，从多种方向进行产品开发，使新产品开发呈树形发展方向。例如，日本卡西欧公司以石英晶体振荡器为中心，并以此作为产品系列的主干，开发出一系列电子新产品：石英电子手表、电子收录机、文字处理机、计时器等。

（3）并行系列。这是指在一些大型企业中，新产品开发往往是以两种或两种以上的骨干产品为主干、几种产品同时进行系列开发，形成几种产品系列并行的状态。例如，春兰集团是我国最大的空调机生产企业之一，近几年来，该集团又成功开发生产了高档载重车，从而使其成为公司的主要利润源之一。

（4）藤蔓系列。这是指企业在开发新产品中，抓住一些关键性产品，如同抓住一根藤蔓一样，向四处扩展，四处牵藤，顺藤发展，开发出多种产品系列。这类企业往往是实行多角化经营的大型公司集团。

3. 向满足市场需求方向发展

企业要开发生产什么样的新产品，这主要取决于市场需要、企业的产品创新能力及具体条件。虽然不同行业的产品创新方向有所不同，但满足市场需求是大多数企业产品创新的趋向。

（1）结构简化，性能独特。产品结构简化，主要是指对产品的结构进行简化和改进。对结构复杂和具有多余功能的产品，应该减掉某些零部件和除去多余的功能，使产品结构更加紧凑、轻巧，以降低造价；或者应用高新技术成果，采用新技术、新材料使其结构简化、性能独特。如把电子管改为晶体管，把晶体管再改为集成电路、大规模集成电路和超大规模集成电路，使电子产品的结构大大简化而性能更加优越。此外，减少产品的零部件种类和产品型号，使之系列化、通用化，也是简化产品结构的一般方法。

(2) 外观新颖，产品便携。新颖的外观是为了适应消费者心理上求新的需求，款式新颖的新产品很容易吸引消费者，促进其销售。便携是指在产品性能不变甚至增加的情况下，使产品的体积变小、厚度变薄、长度变短、重量变轻。这样做适应了人们在生活中多种功能同步进行的要求。若需满足携带方便，则对产品的体积就有要求，有些甚至要求微型化。例如，市场上一般的录音机销路不畅，而MP3、MP4的销售却十分火爆，原因就是它们可以随身携带，可以与听觉功能以外的其他功能和平共处。

(3) 节能与高效能低成本。这是指在产品的使用过程中能够节约能源消耗。节约能源是国策，节约能源支出是消费者的需要，低耗能产品也是对环境保护的贡献。对于耗能商品，从购买者方面来看，所花的购置费用不仅仅是购买产品时的价格，还包括使用产品时所消耗的能源费用。因此，市场呼唤高效能、低成本的产品，企业凭借高新技术设计节能产品或者使新产品质量合格而相对质量成本又不太高，即性价比超过同类产品，则企业就有了竞争优势与占领市场的把握。

2.2 新产品开发的程序和方式

由于企业的性质、产品类型的复杂程度、技术应用的熟练程度以及科研设计水平等的差别，导致了新产品开发方式的差别，也导致开发新产品的程序有所不同。

2.2.1 新产品开发的线性程序

一般来说，在新产品开发方式中，大部分新产品可能只是在原来产品基础上的改进，只有极少数是真正创新的新产品。但是，创新的新产品即经过自主开发方式得到的新产品仍是企业开发的最高层次，这个过程也是最为系统与复杂的。下面就这一个过程（图 2-1）略加阐述。

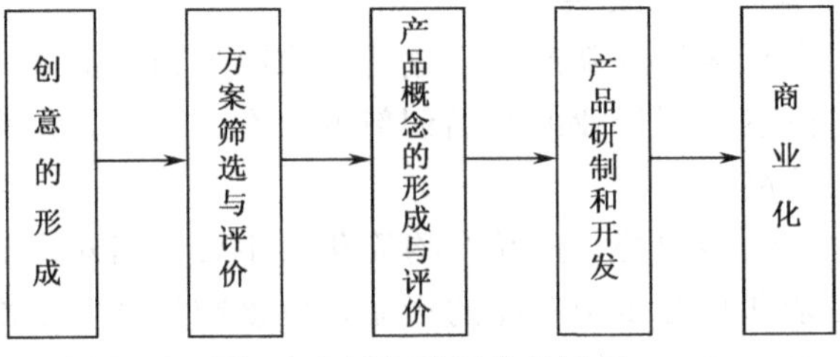

图 2-1　新产品开发的过程

1. 创意形成阶段

新产品始于创意，创意是新产品开发的基础。创意来源于设想，设想在于创新。通常，新产品创意是在市场调查研究的基础上，以市场需求为出发点，并考虑企业本身的条件形成的。当技术进步诱生新产品创意时，企业对市场的敏感是十分重要的。

2. 方案筛选与评价阶段

在搜集到大量的创意方案以后，要对其进行筛选。方案筛选的原则就是以赢利为前提，将企业内部条件与市场环境因素综合起来考虑方案技术经济的可行性。在评价方案时，需要设立一些常规性的指标，如期望的销售量，期望的新生产线、新产品的顾客类型等。最后，筛选出符合企业新产品策略的产品创意继续研究和开发。

3. 产品概念的形成与评价阶段

经过筛选后的新产品创意，还要进一步形成比较完整的产品概念，也就是把新产品的创意具体化，用文字、图像或制作模型等技术形式完成新产品的具体方案，说明产品的作用、功能、特点和使用方法。同时，在这个阶段还要从金融、财务的角度上研究新产品的开发，需要在目前和将来的一个时期对一个新产品潜在的销售收入进行评估。随着市场计划的制定，成本、价格也被估计出来。另外，还要对不同方案产品所需的资源进行分析与评估。当然，可邀请一定数量的顾客进行评价，听取顾客的意见，了解新产品的概念受顾客欢迎的程度，从而形成新产品的开发方案，并进一步完成新产品开发的可行性研究。

4. 产品研制和开发阶段

新产品的研制是将产品从概念转化为具体产品的阶段，它包括研究和试制两个步骤。研究就是把经过筛选选中的开发方案进一步具体化，设计成切实可行的具体实施方案，方案中不仅包括产品性能的设计，还包括拟订试验规范、提出测试方法和应达到的指标以及产品的规格等。试制就是根据研究所确定的方案制造成实体产品。研制的新产品必须通过产品鉴定。

在这个阶段，还要决策投入与产品研制的相关费用，如用来制造试验性新产品的设备，是自制还是购买与生产产品有关的机器设备，然后是批量生产设备，批量生产的能力决定了产品最终实现商业化生产的规模。

5. 产品商业化阶段

新产品的样品经过鉴定以后，企业可先进行小批量试生产，在所选择的有代表性的目标市场中作检验性试销，然后根据试销的结果进行正式投入批量生产。一个产品批量规模的大小主要取决于产品自身和市场行为，因此在产品商业化阶段，企业应着重做好以下工作：①正确选择投放市场的时间；②正确选择目标市场；③制定正确的营销组合策略。

需要说明的是，图 2-1 新产品开发过程示意的每一步并不是单纯的线性，即并不是后一步必须等前一步完成后才能开始。由于在产品开发过程中，设计、开发、制造和市场的部门与部门之间的关系非常紧密，所以，在这个过程的每一步都需要根据环境状态的变化而不断地修正产品开发的规划，以使经过这个过程而开发出来的产品能够适应动态的市场。

2.2.2 新产品协同开发模型

由于新产品开发过程的复杂性、企业组织结构的变化以及新产品开发环境的不确定性，新产品开发模式也在不断优化。以上介绍的新产品开发过程一般代表着企业制造新产品的方式，因而这一模式被看做是开发新产品的标准模式。

但是，由于产品开发技术的高尖端性、市场需求的复杂多变性、产品的市场生命周期越来越短等，还有新产品的市场占有率不理想，或者因顾客对产品的需求迅速转移而导致新产品失败的巨大成本，这些都可能是标准模式无法解决的问题。

基于市场对产品高质量、低成本、尽可能缩短产品开发周期的要求，考虑实现产品开发过程的集成，对产品开发过程实施系统化的监控和管理，这就产生了新产品协同开发模式。此模式的关键是产品开发过程的重组和并行化，即有效地对产品开发过程进行规划、调度和管理。

1. 产品协同开发模型的条件

产品的协同开发模型是在产品开发的过程中，以 CIMS（计算机集成制造系统）信息集成为基础，通过一系列的方法和技术支持产品开发人员在设计一开始就考虑产品生命周期中的各个因素，实现产品开发过程的集成。模型的主要目标是缩短产品开发周期，提高质量，降低成本。

协同模型的工作流程应具备的条件有：

（1）协同过程是建立在计算机软硬件支持、协同开发工具和信息共享的基础之上的。

（2）整个产品开发过程是源于团队式的工作方式和组织方式，即多学科综合产品开发队伍的组织和实施。

（3）产品开发过程在反映产品信息结构的同时，也反映了产品开发活动中信息的流动，反映了信息的动态变化。

（4）产品开发过程是在实施过程中满足企业的各种组织、资源和逻辑制约关系，并反映它们之间的相互过程。

因此，产品开发过程是指产品以产品开发工作组为执行实体，以产品信息为纽带，以协同设计环境为前提，以设计过程为产品设计的核心，以过程间的逻辑和时序关系约束为执行纽带的产品开发活动。

2. 产品协同开发模型

协同开发的核心问题是网络支持的“共享环境”、“共同任务”、“协同任务”

和“软件共享”等。因此，根据产品开发过程的分析，构造协同开发工作流集成模型（图 2-2）。模型的左侧描述了协同开发的四个主要方面，即产品、团队、设计过程和资源之间的关系。

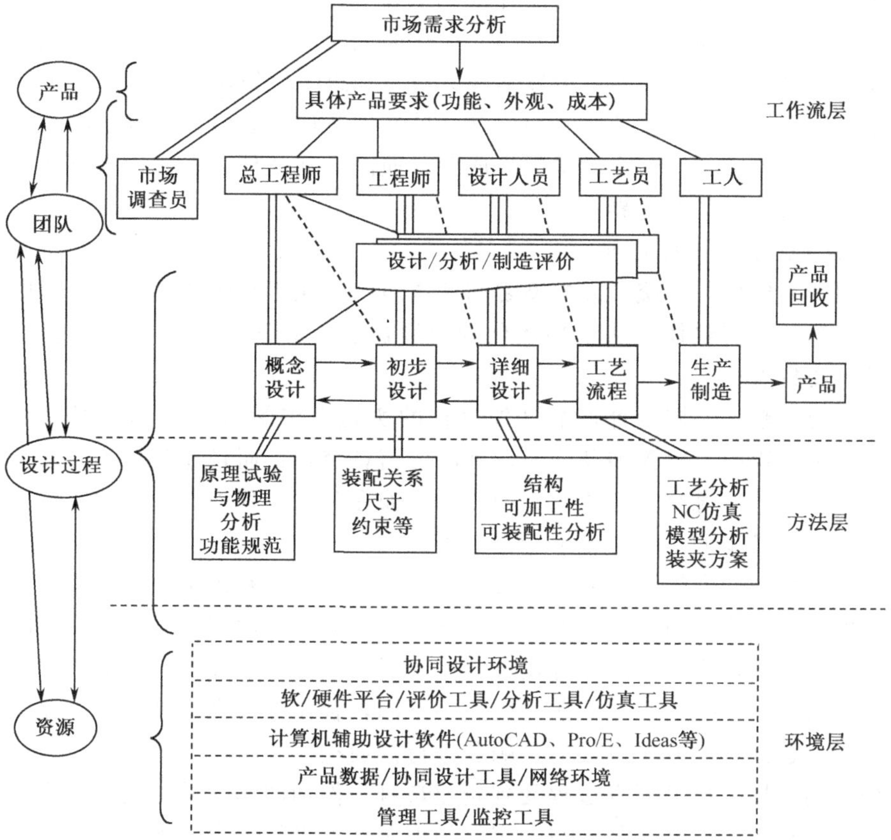

图 2-2　协同开发工作流集成模型

（1）产品。根据市场调查提供的市场调研报告，制定开发产品的项目任务。产品是联系各个方面的纽带。

（2）团队。描述产品整个开发过程中的团队、角色和人员的组织结构和权限。团队是过程的执行者。

（3）设计过程。用来描述产品开发的过程，以及根据产品的特点制定出相应的设计方法，考虑在整个设计过程中相关的内部活动的外部关系。设计过程是协同开发的核心。

（4）资源。描述产品在整个产品开发过程中，设计人员、设计工具、数据库等资源的产生、使用及释放的关系及管理。团队是资源的使用者，而资源的使用是企业活动执行的前提，资源性质的转换则决定产品的实际内容。当产品、设计过程、团队和资源四要素有机集成为一体时，就能实现产品的协同开发。

在模型的左侧说明了基于网络环境协同开发的产品、团队、设计过程及资源四要素与其工作流程之间的交错关系。图 2-2 由上至下表明了产品开发“活动”的层次关系，从左至右说明了产品开发“过程”的顺序关系。

在协同开发活动中，任务的分配、工作的调度和控制、资源的优化配置是其重要环节。这些任务过程通常可以从任务逻辑和组织逻辑两个层次来分析。前者是任务的处理流程，即在什么时间应该做什么以及如何去做；后者是产品开发的组织结构及其关系。这两个逻辑层集成后，便能达到“什么人在什么时间应该做什么以及如何去做”的境界。

3. 协同开发的一般特点

协同开发模型与传统开发模型之间的本质区别在于它将产品开发过程中的各个活动视为统一的整体，从全局优化的角度出发，对该过程整体进行管理和控制。其主要特点有：

(1) 交互性。协同设计产品开发过程的实施由多学科工作组负责组织和完成。在整个过程中，不仅涉及同一领域内的信息交互，而且还存在不同领域内的信息交互。这种信息交互方式既有同步的，如在开发过程中产生的冲突得到及时的解决；又有异步的，如对某个步骤发表意见。

(2) 合作和冲突性。产品开发过程存在着相互支持和约束及资源冲突。每个参与开发的人员都担负着不同的设计任务，任务的连续性要求开发人员之间有密切的合作。但是，由于在产品开发过程中出现的问题的多样性、未知性以及开发人员的学科背景、经验、对问题的观点等不同，合作的冲突也就不可避免。所以化解冲突，也是产品开发过程能否顺利进行的前提。

(3) 约束性。产品开发过程受到企业自身条件和产品性质的约束。在开发产品的整个过程中，设计人员要在一定的约束条件下进行开发，如产品应用领域限定，产品的成本、产量的规模、原材料来源等的被限制。产品开发一开始，这些问题就成为局限条件。

(4) 动态性。产品开发过程实质上是一个发现问题、解决问题的动态的非确定性的过程。在整个协同开发过程中，投资的额度、开发的进度、任务的安排、设备的运用等状况均在发生动态变化。还有发现了问题，能否解决问题，解决了问题，开发是否就一定成功，这些都具有很大的不确定性。因此，便捷地获取多方位、多层次的动态信息是应对动态环境最有利的方法。

(5) 分布性。参加协同开发的人员可以身处不同的地方，他们之间可以通过局域网、互联网进行通信联系，因而协同开发是在网络的支持下分布进行的。

协同开发的特点还表现在诸如开发活动的多样性、开发过程的安全性、数据库共享等方面。

2.2.3 产品开发程序的转变因素

产品开发模式的转变因素大致有开发组织结构的重组、新产品开发的全球化、新产品开发速度的加快、产品质量的保证以及新的信息交流和传送技术的出现等五个方面的组织和环境因素。

1. 组织结构的变化和组织重组

一般企业的新产品开发组织机构分为两类：一是由企业自己从事新产品开发。这种情况下企业产品利润的增长与企业规模特别是资产和员工人数的增长成正比关系。尤其是组织机构扁平化的企业，给予处于组织中较低层次的员工有更多负责的机会。二是由多个企业联盟来进行的新产品开发。在传统的新产品开发模式中，企业由于不愿意将产品开发成功带来的利润与其他人分享而选择“自力更生”，所以企业应对研发事项建立庞大的研发部门是很正常的事情。但在今天，对企业来说，与能弥补它们弱点的其他企业合伙研发，共担风险、共享成果已是再平常不过的事了。

传统的新产品开发模式是建立在信息高度保密的基础上的，而并行模式讲究的是共同开发、信息共享。

2. 新产品开发的全球化

现在的企业在产品开发过程中更看重的是产品拥有高质量、能获得廉价劳动力和原材料的就地取材，而利润的驱使使得外国企业为了获得市场到处扩张。因此，在全球范围内，哪里的成本、顾客和竞争力等方面比较具有优势，外国企业就在哪里开展经营。

在新的产品开发模式中，产品的开发者日益成为没有国籍的企业。即新产品开发的全球化意味着企业不再将产品开发局限于由一个国家或者一个企业独立完成。

3. 新产品开发速度的加快

随着市场对新产品的需求速度加快，传统产品开发的各个环节按顺序进行的模式已越来越不能适应市场的要求。以前，企业在形成新产品的概念，进行新产品的设计、制造和推广上要花费几年的时间。今天，很多企业只用不到一年的时间来开发新产品，还有些企业甚至在一年内两次投放新产品入市。日益缩短的新产品开发过程要求企业精确地制定新产品开发的时间表。如本田公司、AT&T公司、惠普公司均已采取措施来缩短它们的新产品开发过程，这样企业就能更早地把产品投放到市场，更快地满足消费者的需要，更早地回收开发产品的投资。

另外，对于传统产品开发模式下的企业，竞争对手很少而产品的生命周期相对较长，产品开发过程是足够的。但今天的市场竞争是全球性的，企业已经受到若干人同抢一个商机、同占一片市场的挑战，这就使得预测产品生命周期长度的工作变得十分困难。

4. 产品质量的保证

除了加快新产品的开发过程外，企业还必须保证设计并制造出高质量的产品。对产品质量的保证有质量管理体系，其中规定了对组织的质量管理体系要求，用于需要证实其有能力稳定地提供满足顾客和适用法律、法规要求的产品；体系还规定了对产品的要求，这是指对产品的技术要求，应以产品规范的形式予以确定。产品的技术要求可以由顾客规定，或由组织通过预测顾客的要求规定，或由法规规定。在某些情况下，产品要求和有关过程的要求可包含在诸如技术规范、产品标准、过程标准、合同和法规要求中。

质量管理体系还规定，顾客要求产品具有的满足其需求和期望的特性都要在产品的技术要求或规范中加以表述。由于顾客的需求和期望是不断变化的，这就促使组织持续地改进产品和过程。而质量管理体系要求恰恰为组织改进其产品和过程提供了一条有效途径。因而，ISO9000族标准将质量管理体系要求和产品要求区分开来，它不是取代产品要求而是把质量管理体系要求作为对产品要求的补充。

5. 通信和信息技术的发展

模式转变还有一个重要原因，那就是在新产品开发中逐渐广泛使用的通信和信息技术。一些新的技术正在加快和简化新产品开发的过程，如笔记本电脑、传真机、网络以及与这些相关的被新产品设计师、制造商和市场营销人员使用的各种软件。在今天，这些技术与设备大大减少了设计的工作量，降低了设计成本，优化了设计过程。

通信与信息技术的应用，打破了地理区域的局限，有利于信息查询与集成，这无疑又加速了新产品开发的过程。从这个层面上看，企业规模的大小已不再成为争取新产品开发先机的障碍。

2.3 新产品开发的环境

产品制造企业作为一个复杂系统，依赖于“硬技术”和“软科学”的结合。所谓“硬技术”包括以数学、物理和化学等为基础的材料、机械、液压、电力、电子、控制和计算机等工程技术。所谓“软科学”主要包括以社会政治、经济和文化为基础的管理策略、社会科学、经济学和组织行为等。然而，制造企业不是各种技术和科学理论的拼盘，而必须将各种理论技术有机地集成起来。

一个制造企业的环境从概念上讲主要包括客户、供应商、合作企业、分销商、技术咨询机构、政府和竞争企业等。客户是提出制造需求并且拥有最终产品的组织或个人。制造企业直接或者间接与客户签订合同，并且全面负责产品的设计制造、交付和维护。客户对产品的需求直接影响企业产品开发的策略和经营管理的方式。原材料供应商是向制造企业提供原材料、标准零部件或者配套装置的企业组织。

新产品的开发涉及多种因素与开发环境，某些环境因素与企业或新产品的因果关系是复杂的，包含着不确定性，这使得难以对它们作出到位描述和衡量。此外，当一个项目展开时，由于对上述各种外界力量的设想可能发生变化，这就会导致针对新产品的不同设计特点、需求估计数、资源要求以及上马和下马的决策。例如，1992 年 12 月，通用汽车公司决定暂缓考虑 Impact 电动车计划，这也许是因为市场造成的不确定性、不断上升的成本以及当时通用汽车公司财务上有麻烦。

要对付企业环境中的复杂性和不确定性，首先要识别影响特定的新产品环境的一些主要的综合性力量。由于企业环境中的各种力量可以渗透到新产品开发的各个方面，并且企业环境中的各种调节者又可以改变这些力量的影响，所以只要有可能，就必须与影响新产品的这些主要力量的调节者进行互动。一旦组织认识到这些力量和调节者的作用，就能制定出有利于新产品的企业环境的战略。另外，还要估计到那些不可能施加影响的力量的作用，并调整产品以便对它们作出反应。

了解企业环境中的这些力量以及调节者们的潜在作用，有助于确定新产品市场机会的大小和趋势，并且在许多场合有助于重新界定关于新产品的设想。总之，这些力量的不确定性程度使新产品的开发和预测复杂化。一般来说，围绕一项新产品的企业环境的动荡程度越大，新产品开发和预测的不确定性就越大。虽然这个结论直观来看是显而易见的，但人们总是很容易设想稳定性而忽视市场环境中的力量，直到很迟时才发现它们不太合意的结果。不能识别、确定和衡量市场环境中各种主要力量对新产品的影响，只会增加开发的风险性。

下面我们将讨论企业所处的环境对其新产品开发的影响。

2.3.1 新产品开发的环境因素

所谓企业环境，是指所有可能影响一个企业组织实现其新产品目的和目标的相关因素。企业系统与环境的边界是变化的，外界的变化可以多方位地渗透和影响企业的结构与行为。在社会和市场环境中，每个企业都是一个独立自治的复杂系统，它通过向外部提供产品和服务，追求自身的存在与发展。一般情况下，企业需要与环境中其他组织实体进行交互，并且互相约束和影响。

企业环境又是动态的，这是因为环境中任何一个因素的变动都可能导致原有环境的破坏。动荡的企业环境既为组织制造了麻烦，也为组织创造了机会。例如，汽车制造厂开发电动车，也许可以被看做是一次机会，以响应越来越多的消费者对更清洁的生态环境的需求。换一种说法，电动车也可被看做是一种防御性的反应，以应对传统的内燃机汽车产生的污染实行管制的威胁。无论如何，电动车的开发和预测必须要在与新产品的市场机会相互作用并影响该市场发展的若干综合性力量的背景下进行考虑。

通常，企业环境因素是互相作用、相互渗透到社会和市场结构的所有层面，认识这些不确定因素，有助于调整其对产品开发过程的影响。

1. 自然资源

大多数新产品的开发在某些方面取决于自然环境中某些自然资源的供应状况。自然资源为工业制成品提供了能源和原材料，反过来有些工业制成品又遏制了自然资源的生态。

自然资源的生态学把自然资源分为三个层次：初级、次级和第三级。

当人类的劳动力和能量应用于初级自然资源（如海洋、土地和气候）时，就出现了次级的资源。例如，从海洋里可捕到鱼，在地上长出植物，从地里采掘出矿物。在次级资源层次上，出现了加工工业和提炼工业。当人类的劳动力和能量应用于次级的资源时，第三级资源随即产生，在此层次上，出现了制造业和建筑业。以此类推直至制成各种工业制品。最终出现了服务业，服务业依赖于其他工业。

这一动态过程构成了一个资源循环，这类似于我们较熟悉的食物循环或食物链，太阳把土壤中的养分转化为植物，植物又被动物和人类所消费，然后又变成废料回归土壤。在这一循环中，高质量的、集约的资源得以反馈出来，以提升低质量的或分散的资源。例如，通过人类的劳动，采出的矿石可以分解出有用的金属，用金属制成机器，然后用这些机器采掘更多的金属矿物。由于资源循环中的反馈是正向的，即机器应用得越多，可采集的金属就越多，所以自然资源的被利用是按指数的速率增长的。

为实现对现代经济至关重要的各种资源的转换，需要消耗大量的矿物燃料作为能源。当资源从一种类型转变成另一种类型时，由于能源转换的效率低，因此就存在着能源的不可恢复的损失，或称“熵”（entropy）。大部分能源损失源于矿物燃料的燃烧，它们逸入大气造成污染，对地球资源的生长又形成负面的潜在影响。

资源循环呈指数增长是最终出现资源枯竭的预兆，它将影响使用资源的成本、资源的可提供性以及消费者对越来越枯竭的资源的心理反应——所有这些都将影响新产品的成本结构、技术性和市场机会的大小。因此，对资源的考虑必须与新产品的开发和预测相结合。

但是，资源使用的增长率和资源自身的枯竭率也带来了产品开发的机会。例如，波动不定的石油价格（通常是不断上升）和石油供给的日益减少，促成了开发不需要依靠（从矿物燃料中提炼的）汽油的电动车类的趋势。

2. 人口

人口的多少、构成、分布、位置以及变化，人口现象与社会环境之间的联系，构成了新产品被认同与否的至关重要的力量。

在一定层面上，按地理分布的人口统计格局影响着劳动力的供应和成本，因而它是一种决定产品生产成本的重要因素。这些人口格局也决定了市场的结构和新产品的优先次序。

人口的差异性要求对劳动力和消费者作不断的分析和细分，以便对新产品的市场机会和市场威胁作出合理的评估。

3. 文化价值观

文化价值观渗透在人口中。文化包括人们学习接受的价值观，它按照满足人类需要的方向塑造人的行为。这些价值观通过家庭、宗教和其他社会机构代代相传，并构成影响对新产品作出反应的强大力量。当市场各细分部分是跨文化和亚文化时，以及当新产品的特点对一种文化内的价值观提出挑战时，了解文化对新产品的重要性就是显而易见的。

例如，有一个家电企业在准备为市场开发一种供上班族使用的新的冰箱时，原先考虑的是一种普通设计的冰箱。然而，该企业发现，有些人每周采购一次，需要较大的冰箱；而有些人采购比较频繁，宁愿要小一些的冰箱。有些人喜欢冷冻柜在上部，有的则喜欢冷冻柜在下部。虽然企业希望进行有规模经济效益的做法，即以较少的产品品种、较大的产量来降低单位生产成本，但市场细分或者是由文化造成的差异的存在，会妨碍企业取得这种效益。

产品和服务市场的扩展与延伸促使每个企业都试图捕捉在跨文化的范围内推出新的和现有产品的机会，但是有时候机会也是陷阱。联邦快递公司（Federal Express Corp.）想要拓展海外市场，把自己成功的创新“隔夜包裹投递”业务从美国扩展到欧洲大陆和欧洲以外。然而，经过六年时间的努力和投资了大约20亿美元之后，据报道它在欧洲的市场份额仍只有10%左右（相比之下它在美国的市场份额则为50%），很显然这项业务是亏损的。虽然有许多理由可以解释公司的不良状况（如进入市场晚、国际法规的管制等），但是未能对文化差异作出反应也应包括在内，如当时只有英文印刷的货运清单和宣传促销资料，包裹的领取时间有局限等。

被一种文化所看重的东西也许未必会被另一种文化所看重，因此，对新产品的需求也会因文化背景不同而变得模糊起来。所以，在评估文化对新产品的影响时，必须根据基本价值观所起作用的持久性程度，并与社会趋势进行对照，特别是同日益加快的科学技术发展步伐联系起来对基本价值观进行考察。

4. 技术

在一个企业内，技术是由生产工具、方法（或诀窍）、流程和程序决定的，它们被用来提供满足人类需要的产品和服务。从企业的角度来说，崭新的技术、现有技术的提高这两方面的获取都将诱发新一代产品的产生，同时，也会加剧企业之间以产品为核心的新一轮竞争。

立足市场来看，新技术的不断涌现以及现有技术的革新速度加快在导致新需求层出不穷的同时也在缩短产品的生命周期，尤其是产品的成熟期。因此，产品衰退是再简单不过的事情了。

反过来，短的产品生命周期对企业产品开发的计划和推出又施加了时间压力。此外，技术力量对消费者的广泛影响也是微妙的、复杂的和由情境决定的。当某些潜在购买者急着采用产品的下一代时，另外一些人则由于迅速变化的技术而悄悄地改变着他们未来的购买决定。这也就是为什么我们可以常常看到一些决策混乱的购买者。例如，个人计算机软件的发展通常极快，所以新版本软件一经推出有些人就会立刻购买，但是有些人则旁观等待其达到最新水平以后再买。后者执著于成功的品牌，甚至拒绝购买改进的产品。这一决策可以帮助他们对付因日新月异的技术进步而引起的决策混乱。因此，较短生命周期的产品所承受的技术被再次应用的概率就变得不确定起来。

技术进步会产生新的商机，有时也会产生意想不到的竞争对手。如传真机的出现，就引发了把传真机作为信息传递工具的新行当，而传真机也确确实实分解了邮政部门的业务量。

这里还要说明的是，尽管技术的变化看起来迅速而多端，但有些技术的商品化并不如人们想象得那么快。例如，1985 年福特、通用、克莱斯勒三家汽车公司积极参与把导航系统应用于汽车的研究。产品设计的依据是可以精确确定地球表面上任何目标位置的 NAVSTAR 卫星系统。该系统要求有一台机载计算机以便在图像屏幕上确定汽车的位置，这个要求对当时的普通家庭用汽车来说，价格高昂，预测难以被市场接受。此时，德国罗伯特·博斯公司采用一种不同的技术，1991 年在美国加利福尼亚州市场上以 3495 美元的价格推出了第一个面向大众市场的汽车导航系统。按这个价格，该系统最有可能被商业单位采用，适合对应的市场。但只有当价格下降到作为一辆汽车附件的合理支出，估计在 500～1000 美元时，此产品才有可能获得较大的销售量。

新技术的影响在社会中是经常的和普遍的，它们的影响对新产品产生了不确定性。因此，谨慎地评估有关的技术发展趋势对新产品设计和市场机会的后果是理所当然的。

5. 经济制度

在一个国家内，经济制度是将劳动力、资源和技术集合起来用以生产和分配商品及劳务以满足人类需要的机制。该机制的核心是市场概念。市场参与者组织商品和劳务的交换方式是社会资源配置的基础。在全世界运作的、满足人类各种需要的众多市场的总影响确定了全球的经济力量，在研究任何特定的新产品的市场环境时必须考虑到这些因素。

传统上，有些产品和服务市场已经成为全球性的，像金、银、铜或咖啡这些商品的市场。然而通信技术和销售系统的改进也使其他众多产品和服务的市场全球化了。像快餐、汽车、飞机、计算机、银行业务、娱乐和咨询服务等各种产品的市场也都实现了全球化。这种正在进行中的全球化过程的一个可能结果是产生了一种连接各个国家和多国地区经济的全球经济制度。

可以用许多变量来说明区域经济活动总体水平的特征。在一段规划时期内，这些变量的大小和方向的估计数可能会改变一种新产品的市场机会。这些变量包括国民生产总值（GNP）、国内生产总值（GDP）、利率、通货膨胀率、失业率、个人储蓄率、企业存货、汇率以及进出口差额等。通常，在一段时间内跟踪这些变量有助于预测规划时期内新产品的经济状况。同样，也要估计即将引进新产品的特定市场内的经济活动，这尤为重要。例如，同样的一栋豪宅，分别在经济衰退时期或扩张时期推出，其销售情况就大不一样。利率的浮动也会影响潜在购买者购买房屋的能力。

6. 法律和法规

法律法规存在于全世界的每一个地方，它们代表着一股强大的力量。在法律法规的权威之下，个人和组织既受到法律的制约，又享受着自由。企业在产品开发过程中直接受到法律法规对其的规范，这是产品开发必须首先遵守的规则和准则。

法律和法规给新产品开发带来难题，也带来机会。这主要取决于产品的性质、企业所在的地理区域以及更重要的新产品为之服务的市场。例如，面向儿童的产品在世界大多数国家一般都会遇到许许多多的法律规定。在大多数国家，各种新药、烟草、酒类、食品以及其他与健康和安全有关的产品都可能会受到法律的管制。即合法产品畅通无阻，非法产品寸步难行。

在全球范围内，新产品开发商还面对着数十项法规——从进出口过程中例行的文案工作到贸易配额和其他那些可能反映贸易保护主义者动机的限制。同新产品开发最密切相关的也许是有关知识产权的法律，这些法律在国与国之间差别很大。专利、商标、版权和其他形式的知识产权保护的作用常常决定一个企业是否有能力进入市场。而国与国之间对此的看法有所不同。在美国，发明者拥有专利权，而在其他大多数国家则是第一个登记发明的人拥有专利权。各个国家之间的有关问题也必须解决，包括保护和实施已达成的协定。因此，有关新产品的国际专利法的状况常常会使到海外做风险投资的企业感到繁复。为了方便这类风险投资，过去几年里已订立了许多互惠协定，以利于专利和其他知识产权的保护（世界知识产权组织的出版物总结了世界大多数国家的专利状况）。即使这样，仍然存在着相当多的问题，造成对国际新产品开发和预测的不确定性。

2.3.2 影响新产品开发的关键因素

1. 企业的生产经营能力

任何企业要从事生产经营活动，完成和实现其经营目标，就必须具备生产经营的三要素：人力、物力和财力。三要素有机构成一个整体，缺一不可，相互依赖，不可分割，并且按一定比例而分别存在，按照经营的客观要求科学组合而成。因此，使企业中各要素的能力和水平都得以充分发挥，并将这些因素有效地、科学地加以组合，创造出任何某一要素都达不到的综合效能，这就是企业的生产经营能力。它一般由三个部分组成，即研究和发展能力、营运能力、销售能力。

(1) 研究和发展能力。是指企业管理人员在对企业经营与环境变动关系的历史考察、现状分析和发展趋势预测的基础上，所制定的企业经营目标和达到目标手段的能力。它主要包括：市场调查与研究，预见未来；科技水平发展与趋势研究；企业规模、组织机构的研究；迅速接受与判断能力；目标选择能力、管理改革和创新研究能力以及企业发展水平研究等内容。

(2) 营运能力。是指企业运用各种营销力量从事经营活动的全过程，也是企业朝决策目标方向发展的实现过程。一个企业的营运能力，是指通过对经营要素的总指挥、协调、组织、控制来实现和完成企业对产品的采购与销售、储存与运输、经营与服务、内部管理与对外公共关系等一系列经营活动，以达到目标效益值最大和最高效率的经营能力和水平。营运能力的内容主要包括对企业营销诸因素，如设备的利用，营运人员的技术水平和经验，商品流通，组织机构，经营成本、质量，资源的控制与管理等，在主观条件形成的力量指挥和协调下，对企业的全部运行过程进行系统的、整体的分析和预测。

(3) 销售能力。是指企业的各种促销手段的综合运用所具有的力量和能力。它主要包括商品创新、推销技术、销售服务等内容。对销售能力的预测也要从这几个方面来进行。对企业来讲，销售是企业经营的末端环节，也是完成和实现企业经营目标的关键环节。商品销售能力的预测是企业生产经营能力预测的中心内容。由于市场上消费者需求受到多种因素的影响，企业经营就是要把影响的因素转变为企业能力，转变为促进企业销售的手段。如根据环境的影响预测来制定企业的促销策略，通过各种促销手段来影响和促成消费者的购买行为。

企业生产经营能力预测是企业制定长期计划过程的第一步，它为确定企业目标和战略计划提供基础。它主要包括对有关的人力、物力、财力、供应来源和渠道情况的调查、预测。企业的生产经营能力是企业的主观条件所组成的力量，它依赖于企业各要素水平的发挥。形成企业能力的主观条件不同，企业生产经营能力的高低就不同。企业规模大小、经营方式和所处的环境不同，导致企业生产经营能力的差异。因此，企业对其生产经营能力的了解与掌控有利于避免企业对新开发产品的盲动性，提高产品定位的准确性。

2. 企业的核心能力

企业的核心能力是在企业经营环境分析的基础上产生的。随着时间的发展，这会形成一种独特的能力，它与企业适应环境所要求的能力密切相关。经营环境分析强调的是对现有市场需求的满足，这在卖方主导的经营环境中是能够帮助企业寻找到竞争中的有利地位，并获得竞争优势的。而随着买方主导的经营环境的出现，满足现有需求的供应能力过剩、培育和运用企业核心能力、满足潜在需求就成为战略制胜的重要出发点。于是，企业的战略思想从满足现实需求向满足潜在需求发生转移，这也是核心能力理论能够确立的重要原因。

对于企业核心能力的解释颇多，通常认为一个企业只有经过长时间的酝酿建立起来的能力才是“核心”的，这种能力不容易在短时间内被模仿、转化、改变，并且也只有这种能力才能为竞争者提供一个战略优势。因此，核心能力除包括员工的知识与技能、企业的技术系统以及开发管理系统这三项之外，还应包括反映一个企业的适应性、灵活性和增长潜力的价值与规范。

（1）员工的知识与技能。企业是一个能力组织，能力存在于组织中的个人之间，人是核心能力的重要载体，人的相关能力的大小直接决定了企业核心能力的强弱。

（2）技术系统。这是知识创造与控制的过程。核心能力是一组技能的集合，可以用一个技能网络来表示核心能力，即在理顺各技能之间的关系的基础上，把技能的集合形成网络的脉络，以此显示出企业强大的生命力。

（3）开发管理系统。此系统与不同类型的蕴藏知识以及知识创造和控制过程相关。

（4）价值与规范。

也就是说，核心能力可以分为员工的知识与技能、技术系统、开发管理系统、价值与规范四个维度。作为核心能力，更多的是强调价值链上某点的技术域生产专长，而能力更为广泛，它涵盖整个价值链。能力是具有战略意义的一组业务流程。每个企业都有把价值传递给顾客的业务流程。

实质上，核心能力技术是如何协调各种不同的生产技能和整合不同的技术流的能力。识别企业的核心能力有三条准则：一是核心能力能提供进入各种各样市场的潜力；二是核心能力为用户从最终产品感知到的价值作出重大贡献；三是核心能力是竞争对手难以模仿的。可以从技术、研究开发、制造、营销、管理、组织等方面的能力来测度和分析企业的核心能力，并把新产品开发过程作为核心能力分析的核心过程。

企业的核心能力与其市场竞争能力密不可分，而组织的学习是能力发展的重要驱动因素。实际上，知识分享与知识创造在很大程度上是通过组织学习来完成的，环境与企业的相互作用是通过高层管理者的认知和决策完成的，而高层管理者的认知与决策对组织学习的深度和广度具有决定性的作用，因此，组织学习是企业核心能力建立与提高的基本机制。

组织学习、核心能力与竞争优势之间的关系如图 2-3 所示。组织学习的过程，即知识的获取、处理、存储与应用过程，组织学习在建立和提高核心能力中具有重要作用。核心能力的建立与提高的任何途径都不能离开组织学习。动态核心能力的基础是通过信息转移、重新定义假设、基于实验的不断改进，以及基于动态常规的企业专用技能的形成，把系统的学习整合进通用知识与缄默知识。

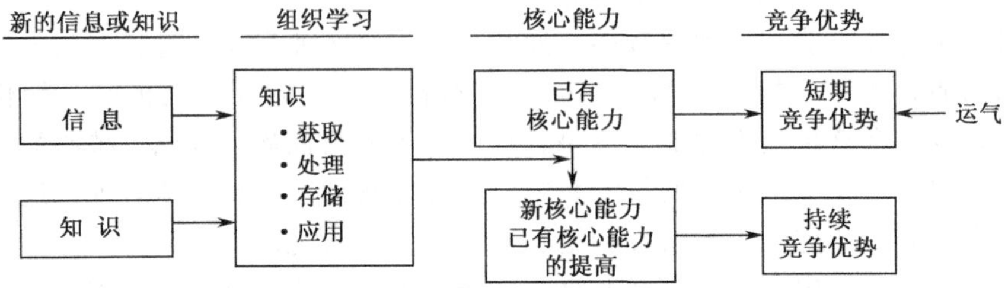

图 2-3 组织学习、核心能力与竞争优势之间的关系

关于如何提高企业核心能力的途径可以归纳为这样三类：内部整合、向外整合和运用提高。

内部整合主要是通过整合企业内部已有的知识来建立或提高企业核心能力。把个人能力转化为公司能力是内部整合的一个重要方面。个人能力是由个人或几个人拥有的，当他们离开时，企业就失去了这些能力。公司能力包括公司特性、技能、激励以及组织本身“拥有”的知识。通常，内部整合越好，产品开发能力就越强，企业绩效就越好。

向外整合主要是通过吸收企业外部的知识，如大学、研究所、其他企业等的知识。与其他企业建立战略联盟，形成外部网络，是向外整合的一条重要途径。成功的企业把每个联盟都视为打开合作者广泛能力的一个窗口。它们运用联盟建立起非正式协议内容之外的技能，并且在整个组织中系统地扩散新知识。一个企业可以从另一个企业获取知识的程度依赖于两个企业在知识库（知识基础）、组织结构、主导逻辑三个方面的相似性。

运用内部整合与向外整合的方式，综合提高企业的核心能力。

2.3.3 企业环境的调节者

像其他环境力量一样，影响企业经营与新产品开发的环境因素都是动态的，包括现在业已定型的法律法规。但是，对某一特定的新产品而言，未来5～10年的法律法规也许比今天现有的法律法规更重要。因此，探索法律法规的历史模式有助于认清趋势，这在产品的规划推出阶段及未来是非常重要的。探索这种趋势需要监督那些与创造和变革最相关的人员和机构，即环境的调节者。

从个别企业的观点来看，企业环境对新产品开发的普遍影响似乎是无法控制的，还有控制的方向和强度可能受到某些人的影响。如政府领导人通常是选举出来的，因为他们承诺纠正某些察觉到的社会问题，如经济状况、教育、保健等。这些调节者对全球力量进行的直接控制有相当大的差别。有些影响可以是相当直接的，如利率的调整；而有些则不太直接并且出现缓慢，如减少汽车排放污染气体的立法。

环境调节者可以是个人或由个人组成的团体，他们作出的决策影响到更广泛的企业环境的某个方面。像大多数个人一样，调节者们可能被说客疏通或被劝说按某种方式行事。确定他们对新产品可能产生的影响就可以了解和预计他们在社会中的作用以及对那些可能影响新产品的人士的作用。此外，企业也可以制定一个计划作为新产品开发过程的一部分，同调节者进行相互作用以便更好地理解他们的决策和行动。在这个意义上，一个组织可以影响企业环境并从中塑造其未来的各种力量。

2.4 新产品开发的风险

长久以来，由于企业持续承受着竞争上的压力，改进企业关键流程的效率一直是确保竞争优势的主要手段。20 世纪 80 年代，由于日本制造业席卷了全球市场，大部分的企业将管理的重心放在制造部门，例如，采用及时生产制度（just in time，JIT）以及全面品质管理（total quality management，TQM）等方法来改善产品品质及提高生产力。到了 90 年代，各大制造业之间品质与产能的差距逐渐缩小，加上新产品对企业获利的影响越来越大，产品开发逐渐转变成为企业管理的重心。

对高层管理者而言，研发管理的效率是企业能否持续成长的关键，也决定企业在市场上与消费者的心目中，是一个有创新能力的领导者，还是一个只会抄袭的跟随者。研发活动的效率也决定企业能否进一步压缩新产品的开发过程，更早推出产品以延长生命周期。同时，高层管理者也必须借由管理方法来提高新产品开发的成功率，以及各项资源投入在研发活动中的使用效率。

随着信息与网络科技的大量运用以及全球分工体系的形成，企业的研发活动范围变得更广泛，也更复杂。由于产品开发及行销活动的全球化，大型企业除了将研发团队分散在不同地方之外，还必须与主要市场的客户密切联系以确实掌握客户的需求。此外，研发团队也必须与千里之外的制造部门共同解决产品瑕疵的问题，或与供货商合作开发产品。仅是企业内部的研发活动就已经很难管理了，更不用提要将管理的范围扩大到企业以外的上游及下游。

另外，在全世界科学家的共同努力下，各种新的材料、产品技术不断问世，开发新产品的机会越来越多，研发人员承受的压力也就越来越大，因为没有人知道什么时候会冒出一个新的竞争对手，推出功能更强大、品质更好、更便宜的产品而将自己赶出市场。然而，一家公司如果同时进行太多的研发项目，反而可能因作业协调的困难而延迟产品上市的时间。还有，也可能因为产品组合变得复杂，与整体策略发生冲突，模糊了公司发展的方向，从而不利于营运成本的控制。

当然，除了以上所说的，其实还有许多因素可能导致企业无法成功地推出新产品，赚取预期收入。这些因素包括市场消费趋势分析结果不正确，产品出现重大的瑕疵而无法解决，产品制造成本高于预期，缺乏适当行销活动的配合，产品上市的时机不对等。这些都将形成新产品开发的风险，有可能造成研发失败的结局。

2.4.1 新产品开发面临的挑战

(1) 日益激烈的竞争环境。2001 年 11 月我国顺利加入世界贸易组织(WTO)，国际贸易壁垒将被打破，我国与世界经济的联系将更加密切。同时，国内的高科技行业将面临一个“全球一体化”的新局面。竞争日益激烈的趋势不可避免。

(2) 变化的市场。产品需求增长速度加快以及用户需求的多样化，使得企业产品开发随时面临变化的市场，对产品创新能力提出了更高的要求。

(3) 产品设计日益复杂。用户不断变化、增进的需求，要求产品功能日益强化，产品所蕴涵的技术越来越尖端，使得产品设计方案日益复杂，这对企业产品设计部门来说无疑是极大的挑战。

(4) 产品生命周期缩短。产品生命周期的缩短要求企业压缩产品开发周期，这无疑加大了对产品开发的难度。

(5) 产品开发模式更新。目前，国内许多企业仍沿用传统的产品开发模式，即在产品开发中采用串行的开发流程，且缺乏相应的技术手段，使设计出的产品无法及时、完全地满足用户需求，也往往延长了开发周期，增加了成本。

根据有关资料统计，七个概念往往只有一个成功，近 66%的 CEO 对其所在公司在新产品开发上的表现感到失望，近 50%的新产品开发项目面临失败的厄运。可见，如果对我国国内企业进行同样的统计，这些数字肯定会更低。那么，究竟在产品开发方面存在哪些风险影响了企业产品开发的成功率呢?

2.4.2 新产品开发风险的类别

新产品是利益与风险的共同体。新产品的开发会遇到市场、技术和环境等许多不确定性因素的影响，这是一项具有巨大风险的活动。所以识别风险、规避风险对于成功开发新产品具有重要意义。

新产品开发风险是指企业对内外环境不确定因素的影响估计不足或无法适应，或对开发过程难以有效控制而造成失败的可能性。风险主要源于以下几个方面。

1. 技术风险

(1) 技术本身不成熟。有些发明和设想虽然在技术上、市场上都很有吸引力，然而一旦实施，会发现许多技术问题还没有解决或无法解决，需要对发明进行二次创新，作较大的改动，甚至需要进行再发明。但是企业可能没有这方面的能力和精力，最终不得不半途而废。

(2) 技术效果的不确定性。开发产品是一个过程，在这个过程中，外部环境由于不确定性因素的存在而变幻莫测。所以产品即使能按部就班地投产并推向市场，但实际效果却难以确定。如产品在生产或使用中，造成污染、不安全等，则可能受禁、受限制。

(3) 技术寿命的不确定性。在现代市场环境中，技术同产品一样，随着技术进步的加速，技术的寿命变得越来越短暂。一个产品在开发时，产品所承载的技术可能是先进的；但当开发完成时，由于更先进技术的出现，产品将蒙受提前被淘汰的损失。

(4) 工艺创新滞后导致成本劣势。当产品进入市场、工艺已经定型后，但由于产品竞争趋向激烈，要求企业提高工艺过程效率及工艺创新，以降低成本，否则企业就要承受成本劣势的风险。

在企业面临的诸多环境因素中，科学技术环境是一种重要而有长远影响的因素。科学技术本身是强大的动力，其发展速度和水平，能够摧毁旧产品和旧的工艺方法，乃至一个工业部门。科学技术的发展，新技术、新工艺、新材料的推广运用，对企业产品的成本、定价等都有重要影响。这种影响就其本质而言，是不可避免的。企业要想取得经营上的成功，就必须预测科学技术发展可能引起的后果和问题，以及可能带来的机遇或威胁；必须十分注意本行业产品的技术状况以及科技发展趋势；必须透彻地了解与所研究的技术项目有关的历史、当前发展情况和未来趋势，并进行准确预测。

2. 市场风险

(1) 顾客需求的不确定性。新产品要取得成功，需要一个有潜力的市场。开发前的市场分析能使企业更好地作出计划，但却难以准确把握顾客的需求信息。许多学者认为，对具有潜在市场的创新型产品来说，得到顾客需求的有效信息是困难的，因为有时顾客也无法知道他们真正需要什么。

(2) 市场接受时间的不确定性。一种新产品，特别是高新技术产品的推出时间与诱导出需求的时间之间有一定的时滞，时滞过长将导致资金投入难以收回。

(3) 模仿及类似功能产品的存在。新产品的市场会由于模仿产品的进入而变得竞争更加激烈，使企业的利润被瓜分而只能获得较少的“脂”利润。同样，类似功能产品的存在，也使得需求市场被瓜分从而使产品的生存难度加大。

(4) 难以预测新产品的扩张速度。对于新产品，尤其是从未面世的全新产品，投放市场后，被市场接受的程度大小、速度快慢，都是很难准确预测的。低估了市场容量，等于放弃到手的利润；高估了市场容量，又造成产品积压，导致企业亏损。即使市场有容量，怎样填充（即填充的速度与方式）也未必可以按计划执行。例如，1959 年 IBM 公司预测施乐 914 复印机在 10 年内可能销售 5000 台，而拒绝了与哈罗德公司的技术合作。而 10 年后改名为施乐公司的哈罗德公司已销售了 20 万台施乐 914，成为知名的大公司。

3. 其他风险

开发新产品还会面临管理、资金、政治、法律和政策等风险。由于风险，失败在所难免。资料表明，在 1991 年，美国有 16 000 种新产品投向市场，而没有实现预期收益的则达 90%。

讨论新产品开发的风险，目的在于对于新产品开发过程中可能产生的风险做好思想准备，拟订规避风险的相应措施。一旦风险成真，而不至于措手不及。

由于新产品的收入可能占据一个企业年收入的 1/4～1/3，因此对新产品预测效果的信赖就可能十分关键，尤其是新产品失败的风险。一份研究总结报告说，新产品失败的比例为 24%～98%，总的平均数为 38%。估计上的这种巨大差别可以归因于产品类型和其他环境因素。例如，消费品与工业品的平均失败率据报道分别为 55%和 31%。

由于每一种新产品内在的失败风险情况是不同的，所以收益也不相同。在投资、风险和收益之间作出权衡是决定是否要着手进行一项新产品计划的主要标准，这涉及关键性的上马/下马决策。新产品预测为这些类型的决策提供了重要的数量上的信息资料。有关未来的销售量、成本、投资、市场增长、开发新产品的周期等的估计数和有关的市场反应因素有助于决定是否要继续执行一项新产品计划。

2.4.3 新产品开发成败的解析

每个企业都希望自己能够选择一套能有效促进自身生存和健康发展的战略，但当企业真正面对种类繁多的研发战略时，却又常常手足无措。这就要求企业进一步分析研究众多影响产品研发战略的因素，如机会、公司总体战略计划、企业文化资源、科技发展状况等，以帮助企业更好地选择适合自身发展的新产品开发战略。

1. 机会

机会的大小和多少是影响企业选择新产品开发战略的重要因素。在经济领域中，比较常见的机会有：

(1) 可以预测到的某种潜在的市场需求。如当代人对绿色食品的需求、城市人对回归自然旅游的需求，都属于可以预测到的潜在需求。

(2) 对正在迅速扩大的现有产品的需求。国际互联网的不断扩张，使生活在社会每个角落的人类都能感受到因此而带来的各种方便，人类对网络软件产品的需求也因此变得急剧膨胀。

(3) 竞争者满足某种需求的能力明显不足。

（4）新技术的应用。如光导技术的应用，导致光纤光缆、光端设备市场容量的迅速扩张。

（5）新法规和新政策将要颁布。新政策尤其是产业政策的调整、科技政策的发布、金融政策的变革等，必然导致新的市场机会。

企业面对潜力大的机会，通常会选用进取战略甚至创业战略来进行一次较大的冒险。反之，会使企业在新产品开发时小心翼翼，避免冒较大的风险。

2. 企业的总体战略计划

作为企业发展的总体性规划，企业总体战略不仅指明了产品的发展方向，决定了产品发展的前进速度，而且还对资源在企业现有产品与新产品之间作出了分配决定。企业总体战略对产品研发战略的作用主要体现为以下几点：

（1）总体战略计划指出了企业的战略竞争领域。

（2）总体战略决定了新产品战略的目标，并可以对其进行一般性指导，如增长率、市场占有率的变化目标、行动的紧迫性及业务全面扩张的总体需要。

（3）总体战略对产品研发战略在风险方面进行指导或限制，如对创新的来源、创新的程度等的确定都受总体战略的指导。

（4）产品研发战略可从总体战略中取得大部分具体的环境参数，如产品质量水平，对获得专利可能性的要求、系统定义等。

3. 企业文化

企业文化是企业在长期的生产经营过程中形成的，以企业为主体的广义的深层次的关于企业生产经营的价值观、道德规范、行为准则、传统作风、群体意识及整个企业人员的素质的文化，其中价值观是企业文化的核心。企业文化是企业的无形资产和精神支柱，具有极大的渗透力和凝聚力。它不仅影响着领导决策者的经营理念，而且影响着企业总体战略的选择、产品研发战略的形成。营销经理在确定产品竞争的领域、新产品开发的目标及实现目标的措施时，企业价值观会左右他选择不同的创新程度、风险偏好、竞争态度、应付环境变化的措施等。如松下公司特别强调“满足用户需求”，在产品的功能、款式、质量、服务等方面处处为消费者着想，坚持以市场为导向，开发出一系列受用户欢迎的家电产品。

4. 资源

在确定企业新产品开发战略时，资源是占支配地位的相关要素之一。这里提及的企业资源不只是通常意义上的资源，它不仅包括企业人员的素质、技能、构成及资产数量、技术水平和取得适当投资回报率的能力衡量的财力，还包括企业信誉、营销渠道和营销手段等，以及企业有效的制造产品、迅速供货和适应需求变化的能力等众多的内容。

通常情况下，对企业资源的评价是通过与同行业主要竞争对手的相互比较来实现的。资源的多少较大程度上决定着企业抵御风险的能力，影响着企业选择新产品开发战略的模式。资源雄厚的美国 IBM 公司在既考虑现有经营事业的需要，又充分估计未来发展的要求的前提下，勇于冒险，一举拿出50亿美元为代价换来了第二代计算机IBM S/360于1964年成功开发。

5. 科技发展状况

科技进步会使社会对产品的需求发生重大变化。私人小型家用汽车的逐步成熟，将导致公交系统不同程度的萧条；轻巧易携带的超薄型笔记本电脑，将最终取代笨拙的台式计算机，这些都是技术进步促进市场发展的典型。企业竞争对手的技术进步可能使本企业的产品竞争力被削弱，使本企业技术进步的目标难以实现，这就是由不同的企业在技术进步方面取得的成绩不同而造成的。所以，技术进步不仅可以促进企业产品的不断创新、优化，而且对产品研发战略的选择同样具有极为重要的影响。

6. 研发规模和投资水平

在实际工作中，研发规模与投资水平的衡量均选用不同的计量指标。研发规模是以参加研发项目的科技人员数量为基础的指标来衡量的，它可用绝对值表示，也可用相对值即科技人员占全部人员的百分数表示。投资水平则用研发费用占企业总销售额的百分比作为计量指标。企业采取不同的研发战略，就会有不同的研发规模及投资水平。企业在确定研发规模时，一定要尊重客观实际，规模过大，超过企业资金的承受范围，不仅会浪费大量资源，而且最终会因资源不足而导致项目研究的半途而废。

7. 研发组织体制

研发组织体制是研发战略得以正确落实的关键，其主要解决的是企业内研发部门应集中还是分散、科研人员与工程技术人员的构成比例等战略性资源配置问题。

正因为企业研发战略和营销设计容易受到上述因素的影响，企业为了实现产品研发的目标，在设计和开发过程中，就需要遵循以下原则：

(1) 关注需求，明确需求。研发产品必须以消费者的需求为出发点。依据市场调查，熟悉目标市场上消费者的偏好及发展趋势。

企业产品研发中，明确需求应特别注意三点：一是切忌“闭门造车”。产品开发者应该根据市场的要求来对产品进行构思、设计。二是应从动态的角度去观察顾客需求。在产品开发过程中，不断调整开发目标，修改开发计划，以开发出适合顾客需求的产品。三是顾客需求有现实的（显需求）和潜在的（隐需求）之分，在充分利用顾客显需求的同时，要大力挖掘其隐需求，以扩大企业的市场份额。

(2) 信息灵活、充分。如今科技的发展日新月异，新的科技成果不断运用于生产领域。同时，由于市场竞争的日趋激烈，各种商业、技术信息显得日益重要。据欧洲市场研究学会统计，在1990～1996年，各公司用于信息收集的费用，全球高达70亿英镑。企业研发中的信息，具体而言包括市场信息、设计和研发所需的各种科学技术的信息、设计和研发进程中的各种测试信息、评审信息及研制过程中的工艺信息等。为此，研发人员需要全面、充分、正确和可靠地掌握与研发有关的信息。

（3）效益优先。效益性是新产品的重要特性，也是衡量产品研发成功与否的重要标准。在整个产品的研发过程中，设计人员应时刻把设计与预期的效益密切联系起来。同时，必须兼顾社会效益与生产经济性。

产品研发中，效益优先原则应该体现为以下几点：①在产品研发阶段就进行生命周期费用的研究，自觉地进行最经济的设计；②以产品生命周期费用作为设计参数，从而主动引导设计费用；③充分权衡，以获得最佳方案；④为使生命周期费用达到最低，在设计一开始就重视运行和维护费用。

（4）一切从简。随着生活节奏的加快，人们更加追求生活的简捷和舒适，因此在产品研发时就应在确保产品质量及其可靠性的同时，力求简捷。

（5）珍惜时间。随着市场竞争的加剧，时间往往成为检验企业是否具有竞争实力的标准。哪个企业能在最短时间内生产出适销对路的产品，它就能在市场竞争中处于优势。在确定新产品决策规划时，必须要估计到未来可能的变化，包括顾客需求、同行业产品发展动态以及技术上可能的进展。否则，在制定规划、着手设计和开发时是可行的产品，待研发之后就可能变为不可行的了，因而造成极大的浪费。如日本花了20年时间耗资16亿美元成功开发的模拟技术高清晰度电视，随着美国全数字高清晰度电视的开发成功，被无情地逐出市场。

（6）系统分析。系统是普遍存在的。现代市场营销学把产品研发作为系统来分析。系统的输入为物质流、能量流和信息流，系统的输出为满足一定要求的功能。系统还会受到来自外界的干扰，因此系统还应满足各种约束条件。由于系统的整体具有其组成部分在孤立状态所没有的性能，即整体大于部分之和。系统的规模越大，结构越复杂，其所具有超过个体性能之和的可能性就越大。因此，在产品研发时应该把重点放在整体效应及开发对象的系统上。

➢思考题

1. 新产品开发对企业有什么意义？
2. 在新产品的开发过程中会遇到什么风险？
3. 未来新产品的开发方向是什么？
4. 新产品开发的程序如何？
5. 试述产品协同开发模型。
6. 分析新产品开发的环境因素。
7. 影响产品开发成功的主要原因是什么？

➢案例　昨夜星光灿烂

1997 年、1998 年，美国铱星公司发射了几十颗用于手机全球通信的人造卫星，这些人造卫星就叫铱星。铱星移动通信系统是美国铱星公司委托摩托罗拉公司设计的一种全球性卫星移动通信系统，它通过使用卫星手持电话机，可在地球上的任何地方拨出和接收电话信号。但是，2000 年 3 月铱星公司宣布破产。

铱星系统的原理

铱星系统使用的过程是：当地面上的用户使用卫星手机打电话时，该区域上空的卫星会先确认使用者的账号和位置，接着自动选择最便宜也是最近的路径传送电话信号。如果用户是在一个人烟稀少的地区，电话将直接由卫星层层转达到目的地；如果是在一个地面移动电话系统（GSM 或 CDMA 移动通信系统）的邻近区域，则控制系统会使用现在的地面移动通信系统的网络传送电话信号。

目前我们使用的 GSM 和 CDMA 地面移动通信系统只适于在人口密集的区域使用，对于覆盖地球大部分、人烟稀少的地区则根本无法使用。也就是说，铱星计划的市场目标定位是需要在全球任何一个区域范围内都能够进行电话通信的移动客户。

铱星的得名

为了保证通信信号的覆盖范围和获得清晰的通话信号，初期设计认为全球性卫星移动通信系统必须在天空上设置 7 条卫星运行轨道，每条轨道上均匀分布 11 颗卫星，组成一个完整的卫星移动通信的星座系统。由于它们就像化学元素铱（Ir）原子核外的 77 个电子围绕其运转一样，所以该全球性卫星移动通信系统被称其为铱星。后来经过计算证实，设置 6 条卫星运行轨道就能够满足技术性能要求，因此，全球性卫星移动通信系统的卫星总数被减少到 66 颗，但仍习惯地称其为铱星移动通信系统。1997 年铱星系统投入商业运营，成为第一个覆盖全球每个角落的移动通信网络系统，其技术先进性在移动通信系统中处于领先地位，1998 年被美国《大众科学》杂志评为年度全球最佳产品之一。

同其他卫星通信系统相比，铱星系统最大的优势在于其良好的覆盖性能，可达到全球覆盖，基本上能做到用手机实现任何人（whoever）在任何时间（whenever）、任何地方（wherever），可以用任何方式（whatever）与任何人（whomever）进行通信。可为地球上任何位置的用户提供带有密码安全特性的移动电话业务。低轨卫星系统的低时延给铱星系统提供了良好的通信质量。铱星系统可提供电话、传真、数据和寻呼等业务，它的用户终端有双模手机、单模手机、固定站、车载设备和寻呼机。

铱星移动通信系统是美国于 1987 年提出的第一代卫星移动通信星座系统，其每颗卫星的质量为 670 千克左右，功率为 1200 瓦，采取三轴稳定结构，每颗卫星的信道为 3480 个，服务寿命为 58 年。铱星移动通信系统最大的技术特点是通过卫星与卫星之间的接力来实现全球通信，相当于把地面蜂窝移动电话系统搬到了天上。

铱星的陨落

然而，如此高的“科技含量”却好景不长，价格不菲的“铱星”通信在市场上遭遇到了冷遇，用户最多时才 5.5 万，而据估算它必须发展到 50 万用户公司才能赢利。由于巨大的研发费用和系统建设费用，铱星公司背上了沉重的债务负担，整个铱星系统耗资达 50 多亿美元，每年光系统的维护费就达几亿美元。除了摩托罗拉等公司提供的投资和发行股票筹集的资金外，铱星公司还举借了约 30 亿美元的债务，每月仅债务利息就达 4000 多万美元。从一开始，铱星公司就没有喘过气来，一直在与银行和债券持有人等组成的债权方集团进行债务重组的谈判，但双方最终未能达成一致。债权方集团于 1999 年 8 月 13 日向纽约联邦法院提出了迫使铱星公司破产改组的申请；加上无力支付两天后到期的 9000 万美元的债券利息，铱星公司被迫于同一天申请破产保护。2000 年 3 月 18 日，铱星公司背负 40 多亿美元的债务正式破产。

铱星公司历经 11 年努力、耗资 50 多亿美元开发成功的由 66 颗卫星组成的通信网几乎成了一堆昂贵的太空玩具。

第3章

新产品的市场分析研究

【本章学习目标】 对新产品市场分析研究有一个概念性的认识，理解新产品市场调研、市场需求预测以及市场决策的作用与程序；掌握市场调研、市场需求预测以及市场决策的方法。

市场是产品的舞台，市场更是新产品的竞技场。市场分析的核心内容就是研究用户的需求是怎样产生的、市场需求是如何变化的，以及用户的购买行为过程。通过市场分析研究，预测市场利益相关者对新产品的需要程度，为新产品的决策提供依据。

3.1 新产品市场分析研究概述

3.1.1 新产品市场分析研究的意义

市场如战场，战场需要科学的军事决策，其决策依据是“知己知彼”，而后方能“百战不殆”。市场决策同出一理，“知彼”的方法即为市场分析研究。在美国，73%以上的企业有正规的市场调研部门，社会上还有市场调研咨询类公司为各类企业提供常规或专项的市场调研分析报告；日本许多企业产品的开发成功，与它们十分注重市场的反馈信息密不可分。市场分析研究的重要性有以下几个方面：

（1）作为产品开发决策的依据。企业通过市场分析研究，可以了解市场需求状况和环境因素的变化，分析市场机遇与风险，并以此为据制定科学的产品开发战略与决策。

（2）是企业战略管理的依据。市场分析研究可以了解产品的市场生命周期，从新产品开发时便开始制定产品生命周期的不同时期的策略，不至于到了产品的衰退期才惊惶失措起来。在经营生产的“源头”便有了理性的战略管理。

（3）是制定竞争策略的依据。市场分析研究可以了解市场的竞争状态，了解本企业待开发的新产品在市场中的位置，从而制定有效的竞争策略。

所以，市场分析研究是企业间、产品间、服务间相互抗衡的利器。

（4）是激发潜在需求的依据。通过市场分析研究可以发现消费者的购买心理奥秘，从而把握市场的潜在需求，发现市场机遇，进行市场细分，瞄准最佳目标市场，确定最佳市场定位，使新产品一进入市场便受到消费者的欢迎，由此而树立起良好的产品形象和企业形象。

3.1.2 市场分析研究的内容

市场瞬息万变，但其存在与发展也遵循一定的客观规律。构成市场规律的“变量”有如下一些方面，而这些方面便是市场分析研究的内容。

1. 对目标市场进行分析研究

一个企业的产品适合于哪些消费者消费，这些消费者便形成了某企业某产品的目标市场。一般而言，一个企业无论如何也无法满足整个市场的需求，而只能选择其中的一个或几个子市场作为本企业的目标市场。与此对应的是本企业在该目标市场的年销售量与市场占有率等量化目标。

对目标市场的分析研究包括基本条件分析研究、社会商品销售总额分析研究和竞争情况分析研究三个方面。

基本条件分析研究包括：国民生产总值与人均国民生产总值，国民的收入结构与现状，公众消费水平和消费结构，国家或省市、行业的有关政策以及能源、原材料、技术水平等。这些基本条件的分析研究对开发中、高档商品尤为重要。

社会商品销售总额分析研究有利于合理预计本企业的年销售总量及相应的市场占有率，也有利于企业制定合理的经营策略。

竞争情况分析研究主要研究具有相同产品、相近产品、替代产品、潜在产品的竞争者的经营资料与竞争策略，从而调整好本企业的产品和制定出合理的竞争策略。

2. 对消费者的分析研究

对消费者的行为分析是企业一切营销活动得以开展的逻辑起点。因此，企业一是要掌握消费者的职业、收入、家庭平均收入、储蓄等基本情况；二是要了解消费者的消费欲望，包括购买动机、影响购买力的因素等，研究消费者的购买决策过程和购买行为模式以及他们是怎样完成购买的。通过分析研究，找出消费规律，争取市场主动权。

3. 对产品的分析研究

对产品的分析研究包括老产品和新产品的分析研究。对老产品的分析研究主要是市场对本企业老产品的承认程度、对价格变动是否敏感等方面，根据竞争对手情况与产品生命周期在继续生产、改型生产、以新产品逐步取代旧产品方面进行决策。就新产品而言，分析研究是研究其功能、性能、质量、价格、服务、市场定位以及新产品的市场开发等问题。

4. 外部因素的分析

企业的外部因素主要是指法规、法律要求，也包括总体经济因素和社会文化因素。法律要求主要针对产品性能和怎样销售、制造或使用产品。对于新产品的法律限制如有生产准入制等，外部因素的分析很重要，因为它们奠定了宏观环境的基调。此外，如果法律限制需要产品改良，在生产增加和大规模投放市场前知道这一点会比之后知晓好。

3.2 市场调查研究的程序与方法

3.2.1 市场调查研究的内容与程序

1. 市场调查研究的内容

1）需求调查

需求调查的内容有：

政治环境调查。包括社会制度、执政党的性质、政府的方针政策、法令等。由此可分析出国家或地区政府规划的重点发展方向是什么，政府提倡与支持什么产品，政府限制甚至反对何种产品，等等。

社会环境调查。包括一个国家或地区的教育程度、文化水平、宗教信仰、风俗习惯、审美情趣等。通过社会环境调查，可掌握该国或地区对商品的功能、式样、色彩、数字、商品名的偏好与禁忌。这是把产品拟推向该国或地区所不能忽略的。

经济环境调查。宏观方面包括国民生产总值、人均国民生产总值、人均收入、恩格尔系数、基尼系数等；微观方面包括实际收入、储蓄情况、就业程度、消费偏好、商品价格等。这些因素与商品（尤其是高档商品）的消费密切相关，在一定程度上也可反映出某类高档商品的普及率。

技术环境调查。包括产品的技术含量、工艺水平、技术水平、装备与生产能力等及其发展趋势与发展速度，这对企业开发的产品定位、拟采用的工艺与技术、确定生产规模等具有指导意义。

自然资源调查。如地理特征、物产、自然资源等。这对于分析该地区对产品的特殊要求、该地区的产品特征及生产成本等是很重要的依据资料，也是有针对性地开发出适于该地区消费的新产品的依据。

2）竞争者调查

处在竞争中的企业，必须了解竞争对手的情况，首先是处于“领头羊”位置的企业，其次是在竞争中与本企业所处位置相近的企业。对于比本企业低一档次的企业，则暂时仅作一般了解。对于本企业处于独家经营的产品，则应注意相近产品（替代产品）的动向和潜在竞争者的动向。

竞争者调查的内容包括技术能力、生产能力、产品特点、供货渠道、产品开发能力与动向，以及市场开发能力与动向等方面。根据已掌握的情况，结合自身特点，选择开发产品的最优策略。

3）技术可行性调查

据统计，在新产品开发失败的原因中，“对技术利用判断失误”的比例高达 20％。

技术可行性调查的内容包括：拟采用的新技术在同行业中是否为成熟技术，若为非成熟技术，则其成功的可能性有多大；关于新技术、新工艺、新材料或新元件使用的成本怎样；新技术在产品开发中的价值如何，如领先程度、顾客可能的欢迎程度以及防伪、防模仿能力等。

4）营销调查

新产品的最终裁判是市场。所以，营销调查的对象是经销商和经销渠道。

营销调查的内容据调查对象而定。通过经销商，可了解到消费者对本企业和竞争企业产品的态度、对该类产品的期望，也可通过经销商感受到来自竞争对手的压力，敏锐地捕捉来自经销商的表情、言谈、举止信息，可了解到本企业产品在经销商心目中的地位，这种地位间接地反映了本企业产品在消费者心目中的地位。经销商的“脸”，是产品销售情况的“晴雨表”、“温度计”。

经销渠道调查的要点是本企业产品的经销渠道是否畅通、经济、快捷。

通过调查与研究，借助决策的数学工具进行分析，对拟开发的产品作出决策。若拟开发多项产品，还应根据企业的资源情况作出长期与近期规划。近期规划主要针对目前综合最有利的产品开发而作，因而是较为详细的规划，长期规划则可简要些。

2. 市场调查研究的程序

市场调查研究的程序包括三个阶段共七个步骤。

第一阶段：调查研究准备阶段。在此阶段主要研究企业经营的内部、外部条件。内部条件包括企业的组织、管理、技术、产品、生产能力、质量控制、生产过程控制、市场开发能力等；外部条件包括政治环境的变化及其影响、经济环境、消费结构、消费水平、审美观念的变化规律、社会职业与地位、宗教信仰、民族风俗习惯、消费者的心理变化及其影响、市场竞争结构和形势变化、技术环境、自然环境等。在研究分析的基础上，找出主要矛盾，有步骤地开展具体工作。这个阶段分为两个步骤：

第一步：确定调研项目。

第二步：拟订市场调研计划，该计划包括调查目的、调查对象、调查收集资料的方法、调研日程安排、进行经费预算。

第二阶段：调查研究的实施阶段。这个阶段分为两个步骤：

第三步：确定资料的来源和收集方式。资料的直接来源包括本企业和社会两部分，如企业的销售统计、生产报表、库存、顾客的订单或购买状况以及可能存在的潜在顾客需求等；资料的间接来源包括统计年鉴、公报、简报、预算、其他统计资料以及报纸、杂志、学术会议论文等二手资料。

第四步：进行实地调查。当上述资料尚不能满足调研项目需要时，应采用实地调查法获得所需的第一手资料。

第三阶段：调研结果的处理阶段。这个阶段分为三个步骤：

第五步：对资料进行分析整理，包括分类、剔除不实信息和冗余信息、补充疏漏信息。

第六步：编写调研报告。编写出翔实、准确、完整的调研报告，报告的内容一般包括调查研究的问题、目的、方法、结论、意见与建议等部分。

第七步：跟踪反馈。一方面，调研的结论是否符合客观实际，意见与建议是否有实施价值有待实践的检验；另一方面，市场今后的发展也可能很快就偏离已有的结论，所以企业应继续深入市场进行跟踪反馈，时时对市场进行科学理智的分析，并对人类的心理、情感、欲望等的变化始终保持敏感状态。

3.2.2 市场调查研究的常用方法

1. 访问法

访问法也称询问法。它是以询问的方法作为调查的手段，将所要调查的内容，以面谈或者凭借电话、书面、网络等媒介向受访者提出，以获取需要的资料。这是市场调查方法中最常用的一种，其特点是以信息交流的形式，直接获得第一手资料。这种方式获取的资料可靠性较高，资料准确性可以得到一定的保证，但需要的人力和时间较多。

访问法根据接触方式的不同可分为人员访问、电话调查、邮寄调查和网络调查四种。

人员访问是指调查人员直接同被访者进行面谈。调查人员面对面地向被访者提出各种问题，可以提供调查提纲或表格，然后收集并加以分析整理。人员访问具有较大的灵活性，可以深入获得较多且真实性较好的资料，其缺点是面窄、费用开支较大。

电话调查是以电话用户名单（电话簿）为基础进行随机抽样，对抽样用户进行电话询问获取信息的一种方式。电话询问的特点是资料收集较快，调研成本较低，可按拟好的统一询问表询问，便于统一处理。

邮寄调查又称函询调查，即将设计好的询问调查表、信函、征订单等通过邮政，一般以邮资总付方式分发到调查者手中，然后回收调查表进行统计分析。函询调查有时还可以利用定期杂志、报纸的部分版面设计调查表，让读者填好后返回，其优点是调查广泛，空间覆盖率大，且被访者可以有充分的时间来回答问题。但是当调查询问表的回收率较低时，就会影响调查的普遍性和样本的代表性。

网络调查指的是通过网络，随机地获取上网人的看法。此法的优点是面广且调研成本低，缺点是存在信息安全性和信息可靠性问题。

2. 观察法

观察法是调查人员直接到调查现场进行观察的一种调查方法。在观察的同时，也可以借助照相机、摄像机、录音机等记录装置（或仪器）真实地记录现场。这种方法一般不直接向被调查者提出问题，调查人员只是从侧面观察、旁听，记录现场发生的事实，以此了解被调查对象的态度、行为和习惯做法。

当观察法应用在新产品进入市场的调研时，调查者可亲自参加各种展览会、展销会、订货会、信息发布会，观察本企业产品的市场占有率的变化，也可以通过比对同行产品的发展情况，来预测本企业新产品的发展趋势。

3. 抽样法

（1）单纯随机抽样。这是概率抽样中较简单的一种，通常采用的是机会相等的抽签法和随机号码表法（乱数表法）。

抽签法一般是对总体各单位先编出签号，然后用各种方式随机抽签来确定抽取的单位，或者利用骰子的转动指明要抽取的样本号。

（2）分层随机抽样。这是将调查总体各单位按主要标志分组，然后在各组中采取随机抽样或机械抽样（等距抽样）方式，确定所要抽取的单位。

单纯随机抽样容易发生所抽选的样本可能集中于某些特殊位置的缺陷，从而影响样本的代表性。而分层随机抽样是事先对母体进行分层，能保证所抽取的样本有一定的代表性。由于市场调查整体比较庞杂，有时更适合使用分层随机抽样。

分层随机抽样可使用分层比例抽样法、分层最佳抽样法、多次分层抽样法和最低成本抽样法。例如，调查某地家用电器的市场购买力情况，以家庭收入为分层的标准，该地居民户为1000户，若确定样本数为300户，高收入的家庭占100户，为10%；中等收入的占700户，为70%；低收入的家庭占200户，为20%。采用分层比例抽样法，则各层应抽出的样本数目为

高收入家庭的样本数：300×10% = 30（户）

中等收入家庭的样本数：300×70% = 210（户）

低收入家庭的样本数：300×20% = 60（户）

（3）分群随机抽样。所谓分群随机抽样指的是每次抽取的单位不是一个而是一群。分群随机抽样与分层随机抽样的要求不同。分层随机抽样要求各层次之间有较大的差异性，便于区分；分群随机抽样却尽量要求各群体之间具有相同性，每一群体内部的分子具有差异性。

一般来说，采用简单随机抽样抽出的样本可能会过于分散，不便于统计分析，且调查费用也高。若能集中调查几个区域，由点推测到面，则相对要简便

些，如人口数目、文化教育程度等。需要注意的是，群体内部应具有较明显的差异性，如收入水平的差异。

(4) 非概率抽样。这是指针对概率抽样范围以外的抽样。这种方法在实践当中运用的较普遍，一般要求每一个样本被抽取的机会相等。

对于市场调研人员来说，为了达到准确性和代表性的要求，要花费较多的精力和费用，尤其是在调查复杂而庞大的市场母体时。而非概率抽样是一种较为简便的抽样方法，因为此方法是由较为简易的任意抽样法、判断抽样法和配额抽样法组成的。

任意抽样法也称便利抽样法。其样本的选择可以根据调查人员的方便而定，如在街上向行人直接询问调查。任意抽样的假定认为母体中的每一单位都是相同的，因此任意抽取的样本间并没有什么差异，这样的假定能省去编号抽样等手续，虽然事实上并非所有母体中的每一分子都是一样的，如有的母体的分子是同质的，同质就有可能等概率；有时母体中的分子是异质的，异质的差别太大，不利于抽样。所以任意抽样法虽然简便，节省费用，但抽样偏差大，结果的可信程度低。一般此方法多用于正式调查之前的准备工作。

判断抽样法是市场调研者根据其主观判断而选定样本的方法。通常此方法是根据长期的经验判断进行抽样。例如，很多典型调查中常使用判断抽样法，它适用于母体中的单位或分子构成不同、样本数目不多的调查，如企业销售的商品结构变化、企业经营管理水平的调查。这种方法的缺点是带有一定的主观偏见。

配额抽样法是非随机抽样中最流行的一种，它有些类似于分层抽样，首先将总体中的所有单位按一定的标志分为若干类，然后在每类中用任意抽样法或判断抽样法选取样本单位。与分层抽样法不同的是，配额抽样法不遵循随机性原则，而是主观地确定调查对象的分配比例。配额抽样法按配额的要求不同可分为独立控制配额抽样法和相互控制配额抽样法两种。

4. 实验法

实验法是通过实验对比来取得市场调查资料的一种方法。一般是从影响调查问题的多因素中选出一至若干个并将其置于一定条件下进行小规模的实验，然后对实验结果进行分析比较，再决策实验是否值得大规模地推广。

实验调查是一种较好的行之有效的方法。在特定时间，用于实验的特定市场称为“实验市场”。实验调查应用的范围较广，一般而言，改变商品品质、包装价格、广告和商品陈列等都可应用实验调查来测试调查用户的反应和销售情况。

影响市场实验对象的不可控制因素有许多，在市场实验期间，许多有关生产、交换、分配、消费等因素的变化都会反映到市场上来。因此，进行市场实验就是先在特定时间和范围内小规模地进行实验，从有代表性的实验因素中了解市场反应，从实验结果中发现问题、总结经验，再进行大范围的推广。这样有利于减少决策的盲目性，提高预见性。

实验调查对市场预见来说十分重要，尤其是在市场的不确定性分析中，对影响市场目标的诸因素通过实验进行敏感性分析，这在市场预测中经常被使用。例如，我们若想分析价格或包装对商品销量的影响，就可进行市场实验，了解市场动向，在影响销售量变动的几个因素中，只变动价格和包装两个因素，其他因素保持不变，进行一定范围内的市场试销，从销量的变动便可得知价格和包装实验的影响变化。

对于新产品而言，具体的实验办法有新产品试用（包括试穿戴、试看、试尝、试听）、产品技术讲座、举办产品展销会、产品质量对比、评比会等，也可设立新产品试销门市部、新产品试销专柜，以此获取更多有价值的信息，为新一代产品的开发提供依据。

3.3 新产品市场需求预测

当苏联于1957年发射了世界上第一颗人造卫星后，日本电器公司（NEC）总经理小林宏治就敏锐地觉察到人造卫星在远程通信中应用的可能性。他立即着手组织技术力量进行研究，并与美国休斯顿公司合作，于1964年在美国建立了共同研究机构，很快研制成卫星通信设备，1966年开始向印度出售了第一台卫星通信地面站，到1980年11月，在全世界186座地面站中，就有109座是日本电器公司参与建造的。

预测就是透过现象看到本质，并预见到其发展趋势。

市场预测是在市场调查、分析、研究的基础上，运用科学方法和手段（即预测技术）对市场未来的不确定因素作出分析、判断和预测。科学的市场预测，为科学的产品策划与产品开发的决策提供可靠、准确的依据。

3.3.1 市场预测的内容与程序

1. 市场预测的内容

1） 市场需求预测

市场需求预测是预测消费者和用户在一定时期、一定市场范围内，对某种产品的有货币支付能力的需求。企业寻找市场机会，首先要预测市场需要什么产品。预测市场需求，就要分析市场需求、用户需求、消费倾向、消费心理。同时，在分清产品档次属性的基础上进行预测。高档商品需求预测的内容必须把国家的经济水平、家庭收入、高档商品的价格、维持费用及国家的有关宏观政策等作为预测的重要内容；对于中、低档商品的市场预测要注重需求的迫切性、变化趋势、竞争产品、替代产品等内容，至于购买能力及与此相关的经济因素则可放到次要地位。

2） 市场的销售潜量预测

收入相对偏低的家庭将随宏观经济的发展而逐渐增加收入，从而成为一定档次商品的直接需求者；有些家庭则是有能力购买某档次商品，但在某一时期内持观望态度，随着时间推移、消费该商品的人员增加，这些家庭于是变成该商品的直接需求者。因此，销售潜量的预测应注重经济因素与消费者的消费心理研究。

3）科学技术发展与产品生命周期的预测

科学技术发展预测，是指对科学技术的未来发展及其社会、生产、生活的影响，对企业生产经营活动的影响，尤其是与本企业产品有关或与材料、工艺、设备等有关的学科的科技发展水平、发展方向、发展速度和发展趋势等方面情况的分析研究和预测，为企业制定科学技术决策及科研发展规划服务。

当前，世界科学技术迅猛发展，其特点为：以微电子为标志的尖端技术发展速度快，应用技术的发展速度快，重视在民用产品上采用最新科技成果和未来科技的研究受到人们的普遍关心。人们已经在能源、制造、通信、交通、生物工程等方面作出了巨大努力，星际旅行也开始被期待。无疑，科学技术的发展给人们的需求带来了更加广阔的天地、更加丰富多彩的变化，企业经营者有责任加速和引导这个过程。

科技的高速发展和市场竞争的日趋激烈使产品的生命周期越来越短，因此企业在关注科技进步的发展时，还必须密切注意已投入市场的产品所处的生命周期阶段，以制定相应的对策，同时密切注意市场需求的变化趋势，以及时推出合理的新产品而赢得市场。

4）企业的经济效益预测

企业的经济效益预测是指预测产品趋势、生产技术、原材料和能源消耗、成本和价格等的变化，产品销售的竞争能力及市场需求动向等，进而测算出商品资源量、适应市场需求的程度及其发展趋势。只有在摸清产品资源的基础上，预测出各种产品的发展前景，才能结合市场需求的变化，较精确地预测市场供求关系的发展趋势，以及企业通过产品开发可能获取的经济效益，从而作出正确的经营决策。

5）企业财务预测

企业在组织产品实体流动的同时，要引起资金的筹集、分配、使用和管理等一系列财务组织活动。以最小的资金消耗取得最大的经济效果，这是企业共同的期望。企业财务预测，就是对未来一定时期内企业经营活动所取得的有效成果和资金消耗进行预测。它为企业经营决策提供财务上的科学依据，对改善企业经营管理、提高经济效益有重要意义。

预测企业财务的主要指标包括商品销售额、劳动生产率、资金占有及资金周转率、流通费用及流通费用率、利润和利润率、设备利用率等。

6）环境意外事件预测

经营环境是对企业经营和新产品开发影响最大的因素。企业面对的经营环境不是固定不变的，而是经常处于变动之中，并且许多变动往往又由于其突然性而形成强大的冲击波。特别是环境意外事件的发生，对企业生产经营活动会产生意想不到的巨大影响。环境的变化，或者给企业带来可以利用的市场机会，或者给企业带来一定的环境威胁。预测、分析、把握经营环境的变化，善于从中发现并抓住有利于企业发展的机会（利用环境的有利方面），避开或减轻不利于企业发展的威胁（避开经营环境的不利方面），是企业经营决策的首要问题。实际上，企业的经营活动应是一个适应环境变化，对不断变化的环境作出积极反应的动态过程。而企业的经营活动本身又可以影响环境变化过程。因此，企业是否有效地发现、分析和预测环境的变化及趋势，特别是环境意外事件的发生，关系到企业的生存和发展。

环境意外事件有突发性的、前兆性的，大体有以下几方面的事件：

一是重大政策和措施。国家和地方各级政府、企业领导部门的政策法令、经济措施或经济改革等，都会对企业的生产经营带来巨大影响。

二是新技术成果的应用。20 世纪以来，世界总产值每隔 20 年翻一番，这主要依赖于文化知识的提高和科学技术新成果的应用。新材料、新产品日新月异，对企业的生产经营有着密切的联系。如果忽视或者不重视这个重要的环境因素，将会对企业的生产经营带来难以估量的损失。

三是外贸体制的变化。国内市场与国际市场有着密切联系。加入 WTO 以来，我国的进出口贸易政策、关税政策等已经随之调整，逐渐与国际接轨。2008 年下半年来自于美国的金融危机正在影响着我国的对外贸易活动和企业的生产经营活动。

总之，企业要想在激烈的市场竞争中求生存、求发展，就必须对环境意外事件进行预测和判断，或者抓住机遇或者有效规避。

2. 市场预测的程序

如果在开发产品前连市场需要都弄不清楚，很难想象企业能开发出适销对路的产品来。

预测作为一门科学，有一套科学、严谨的顺序。预测对象不同，预测程度也不尽相同，一般可分为四个阶段。

第一阶段：确定预测目标和任务。这个阶段的预测目标是产品的发展方向、生产周期、市场容量、市场占有率。预测任务是根据预测目标制定预测计划，使预测目标具体化，包括确定预测人员、确定预测方法，使目标量化。

第二阶段：收集预测资料并加以筛选。此阶段是将收集的信息优化为数据的过程。

第三阶段：预测资料的处理。选择预测数学模型进行数学处理。常用的数学模型有时间序列的线性回归法、最小二乘法和因果关系分析法等。

第四阶段：鉴定并修正预测结果。

3.3.2 市场预测的基本方法

判断分析预测法是一种常用的定性预测技术，在企业预测活动中非常实用。

它是一种主要依靠与预测对象相关的各类人员的知识和经验，对预测对象的未来发展变化趋势进行判断，得出有关结论的一种预测方法。此法在判断过程中结合采用一些定量分析技术，可以得出更为科学的预测结果。

判断分析预测法是一种传统的、容易操作的方法，在市场与预测中占有很重要的地位。采用经验判断法进行预测，需找那些熟悉业务、了解情况，且有丰富经验和综合分析能力的有关人员，由他们按照一定的方法进行预测。常见的方法有以下几种。

1. 征询消费者意见法

利用座谈会、各种抽样调查征询消费者的意见。例如，日本一些制造日用消费品的公司常采用定期召集家庭主妇座谈会的方法，以获得改进老产品或开发新产品的信息。

一般地，预测对某种产品的需求，可以提供一套需求程度的等级系统，系统把对产品的需求分为六个等级（表 3-1），然后对消费者进行抽样调查。最后实施定量分析，获得预测结果。

表 3-1　产品需求的六个等级

程度	0.0	0.2	0.4	0.6	0.8	1.0
说明	肯定不买	不太可能	有点可能	很有可能	非常可能	肯定买

2. 销售人员意见综合法

销售人员比较熟悉市场，如市场需要什么产品、有多大的需求量、哪些产品好销（质量、价格、式样、色彩、包装等要求）、好销的原因等，将这些信息归纳、整理、分析、综合，借此预测出市场的需求量，这种结果较贴合实际。

3. 征求专家意见法

常用方法包括座谈、函询、电话、德尔菲法等，其中德尔菲法对技术创新与新产品开发具有重要的意义。

德尔菲法是由美国著名的咨询机构兰德公司率先采用的。德尔菲是古希腊阿波罗神殿所在地，传说阿波罗神经常派遣使者到各地去收集聪明人的想法，用来预卜未来，故以德尔菲命名之。

采用德尔菲法，组织者将所要提的方案分解为若干内容，以信函的形式寄给有关专家。待专家将方案寄回后，组织者将其整理、归纳，提出若干建议和方案，再寄给专家供其分析，提出意见。如此反复几次后，形成比较集中的几种方案。

德尔菲法有三个特点：

（1）匿名性。参加提供方案的专家互不了解，并且不知道各自提了哪些方案，避免了意见容易受权威左右、出现“随大流”的情况。另外，专家可在前一轮提案的基础上修改自己的意见，不需作出公开说明，也无损自己的威望。

（2）反复修改，逐步集中。专家所提方案经组织者汇总后再返寄给专家，在一定的层次高度再征询专家的意见，这种带有反馈的信息闭环系统能够使专家所提方案越来越集中、越来越有针对性。专家通晓提方案的全部情况，也有利于开拓他们的思路。

（3）预测结果的统计特性。对反馈回来的方案进行统计处理是德尔菲法的重要特点。

如果认为书面提方案所需时间过长，也可以将专家请到一起，采取“背对背”的形式提出方案。几番反复后，形成意见比较集中的方案。

4. 类比法

类比法是遵循类比原则，把预测目标与其同类的或相似的先行事物加以对比分析，来推断预测目标未来发展趋向与可能水平的一种预测方法。

类比法的应用形式包括由点推算面、由局部类推整体、由类似产品类推新产品、由相似国外市场类推国内市场。

类比法一般适用于开拓新市场，预测潜在购买力和需求量，预测新产品长期的销售变化规律等，适用于中长期的预测。类比法又可细分为以下几种：

（1）相关推断法。这是从已知的经济现象和经济指标的发展变化趋势，推断未来发展趋势的一种推断方法。经济现象或经济指标在时间上和变动方向上都有一定的相关关系。例如，某一经济现象变化，另一经济现象将随着发生变化或同时发生变化，这在时间上称为先行关系、后行关系和平行关系。个人判断可以依靠其长期积累的经验和时间上的相关关系进行推断。另外，经济现象在变动方向上存在着正相关关系和负相关关系。经济现象或经济指标之间在变动方向上同增的关系叫做正相关关系；反之，则叫做负相关关系。人们可以利用这种相关原理，从已知相关的经济现象或指标的变动方向来推断所要预测现象指标的变动方向。如果要作定量化推断，则要进一步分析两个相关指标之间的数量变动关系。数量变动关系有三种情况：一是两者之间同步增减（即增减幅度大体相同）；二是两者之间不同步增减，但是增减的数量或变动的幅度保持一定差距；三是两者之间的增减变动不具有规则性。此时，预测难度较大，需要通过长期观察和统计分析，才能找出它的变动规律。

（2）比例类推法。这是利用事物之间存在的比例关系，从一事物的已知情况推断另一事物的未来发展变化趋势。比如，可以根据某项指标同另一指标的历史资料所显示的相对稳定的比例关系或比例系数，并根据相关指标的已知数值，推算该项指标的未来发展趋势；或者从已知某项指标的比例关系，推算出相关指标的发展趋势。例如，国民收入发展速度与社会商品购买力发展速度之间存在一定的内在联系，可根据历史资料计算出两者的比例系数，当已知国民收入的发展速度时，就可以推算出社会商品购买力的趋势值。应该指出的是，事物之间的比例关系，在现实中由于各种因素的变化，会对比例系数带来影响，应作必要的调整。

还有称作联测法的市场预测方法，它是指以某一个企业的普查资料或某一个地区的抽样资料联想推测其他企业或其他地区的状况。使用此法时，要求主体与被联测的从体之间具有可比性。

5. 市场试销法

市场试销法也称销售实验，是指通过市场试销，来获得有关产品品牌、功能、质量、价格、包装、销售渠道、营销策略等方面的信息。试销的方式是向某一特定的地区或特定的消费对象，在市场上设试销专柜或建立试销门市部，也可委托商店试销来进行销售实验，依据销售实验资料进行销售预测。

在有关利用市场信息进行预测的过程中，也可以设立市场因子进行推演。所谓市场因子，是指市场中能引起对某种商品需要的相关因素。市场因子推演法，是通过分析市场因素来推算某类商品的市场潜量，即推算某类商品的最大市场总需要量。

6. 转导法

转导法也叫经济指标法，它是根据政府公布的或调查所得的经济预测指标，转导推算出预测结果的市场预测方法。这种方法是以某种经济指标为基础进行预测，不需要复杂的数学计算，因而是一种常用的简便易行的方法。

例 已知某区域上半年销售总额为 11 439 亿元，根据史料，上半年销售额为全年的 42%，家电类产品占销售总额的 0.2%，其中小家电占家电的 15%，某企业小家电市场占有率为 2%。国家计委发布的零售总额增长率为 19.3%，运用转导法求企业这一年的销售额为

$$(11\,439 \div 42\%) \times (1 + 19.3\%) \times 0.2\% \times 15\% \times 2\% = 0.1950\ (亿元)$$

由此可知，市场预测对于企业经营、产品策划、新产品开发、市场开发等方面均是十分重要的。

3.4 市场决策

市场调研与决策的目的是为随后开发适销对路的产品奠定基础。决策贯穿于企业管理活动的全过程之中，预测是为决策服务，而没有科学的决策，再好的预测数据也会失去它的意义。决策是企业经营行为的先导与准绳。

3.4.1 决策的职能作用

管理职能过程的每一步都与决策有关。可以说，决策贯穿于计划、组织、指挥、监督、控制等职能之中。例如，管理的首要职能就是计划。任何一个企业确定其经营目标，作出科学的决策方案，都首先要经过计划这一过程。要通过制定各种长期计划、中期计划、短期计划，使企业的经营目标通过分阶段的具体安排，有步骤地得以实现。在这一过程中，计划和决策往往相提并论，都是管理的

重要职能。决策的预测和分析过程实际上就是企业制定计划的过程，这一过程是计划和决策相辅相成的过程，因为决策过程无非就是：确定问题所在，提出决策的目标；探索和拟订各种可能的行动方案；从各种可能中选出最佳方案。有时将这三步称为参谋活动、设计活动、选择活动。可见，决策的概念不是简单的“拍板”，而是一个过程，其参谋、设计、选择实际上就是计划活动的过程，也就是确定计划目标，制定各种计划方案，然后从中选择最佳计划方案进行组织实施。因此，在这里我们将计划、决策二者放在一起，研究这一过程中的信息处理问题。

计划职能是企业的首要职能，它贯穿于组织、指挥、监督、控制等职能之中，使企业的经营管理活动具有方向性、目的性和自觉性。企业的组织、指挥、监督和控制都是围绕着实现计划目标这一目的而发挥作用，如果组织职能不按计划目标要求去组织企业的经营活动，去调配劳动力，那么就达不到组织的目标；如果指挥不按照经过科学预测选定的最优方案去指挥，就会形成瞎指挥；如果监督不按计划目标的要求去监督，监督就没有准则，达不到监督的目的；如果控制、调节不按计划目标和客观比例关系去控制、调节企业的经济运行，控制、调节就失去了进行平衡的尺码，从而形成混乱。

决策贯穿于整个管理过程之中，制约和影响企业管理的其他职能作用的正常发挥。只有科学地进行各种决策，才有可能在计划目标的基础上，合理地进行组织指挥、进行控制调节，才能更好地发挥其他职能的作用；反之，一旦决策目标不合理，或使现有的人力、财力、物力超负荷运转，或使企业人浮于事，都必然会形成组织管理上的混乱，影响企业管理的其他职能作用的正常发挥。

决策贯穿于整个管理过程之中。因此，著名管理学家西蒙认为，管理就是决策。

3.4.2 决策的基本步骤

企业为制定和实现目标，必须采取一系列措施，如进行市场调查研究，了解各种政治经济和社会因素对企业经营活动的影响，弄清各种人、财、物、资金资源对实现计划目标的保证程度。

管理决策过程是指企业在深入研究多年积累的各种统计资料的基础上，充分估计各种因素作用的方向和程度，根据各种资源（人、财、物、信息）的不同组合制定出各种不同的决策方案，经过分析比较，选出最优方案，以此规划指导企业经济活动的整个过程。其中，使用的方法可以多种多样，一般是在经验的基础上结合运用现代的数学分析、预测分析及计算机等管理方法来进行最优决策方案的制定和选择。

决策是一个复杂的动态系统，其运行有序与否直接影响着决策质量。要提高管理决策的准确性和可靠性，必须遵循科学的决策程序。一般而言，科学的决策程序应当包括以下三个步骤。

1. 确定决策目标

从事这项工作首先要进行市场调查和科学的预测，调查和预测就是要依据过去和现在的各种经济信息，收集、查寻原始信息，以便对未来的发展变化作出科学的预测，为企业制定计划目标提供依据。确定决策目标这一阶段通常又被称为信息收集阶段，只有在掌握大量经济信息和环境信息的前提下，才有可能提出决策目标。

决策目标要根据决策所要解决的问题来定，只要把需要解决的问题所在及其产生的原因分析清楚，决策目标就容易定下来了。因此，在管理学者中，有人把确定目标这个步骤直接称为诊断阶段，而且认为诊断是合理决策的前提条件。

差距是制定目标的依据。差距—标准—现状，决策诊断所要寻找的就是差距，只有找到差距才能提出合理的决策目标。比如，对于“三年内产品质量达到国家一级标准”这样一个目标，你首先应了解国家一级标准是什么，有哪些指标，还要了解企业产品质量的现状如何。经过比较才能找到差距，才有可能提出决策目标和具体的改进方法。因此，寻找差距，就要了解什么是标准和企业的现状。而标准和现状的查找就是信息的收集、查寻阶段，如上级要求、规章制度、国家法令、同行比较等都可成为进行比较的标准。企业内部也存在大量的原始信息资料可以查寻，因此信息收集这一步不难进行。

找到差距后，确定目标还是比较抽象的，若要具体一些，还应当进一步分析差距形成的原因，这是诊断的关键，也是决策目标的关键环节。这一环节中除了要掌握大量有关资料外，还应进行综合分析，实际上就是信息的综合处理。比如，医生为病人看病不能头痛医头、脚痛医脚，头痛、脚痛的成因有很多，应综合检查，找出主要原因。一个企业产品质量下降也有很多可能的原因，如工人操作技术水平低、管理不善、原材料质量太差、机器设备陈旧等。因此，查找差距产生的原因，可以作横向分析和纵向分析。横向分析就是从形成差距的众多信息资料中找出主要原因；纵向分析是从表面的直接原因入手，即从形成这一差距的直接信息资料入手，层层分析，层层深入下去，找到根本原因。这样，才有可能保证提出的决策目标的可行性。

经营管理活动问题来自两个方面：一是计划期应该做的事（目标）和实际做成的事（成果）之间出现的差距，称为问题；二是环境条件变化出现新情况，给企业带来新机遇和风险，这也是问题。企业遇到问题，只有经过逻辑分析和综合判断，说明问题的症状，寻找症结，才算真正发现问题。

从发现问题现象到明确决策目标，这本身也是一个决策的过程。因此，在逻辑分析和综合判断过程中，要从时间、空间、程度、影响面等方面考察现象本身的特点；同时，从问题产生的偶然性和必然性，以及全局性或局部性考察问题的性质。此外，还要考察问题产生的原因中哪些是充分原因，哪些是必要原因，哪些既是充分又是必要原因，这样的分析才有益于对问题有比较透彻的了解。

为使决策目标明确合理，必须注意以下问题：

(1) 确定目标要符合实际。比如，企业某项决策目标是提高某产品的市场占有率。应该将市场占有率提高到怎样的水平，既要考虑企业经营利润目标的要求，又要考虑市场和企业在自身的资源、技术水平、管理水平等条件下可能采用的对策，是扩大原有市场占有率，还是开拓新的子市场。为此，要以信息为基础，对于与决策目标有关的各种因素，如整体市场需求、市场细分标准、消费者层次扩大的可能性与扩大成本利润、购买意向、价格弹性、竞争能力等进行纵向与横向分析，才能实事求是地确定决策目标。

(2) 目标必须明确具体。在决策过程中，目标是研究对策备选方案的标准和尺度。目标含糊不清，方案设计与比较选择就会无所适从。所以，决策目标必须做到具体化、定量化，在时间、地点、数量上都要加以确定。同时，要明确决策目标是否附加约束条件。例如，企业产品市场占有率提高3%，同时要求不得提高变动成本率。显然，决策目标有无约束条件，备选方案设计和评价标准就不相同。一般来讲，决策目标是在信息分析基础上以具体衡量指标表达预期达到的要求，它最为清晰、明确和具体。

(3) 要区分目标的重要程度和主次顺序。现代经营管理决策是多目标并存的决策。在某些情况下，由于客观条件的限制，多个决策目标的作用方向可能不尽一致，甚至出现矛盾和对立，这就给方案的制定增加了难度。为解决多目标决策带来的困难，可以采取以下途径解决：①在满足决策要求的前提下，对多个目标按照其相互关系加以取舍，削减重复目标，合并类似目标，综合同变量目标，把决策目标减少到最低限度。取舍决策目标的原则是：两个具有对立关系而无法协调的目标，舍弃其中一个；两个具有主从关系的目标，保证主要目标舍弃从属目标；两个具有并列关系而内容近似的目标，合并为一个综合目标；对整个决策影响不大、可有可无的目标，则放弃。②保留下来的最低限度目标，根据其重要程度分为必须达到的和希望达到的两类。③在对目标取舍和区分两类目标的基础上，按照主次顺序把决策目标分为主要目标和次要目标，将主要目标作为关键的、首先应当达到的目标，其他目标则按顺序依次排序。通过决策目标区分，迅速抓住主要矛盾和核心，确立精练完整、主次分明的决策目标体系，从而使制定和选择决策方案成为可能。

2. 拟订备选方案

为了使决策合理，在拟订备选方案时，决策者要利用已收集到的各种信息资料并对其进行加工整理，形成比较系统的资料，然后拟订出可供选择的两个以上的方案。

理论上要求备选方案必须具备这样两个条件：

(1) 详尽性。详尽性即所拟订的全部备选方案中应当把所有的可能方案包括无遗，如果拟订的全部备选方案中漏掉了某些可能方案，那么最后选择的方案就有可能不是最优的，因为不能排除这种可能，即最好的方案恰好被漏掉了。这一要求完全符合信息管理原则中的系统原则，一些重要的加工信息被忽视，就会影响决策目标的质量。

（2）互斥性。互斥性指不同的备选方案必须是相互排斥，执行了方案甲，就不能同时执行方案乙，只有这样才可能和必须进行选择，否则选择就没有意义。比如，方案甲的行动措施包含于方案乙中，又如为增加利润提出的一个方案是降低产品成本，另一个方案是缩减管理费用，这两个方案就不存在选择的意义。相互排斥性是对信息加工处理的基本要求，它要求避免方案的重复性和不可比性。

拟订方案的过程可分为寻找和设计两个阶段：

首先是寻找备选方案。一般要依据大量的过去信息、固定信息，或者说根据以往的经验来拟订可供选择的方案。这通常是在掌握大量原始信息资料和第一阶段提出的预测信息基础上，对于完全规范化的、程序化的决策而言的。对于非规范化、非程序化的决策，决策者仍然需要回顾过去的有关经验，仍然需要过去的信息资料。因为程序化的决策所要解决的虽然大都是新问题，但任何事物的发展变化都是有历史联系的，新问题中也有某些部分或从某个角度来看与以往接触过的某些问题有相似或可比之处。比如，新产品研制计划，有许多新产品就是在老产品基础上的改型，或某些原理同老产品相似，因此，这些信息、经验、知识的积累是决策者寻找备选方案的基础。当然，非程序化决策更需要决策人员的创新能力、知识水平和进取精神。

其次是设计阶段。需要对大胆寻找的“毛坯”方案进行精心设计、加工，最后才可称方案落实。如果说大胆寻找阶段需要勇于创新的精神和丰富的想象力的话，那么精心设计方案阶段则需要冷静的头脑和坚毅的精神。这是因为这里需要反复计算、严格论证和细致推敲，还要经得起怀疑者的挑剔。设计阶段主要包括两项工作：一是对措施细节的确定；二是对方案后果的估计。

对措施细节的确定是一个完整的信息资料整理的过程，也是决策信息方案的制定过程。如果不确定措施细节，此方案就会成为一纸空文，无法付诸实现，计划决策的目标就会落空，组织指挥的指令信息也无法传递下去。

对方案后果的估计，实际上就是进行方案的评估工作，这里仍然需要预测信息。没有评估就无从识别，最后的选择也无法进行。由于决策方案是面向未来的，方案的后果也要经过一定时期才能出现，因此，大部分后果要通过预测求得。预测的内容一是客观环境条件可能变化的信息；二是在各种客观条件下，方案的预期效果。只有取得这些预测信息之后，方案后果才能估计出来。

3. 评价与选择方案

在实际工作中，拟订备选方案与评价选择往往不是截然分开的两个步骤，也就是说不是等到把全部备选方案都找到之后再最后进行一次选择，而是先初步拟订一批方案，经初步选择，淘汰一些，再补充或修改一些，然后再选择，如此反复下去，直到选出满意方案为止。此法也称为“筛选”。可见，决策是一个连续的动态过程，只是研究时将这一过程进行了分解而已。

“筛选”过程是决策的后期阶段，这一阶段输入的是经济信息，而决策结果、决策方案也是经济信息，即决策过程依据经济信息，而决策结果、方案是对经济信息加工之后的“产品”，输出的也是经济信息。

各备选方案评价选择的总原则是看哪种方案能更好地满足决策目标的要求。如何掌握评价选择的总原则，往往与决策者的价值取向和备选方案信息的准确性、可靠性有关。

（1）要评价各方案技术上的先进性、经济上的合理性和实现的可能性。要分析方案各种措施在技术上的科学成分和领先程度；比较方案实施的费用与效果，计算直接经济效益和间接收益以及社会效益的大小；研究分析资源条件实现方案目标的客观可能性；同时，要估计到各种备选方案的潜在问题，以及可能带来的不良影响，从而作出全面、客观的综合评价。

（2）在备选方案综合评价的基础上，决策者作出权衡和最终抉择，即所谓“拍板定案”。“拍板定案”选定的决策方案，其可行性及优化程度直接影响方案的实施过程与结果，是决策成败的关键所在。在许多情况下，各备选方案利弊兼具，各有长短。区分孰优孰劣既有赖于决策者的良好素质，同时也与评价选择过程所采用的方法有关。可供采用的方法有经验判断法、数学分析方法和实验方法。

经验判断法是传统的选优方法，一般采用淘汰制，根据选择方案的指标（即决策目标）对备选方案进行筛选、淘汰，逐步缩小备选方案的选择范围。当余下的备选方案具有同等价值而难以进一步抉择时，则可以采取补充评选标准的办法，以表明某一方案优于其他方案。例如，各方案执行结果所获得的利润额差不多时，则可以用资金利润率和费用率作为补充标准，选择利润率高和费用率低的方案为较优方案；也可以对数个备选方案采取排队法，经过综合判断，选择较优的方案。经验判断法是一种选择决策方案的重要方法，但它仅适合于有限个备选方案（即离散型控制变量）的情况。遇到拥有无限多个备选方案（即连续型控制变量）的情况，则宜采用数学分析方法。

数学分析方法是通过建立决策问题的数学模型，按照最优化决策准则进行方案的优化选择，选出最优方案的方法。

实验法是对各备选方案进行模拟实验，能够选出效果最好的方案。实验法在管理中经常是遇到没有经验的非例行问题，又无合适的数学方法进行问题分析时，以适当少数几个典型单位为试点，验证方案优劣，然后总结经验作出选择。显然，这样要费时费力，因而必须慎重选用。此外，随着计算机应用软件的广泛应用，利用计算机进行人机模拟实验法选择方案也将被广泛采用。

方案选择十分关键。选择过程应该注意到，理想的选择应该是最优化，但影响企业经营管理的因素很多，难以完全估计到。所以，选择方案一般只能是在目前条件下权衡利弊之后选择比较满意的可行方案，保守的做法是把握“后悔值最小”原则。同时，方案选择时要注意各方案的差异，以便采取预防措施或制定应变计划，如果得不到令人满意的方案，则必须按照决策程序的基本过程重新审定目标或修正补充方案，直到满意为止。

3.4.3 决策的原则

决策涉及的问题多种多样，决策过程又是复杂的认识与实践过程，要取得理想效果，除遵循科学的决策程序外，遵循决策的基本原则同样十分重要。决策的原则概括了决策过程的基本规律和要求，遵循这些原则在决策工作中就能少走弯路，减少决策失误，提高决策效果。

1. 信息性原则

决策的信息性要求很强，因为决策的质量很大程度上取决于所收集到的反映客观情况的信息资料的质量。因此，我们总是希望作为决策依据的资料既全面丰富又精确可靠，要求所搜集到的市场信息系统全面、准确和及时。

一个决策者应学会了解哪些资料可靠性大，可以作为决策的主要依据，哪些仅供参考，哪些资料可以直接使用，哪些原始信息需要进行加工或整理。这样就可以充分利用手中已有的资料，有区别地去收集各方面的信息，把注意力集中在反映关键因素的资料上，从而保证信息的时效性和价值原则。

2. 经济性原则

决策本身要讲究效果和代价的关系，也就是要研究决策的收益和所付出的代价问题。如果决策所付出的代价很大，而取得的效益甚微，则应该考虑进行该项决策有无必要。贯彻管理决策的经济性原则应该从如下两个方面考虑：

(1) 决策的必要性。决策来自问题，无论是解决现实与要求的差距，还是利用新的市场机会的问题，只有决策者认为是值得付出代价去解决的问题才有必要进行决策。认识问题的本质是决策必要性的前提，同时还要认识组织决策付出人、财、物和时间的代价与其可能的经济效果，即研究决策效果与代价的关系。当决策者确认其必要性后，再考虑决策的形式、方法和手段。

(2) 决策的形式、方法和手段。决策的形式、方法和手段要根据决策的重要性、数量化程度、计算与逻辑过程的复杂性，以及时间等来选择。如果只是在生产经营中发生的例行问题或小问题，只要能在一定管理层次或个人职权范围内解决的，就采用个人决策；反之，则需要采用集体决策。一般来说，个人判断作出决策的代价较小；而进行集体决策或需要试点后再作决定的，所花的时间要长一些，代价也较高。对于运用定量分析数学方法进行决策，应尽量采用简便的数学模型和简单的运算方法。总之，管理决策贯彻经济原则，就是以较小的人、财、物及时间耗费取得较大的效益或争取最小的损失。

3. 科学性原则

决策科学化是科学技术和社会生产力高度发展的产物，也是现代企业经济活动取得预期效果的重要条件。只有坚持科学决策才能在错综复杂的市场环境中避免或减少决策失误。决策过程要贯彻科学性原则，要做到：①确定决策目标具有科学依据和客观可能性，重视信息，切忌脱离实际；②遵循科学的程序和步骤开展决策活动，服从决策组织，避免决策过程的混乱；③充分运用科学的决策方法，既不能只搞质的分析而不搞量化分析，也不能单纯依赖数学模型，应重视质的分析和量的分析两方法的密切结合运用，坚持实事求是的态度，在决策实施执行中根据客观情况的变化适时调整和修改决策目标和方案，使决策方案符合生产经营的客观实际。

4. 参谋性原则

现代企业决策问题涉及范围广泛，具有高度复杂性，单凭决策者的个人知识和能力很难作出有效决策。决策者必须充分发挥集体的作用，善于集中和依靠集体的智慧与力量进行决策，据以弥补决策者个人知识、能力方面的不足，避免主观武断、独断专行可能造成的决策失误，以保证决策的正确性和有效性。贯彻决策的参谋性原则应注意以下几点：①要合理划分企业各管理层次的决策权限和决策范围，调整各级决策者和各类人员参与决策的积极性和主动性；②要充分尊重每一个参与决策的决策者的地位和权利，尽量做到协同合作；③要广泛听取员工的意见和建议；④要重视发挥智囊参谋人员的作用，借助他们做好调查研究、咨询论证，尤其是重大问题决策，要吸收各有关方面专家的参加；⑤加强企业决策领导机构的建设。

5. 预见性原则

企业经营管理活动处于不断运动和发展变化之中，管理决策作为对未来经营目标、行动方案的抉择活动，其形式和内容多种多样，随着企业系统的发展及环境变化而不断发展变化，否则企业决策就不能起到导向作用。决策的预见性原则的基本要求有以下两点：

（1）管理决策的制定要立足现实，更要着眼于未来，要在市场调查和预测的基础上把握经济活动内在变化过程的规律，提出带有方向性和发展性的决策目标及选择方案，使之成为企业积极开拓进取的努力方向和推动力。

（2）管理决策机制要不断发展进化，不能停留在现有水平上。比如，积极吸取当代科学技术发展的最新成果，不断更新决策观念，充实决策理论，改进决策方法和技术手段，调整决策组织，提高决策者的自身素质，完善决策信息支持系统。这样，决策机制才能在发展中不断适应社会经济发展而趋于完善。

3.4.4 决策的类型和特征

1. 决策的类型

（1）按决策的范围不同，决策可分为战略决策和战术决策。战略决策往往与长期计划相联系，而战术决策则与中短期计划相联系。

(2) 按决策对象的内容不同，决策可分为常规决策和非常规决策。非常规决策一般与战略决策有关，而常规决策一般与战术决策相联系。

(3) 按决策的依据不同，决策可分为经验决策与科学决策。经验决策的依据是过去出现的事将会重复出现，因而经验决策只适用于一些日常事务。科学决策侧重于实验和分析研究，并在此基础上进行决策。

(4) 按决策中变量之间的关系不同，决策可分为确定型决策、非确定型决策和风险型决策。一般地，越是组织的最高主管人员，其所作出的决策越倾向于战略型的、非常规的、科学的、非确定型的决策；而一般组织的下层主管人员，其所作出的决策，倾向于战术型的、常规的、经验的、确定型的决策。

2. 决策的特征

(1) 决策要求有明确而具体的决策目标。若决策的目标是模糊的，甚至是模棱两可的，则无法以目标为标准评价方案，更无从选择方案。

(2) 决策要求以了解和掌握信息为基础。一个合理的决策是以充分了解和掌握各种信息为前提的，千万不要在问题不明、条件不清、要求模糊的状态下，急急忙忙作出选择。要坚决反对“情况不明决心大，心中无数办法多”的错误做法。

(3) 决策要求有两个以上的备选方案，以便比较选择。必须要有可供选择的方案，否则决策可能就是错误的。人们总结出两条规则：一是在没有不同意见前，不要作出决策；二是如果看来只有一种行事方法，那么这种方法可能就是错误的。

(4) 决策要求对控制的方案进行综合分析和评估。每个实现目标的可行方案，都会对目标的实现发挥某种积极作用和影响，也会产生消极作用和影响，必须对每个可行方案进行可行性研究。可行性研究是决策的重要环节。决策方案不但必须在技术上可行，而且应当考虑社会、政治、道德等各方面的因素，还要使决策结果的副作用减小到可以允许的范围。

(5) 决策追求的是最可能的优化效应。人们做任何事情，都不可能做到完美无缺。对于决策者而言，同样不能以最理想的方案作为目标，而只能以足够好地达到组织目标的方案作为准则，即在若干备选方案中选择一个合理的方案。合理方案只能在决策时能够提出来的若干可行方案中，进行比较和优选。而决策的可行方案，是在人们现有的认识能力制约下提出来的。由于组织水平以及对决策人员能力训练方式的不同，加上人们对客观事物的认识是一个不断深化的过程，所以，对于任何目标都很难提出达成全部目标的可行方案。决策者只能得到一个适宜或满意的方案，而不可能得到最优方案。

3.4.5 决策方法

决策方法分为两大类，即计量决策方法和主观决策方法。任何方法都不是万能的，所以企业在决策时要根据具体决策问题的性质和特点来灵活运用这些方法。

1. 计量决策方法

计量决策方法亦指决策的“硬”技术，是建立在数学工具基础上的决策方法，其核心是把决策的变量与变量、变量与目标之间的关系用数学式表示出来(即建立数学模型)，然后根据决策条件，通过模型求解得到答案。这种方法可以适用于决策过程中的任何一步，特别适用于方案的比较和评价。只是在决策时要运用到复杂程度不同的数学工具。

(1) 边际分析法。评价抉择方案可使用边际分析法，即把追加的支出与追加的收入相比较，二者相等时为临界点。若组织的目标是取得最大利润，则当追加的收入与追加的支出相等时，这一目标就能达到。

(2) 费用效果分析法。当各个选择方案的数量、目标远不像利润、生产率、费用等所表示的那样具体明确时，费用效果分析法就是一种选择方案的好方法。它是传统的边际分析法的进一步完善和变种。其主要特点是：把注意力集中在一个方案或系统的最终效果上，即根据每个方案在为目标服务时的效果，来权衡它们的优缺点。同时还要从效果着眼，比较每个方案的费用。费用效果分析法是解决综合性、非常规决策问题的效益成本分析。

(3) 概率方法。概率方法在科学、工商业和许多日常生活问题中起重要作用。它分为两个学派：一个是客观派，相信只有经过大量试验后反复出现的事态才能用概率论来分析；另一个是主观派，是第二次世界大战后才应用于决策的学派，认为决策者根据所能得到的证据，对一件事的发生具有什么样的信念，就是这件事发生的概率。主观概率以经验推理为基础，推论事情发生的可能性。一般地，主观概率适合于非常规的、不重复的决策，而客观概率却可用于常规的、重复的决策。

(4) 效用方法。此法主要以决策者要求的最大值为根据。效用的最大值的含义，就是决策者所要选择的目标在于获得最大量的满足。

(5) 期望值方法。这是为了减少决策结果的不可靠性而采用的一种方法。决策者对一个方案可能出现的正反两种结果，分别估计其得失数值，再以其可能实现的概率加权，求得两项乘积的正或负的差额，再把各个方案的这个差额加以比较而作出决定。

决策树法就是其中的一种，其因直观、易懂而得到普遍接受和广泛使用。决策树法使我们有可能从各种行为的决策点和与将来行为有关的决策点中，看清行为的发展方向。决策树指明了未来的决策点和可能发生的偶然事件，还常用记号表明各种不确定性事件可能发生的概率，为精确分析提供了基础。

（6）博弈论方法。博弈含有冲突的因素。这种决策不能单顾自己一方，还要估计到对手一方，犹如两人对弈，是一个胜负问题。其理论基础是数学。

（7）线性规划方法。线性规划是解决多变量最优决策的方法。它是在各种相互关联的多变量的约束条件下，去解决或规划一个对象的线性目标函数最优的问题。其中，目标函数是指决策者要求达到目标的数学表达式，用一个极大或极小值表示；约束条件是指实现目标的能力资源和内部条件的限制因素，用一组等式或不等式来表示。

这些定量决策方法是决策过程中的主要方法。其优点是：第一，提高了决策的准确性、最优性和可靠性；第二，可使领导者、决策者从常规的决策中解脱出来，把注意力专门集中在关键性、全局性的重大复杂的战略决策方面，这又帮助领导者提高了重大战略决策的正确性和可靠性。其局限性即弊病表现为：第一，对于许多复杂的决策来说，仍未见可以运用的简便可行的数学手段，在许多决策问题中，有些变量是根本无法定量的；第二，数学手段本身也太深奥难懂，很多决策人员并不熟悉它，掌握起来也不容易；第三，采用数学手段或计算机，花钱多，一般只用于重大项目或具有全局意义的决策问题上，而不直接用于一般决策问题。

2. 主观决策法

主观决策法也称决策的“软”技术，是指用心理学、社会心理学的成就，采取有效的组织形式，在决策过程中，直接利用专家们的知识和经验，根据已掌握的情况和资料，提出决策目标及实现目标的方法，并作出评价和选择。

主观决策法的具体形式很多。其优点是：方法灵便，通用性大，容易被一般管理者接受，而且特别适合于非常规决策，同时还有利于调动专家的积极性，提高他们的工作能力。其局限性表现为：由于它是建立在专家个人直观的基础上的，缺乏严格论证，易产生主观性，而且还容易受决策组织者个人倾向的影响。

➢思考题

1. 新产品市场分析研究的意义是什么？
2. 试述市场预测的内容。
3. 试述市场调查的方法。
4. 试述市场决策的原则。
5. 试述市场决策的方法。

➢案例　柯达产品经营的艺术

1877 年，自伊斯创立柯达公司以来，柯达在照相技术史上就一直走在前面。

从一开始，柯达便坚持“创造好产品”这一方针，当然它也并非一帆风顺。20 世纪 80 年代初期，美元强势，导致柯达的海外盈余大幅度削减，而且让竞争者有机可乘，以削价渗透进入市场。同行业的第二名牌——富士便一度瓜分了由柯达独掌的美国市场 10%的份额。

公司的一般决策由基层决定，新产品上市的速度因此可以大大加快。其中，在尖端科学技术投资的项目，便开发出柯达的新产品锂电池，并迅速成长为占有 3 亿～5 亿的市场份额。这项新产品在两年内便上了商品陈列架，而以往新产品上市通常要用 5～7 年的时间。

1987 年，柯达名列美国 50 家最大工业公司的第 25 位，营业额达 133 亿美元，利润为 11.78 亿美元。同年，名列美国 50 家最大出口公司的第 25 位，出口额为 22.55 亿美元。为了适应开发创新的需要，柯达把组织形态改为营业线结构，以适应国际市场各种不同的需求，以及全球各国不同的生产方式。柯达的每一条营业线，都是一个独立的组织，负责某项产品的研究开发、生产、营销等业务。另外，营业线也必须为自己的决策以及盈亏负责。

营业线的建立，使公司向质量管理国际化迈进了一大步，而营业线的实质意义是赋予各个营业线经理决策权，以快速适应市场变化。对营业线而言，管理的主要目的是把符合市场需求的产品，自研究开发到推出的时间尽量缩短。

例如，底片冲洗部改良一项产品，以提高这项产品的服务品质，并使照相馆冲洗底片的时间减半，如果是在旧的组织下，至少需 7 年时间才能完成。然而在营业线组织结构下，只花了 2 年时间，便把改良后的产品推出上市。

1988 年汉城奥运会，筹备委员会在 1986 年才决定由柯达负责提供奥运会影像记录设备。柯达公司的电子摄影部，迅速展开了桌子型彩色录像带印刷机的开发工作，并于 18 个月后推出上市，比汉城奥运会揭幕的时间早了约 6 个月。消费产品部意识到市场需求的变化，于是着手开始开发两款 35 毫米的单镜头相机，并于两年后推出上市。此时正好赶上对低成本的 35 毫米单镜头相机的需求热潮。

电影与视觉效果产品部于 1987 年推出两款 35 毫米电影胶片，获得美国电影艺术与科学学院的技术成就奖。

1987 年 10 月，柯达各部门的研究开发负责人成立专家小组，试图通过协调，寻求一种产品开发最有效、最快速的办法。

小组成员首先比较柯达与其他公司产品开发的特点；其次再研究柯达最近三项新产品的开发过程，以确认柯达产品开发的优缺点；然后专案小组开始扩大规模，行销与生产部门一起加入研讨。

通过共同探讨，柯达确定了开发新产品最快速、最有效的方法：

(1) 根据市场需求，将产品功能明确化。从无形的市场信息中归结出产品应具备的功能，这是一件困难的工作，但却也是增加企业竞争力的关键所在。不过，收集方法必须正确，否则不但会导致开发出来的产品无人问津，更会浪费公司宝贵的资源。柯达为了确保市场信息的正确，特别订立了一套作业流程，包括收集市场信息、分析信息，直至用之以开发产品的方法。

(2) 将产品开发过程明确化。专题小组制定一套产品开发作业系统，不仅详细列出各项开发步骤，同时详列检查步骤以确保开发工作的顺利进行。这套产品开发作业系统适用于柯达的每条营业线、部门，而这套系统被命名为“制造能力确保系统”。

(3) 以项目管理的方式，成立项目小组，来从事各项产品的开发工作。柯达认为任何一项产品的开发，都必须先成立项目小组。而项目小组的成员则包括研究开发、生产、行销等部门的有关人员。不过，项目的参与者与负责人，将随着产品开发工作的进行而有所改变。

(4) 鼓励员工在各部门间的流通。柯达特别成立一个委员会，以加薪与奖金的方式鼓励员工在公司内部转换工作，以确保各部门的活力，并充分运用人力资源。

(5) 充分利用时间。柯达在刚开始成立营业线时，授权各营业线自行购买所需设备，结果设备重置的情况层出不穷。现在柯达要求各营业线共用部分设备，而营业线为确保自己使用设备的时间与其他营业线不产生冲突，必须事先规划整个工作流程并利用等待设备的空闲时间训练职工，或从事新产品测试工作。

(6) 建立小量生产的生产线。柯达的开发工作接近尾声时，会先小量生产，以测试市场反应，作为改良的依据。尽管建立小量生产的生产线，必须花费大笔投资，不过却可以尽量地避免暂停一般生产线的浪费。

事实上，不同的具体的产品研发战略都具有大致相同的内容，其中包括：确定要开发的产品类型与目标市场，制定新产品开发的目标，为达到上述目标的具体行动计划。

此外，由于环境的可变性，对企业而言为更有效地完成战略的实施过程，还要制定备选方案与应急措施、跟踪计划等。

柯达坚持了原则才有了后来的效果。柯达之路再次验证了企业应走市场之路，从产品出发，依托自己的实力去适应竞争的环境。

第4章

新产品创新

【本章学习目标】 了解创新的内容与创新的程序；掌握技术创新的特点模式。掌握产品创新的技术策略。了解设计思想创新的内涵；理解新产品开发的方式。学习创意的方法，培养创新的能力。

新产品具有某种独特性是新产品开发取得成功的保证。新产品所具有的独特性，一般来源于创意。创意的实质是创造性的构思，其目的在于根据创意所设计出来的产品或在性能，或在功能，或在外观，或在使用方式，或在表达的思想上具有与众不同的特性，使顾客能够在市场上迅速而准确地被其吸引，继而接受新产品。

今天，任何一个企业的生存与发展，都有赖于产品创新，而产品创新的能力直接影响一个企业在市场上的竞争能力。在日益激烈的市场竞争中，创意的作用已显得越来越重要。新产品开发成功的灵魂就是创新。

4.1 创新

4.1.1 创新

创新是指那种对于某一环境或组织来说是崭新的技术。对于旨在出售的新技术来说，技术创新的特征在于其第一次的商业应用。一个新产品只有在被用户使用和获得承认后才算是创新成功。创新这一概念是由美籍奥地利经济学家约瑟夫·阿罗斯·熊彼特（Joseph Alois Schumpeter，1883～1950 年）首先提出的。他在 1912 年的德文版《经济发展理论》一书中首次使用了“创新”（innovation）

一词。他将创新定义为“新的生产函数的建立”，即“企业家对生产要素的新的组合”，也就是把一种从来没有过的生产要素和生产条件的“新组合”引入生产体系。按照熊彼特的观点，创新是发明的第一次商业化应用。具体而言，第一次把发明引入生产体系并为商业化生产服务的行为就是创新，以后引入的只能算作模仿。

创新包括技术创新（产品创新与过程创新）和组织管理上的创新，因为两者均可导致生产函数的变化。熊彼特的创新概念大致是：一项创新可看成是一项发明的应用，也可看成发明是最初的事件，而创新是最终的事件。在他看来，企业家的职能就是实行创新，引进“新组合”，使经济获得不断的发展。从这一观点出发，创新是一个经济范畴，而非技术范畴，它不是科学技术上的发明创造，而是把已发明的科学技术引入生产实践之中，形成一种新的生产能力。具体来说，创新包括以下五种情况：①引入一种新产品，即消费者还不熟悉的产品，或提供一种新的产品质量或功效。②采用一种新的生产方法，这是在有关制造部门中未曾采用过的方法。这种新的方法可以是建立在新的科学发现基础之上的，也可以是以新的商业方式来处理某种产品。③开辟一个新的市场，使产品进入以前不曾进入的市场，无论这个市场是否存在过。④获得一种原料或半成品的新的供给来源，这种来源或许已经存在，或许是第一次面世。⑤实行一种新的企业组织形式，如建立一种垄断地位，或打破一种垄断。

4.1.2 创新的内容

创新概念包含的范围很广，各种能提高资源配置效率的新活动都是创新。通常，按是否涉及技术性变化来对创新进行分类。涉及技术性变化的创新有技术创新、产品创新和过程创新。

1. 技术创新

广义的技术创新是指一个创新过程，从新产品或新工艺的提出，经过研究与开发，实现产业化、商品化生产，并且在市场获得成功的全面过程，是技术与市场的有机结合。狭义的技术创新仅仅是指新产品和新工艺设想的提出与开发。一般的技术创新是指狭义的概念。

2. 产品创新

产品创新是指第一次面市的、在技术上有重大变革的产品，或对现有产品进行了技术改革，使其在性能、结构、质量方面有所创新的产品。例如，美国贝尔公司发明的电话、半导体、晶体管，美国无线电公司生产的电视机均属于技术变革的产品。这些重大的产品创新往往与技术上的重大突破紧密相关。

3. 过程创新

过程创新也称工艺创新，是指产品生产技术的变革，包括工艺创新、设备改造更新和生产方式创新等。工艺创新能提高产品质量，提高劳动生产率，降低原材料消耗和产品成本。过程创新是产品创新的基础，也是实现产品创新的保证，两者关系极为密切。

涉及非技术性变化的创新主要包括制度创新、政策创新、组织创新、管理创新、市场创新、观念创新等。

显然，创新具有多个侧面。这些方面之所以被称作创新，是因为它们提高了工作效率或巩固了企业的竞争地位，或者是改善了人们的生活质量，或者是因为它们对经济具有根本性的影响。创新并不一定是全新的东西，旧的东西以新的形式出现或以新的方式结合也是创新。

4.1.3 创新的准备

1. 发明、发现与技术

处于创新过程源头的是发明或发现。发现是针对那些已经存在的而人类还未知的东西；发明针对的是以前不存在的东西。发明和发现是创造性过程的产物，其发生常常带有偶然性，难以预测或计划。

基础科学研究是指产生有关物质、生物和社会现象的新知识的活动。应用科学研究是有目的地解决具体技术问题的活动。经过科学研究积累起来的系统和知识为大多数发明与发现提供了基础。

发明与发现的成功标准是技术上的，而不是商业上的。通过专利，发明与发现有时也能使发明人或发现者在随后的创新中获得经济收益。但是，在科学研究和运用发明、发现得到成功创新之间往往有相当长的时间滞后。例如，从二极管的发明到应用其间经历了二三十年。

技术是指能用于产品和服务的开发、生产和交付系统的理论与实践知识、技巧和手艺。技术的承载体是人、材料、认知与物理过程、工厂、设备和工具。技术的关键要素可能是隐含的，如以技术诀窍为基础的商业秘密，手艺和经验通常是不明确的，即难以量化。因此，技术的重要成分往往不能以手册、常规和程序、配方、经验规则或其他明确的方式表达和编码。同样，技术的成功标准是技术上的，而不是商业上的。技术通常是把发明和发现推向实际应用的开发活动的产物。例如，晶体管（1947）、集成电路（1959）和微处理器（1971）的发明连续推动了好几代新技术在半导体产业中的应用，继而又推动了新技术在数据处理和通信等领域的应用。

2. 创新的基本原理

科学与艺术都是在探索真理，只是科学在知识的领域里探索，而艺术注重在情感的领域里探索。爱因斯坦说过："概念是思维的自由创造。"爱因斯坦强调了人类在认识客观世界的过程中，要充分发挥创新思维的作用。所以，创新的原理来源于思维。思维有逻辑思维、形象思维和灵感思维之分。

（1）逻辑思维。逻辑思维又称抽象思维，它是撇开事物的具体形象而抽取其本质进行的思维，这是一个运用概念、判断、推理来反映现实的思想过程。甲＞乙，乙＞丙，所以就有甲＞丙的结论。逻辑思维遵循的是求同原则。无论是由个别到一般的归纳法，还是由一般到个别的演绎法，原则都是求同。例如，当人们看到天空中飞着的许多白天鹅，便得出了“凡天鹅都是白的”的结论，但后来澳大利亚的黑天鹅被曝光。所以从这里可以看到，逻辑思维只在于逻辑推理出来的判断，而不去追究事物的真实。

（2）形象思维。这是一种借助于具体形象来展开思维的过程，带有明显的直观性和鲜明性，所以又称直觉思维。形象思维属于感性认识活动。一般的形象思维是外界事物感性形象的被动影像，而创造性思维则是把外界事物的感性形象重新组织安排并进行加工创造出新的形象。德国化学家凯库勒在研究有机化合物苯的分子结构时，受到梦中很多蛇头尾连接、组成一个环的影像的启示，解决了苯分子的结构问题。正是凯库勒对蛇的形象思维，发现了苯环结构，才使有机化学的研究发生了飞跃。

形象思维凭直觉又可分为直觉判别、直觉想象和直觉启发。

（3）灵感思维。这是一种突发式的特殊的思维方式。在创新过程中，往往处于关键性阶段，表现在创新的高峰期，是人脑的高层活动。1981 年的诺贝尔医学奖获得者斯佩里认为，显意识功能主要在左脑，潜意识功能主要在右脑，左右脑相互交替作用，从而产生灵感。灵感的突发性和瞬时性，是它最明显的特点。

人的大脑是思维的主体，左脑的功能主要是进行逻辑思维，右脑的功能主要是进行形象思维和灵感思维，左右脑既明确分工又密切配合。

3. 创新的精神

创新是贯穿于企业经营活动全过程的一种经常性的行为，在对生产要素的重新组合中，有目的地获取潜在的利润。经济中存在着的潜在利润，并不是人人都能发现和获取的，只有从事创新的人才有可能得到它。熊彼特把从事创新活动、使生产要素重新组合的人称为创新者。他认为创新者必须具备三个方面的条件：①要有善于发现潜在利润的能力。潜在利润是创新的动力，潜在利润也是企业发展的储备力量，因此，这是作为创新者所必备的一种核心能力。②要有科学而理智的冒险胆识。冒险的前提是好奇心与进取心。一个人创新能力的大小，取决于他的好奇心和疑惑感的层次深浅。因循守旧、墨守成规，只能导致企业的衰退和破产。③要有组织能力。这种组织能力横向看表现在对企业的管理上，纵向看是对知识与经验的积累能力。

4.1.4 创新的程序

如果要给创新加个程序的话，大体可分为准备、酝酿、创新和检验几个阶段。

1. 准备

一是要积累知识和经验，这是进行创新的基本条件。因为创新其实是在已有知识和经验的基础上实现的升华或者再创造，从这个角度来看，一个人的发明创造一般不会超出他的知识范畴。二是要有“压力”，包括客观的和主观的压力。客观压力就是社会需要，需要是创新之母。当压力转化为动力时，创新就有了目标。主观压力是人们发自内心的强烈的创新愿望和动机，愿望和动机支配着人的行为，这就是创新的主动性。另外，好奇心是引导人们走向未知领域的一个重要力量，虽然在某种程度上表现更多的是其盲目性，但并不妨碍我们看到这样一个事实：大多数成功的创新源自于好奇心。

2. 酝酿

在这个阶段，发挥思维的灵活性，集思广益，然后采取横向组合纵向归纳的方法，进行比较、联想、分解、综合、抓关键点……同时，在创新过程中，还要应用各类思维与想象力产生新的观念，来设定目标，提出达到目标的设想，设计达成目标的多种可行性方案，然后对多方案进行分析、比较和筛选，最后形成一个技术上可行、经济上有利的最佳方案。

3. 创新

创新阶段是实施设想的过程，它是将形成的方案变成实施规划，以便有计划、按步骤地实施和探索。在实施规划的过程中，往往还会发现新问题、出现新情况，因而需要不断地探索、不断地反馈、不断地调整、不断地修正规划，以保证实施结果与目标的偏离程度最小。

4. 检验

此阶段是对方案的结果进行验证、整理并总结。总结出的经验形成新的知识进入知识库储备，这也是下一个层次创新的基础。

以此类推，良性循环，创新便层出不穷。

4.2 技术创新

熊彼特首先提出技术创新的理论，他指出创新者借助于技术上的发展与发现，通过对生产要素和生产条件进行新变革，并使变革成果取得商业上成功的一切活动就是技术创新。这个定义有两个含义：①技术创新的基础是技术上的发明与创造；② 技术创新的目的是商业的成功。由此可见，技术创新既是一个技术概念，又是一个经济的概念，这意味着在技术创新的过程中，将同时受到科技发展规律和社会经济发展规律的约束。

4.2.1 技术创新的特征

1. 技术创新的特点

在充满创新精神的21世纪，技术创新伴随着知识经济的兴起，呈现出许多新的特点，主要表现在以下几个方面。

1）信息化

技术创新的信息化特征，主要是指技术创新对信息和信息技术的依赖程度。工业经济时代以物质生产为主，而21世纪的经济时代是把物质生产和知识生产结合起来，并充分利用知识和信息资源，大幅度地提升产品的技术含金量和附加值。没有信息，技术创新过程中的各个环节，如研究与发展活动、创新技术的商业化及扩散就无法实现。创新活动的成功与否将更加取决于信息的取得与利用。

当前，信息技术的核心是计算机技术及通信、网络技术等。这些技术能够提高与完善人们获取信息、处理信息和利用信息的能力，能向人类提供许多先进与有效的手段。企业为了搞好经营，不仅需要开拓市场，还要充分地采用信息技术。实现生产和管理过程的信息化，建立企业的网络系统是现代化企业的必备手段。当然，企业技术创新活动也只有依靠信息和信息技术才能获得成功。

2）多学科性

纵观历史上几次重大的技术变革，都是由比较单一的技术发展起来的，其中跨学科、跨部门的则少见。比如，18世纪的几次重大技术发明，先出现了纺织机，继而发明了蒸汽机和电力等，这些技术发明都是以单学科的技术形式出现的，尽管同时也促进了其他科技的发展。而技术创新却是多学科综合，采取群体形式出现的。例如，现代机械产品的开发创新，不再是单纯的机械技术的创新，而是由机、电、光、声、液、磁各种科学理论和技术的综合与开发应用。技术创新多种科学技术融合的特点，就表现在多种科学技术的融合、渗透、互补和合作上，这个过程赋予了技术创新无穷无尽的生命力。

3）风险性

技术创新的风险性，是指技术创新过程中具有许多的不确定性。因为技术创新本身有许多试验性问题，其中每一环节都包括不确定因素，如技术上的不成熟、新技术不断涌现和快速变化、创新资金不能及时到位、市场预测不准确及遭受技术引进的冲击等，都有可能导致创新的失败。此外，外部环境的任一要素发生变化，如社会、政治、法律、政策等条件的变化，都会给企业的技术创新活动带来致命风险。据来自美国的一份调查报告反映，新产品的成功率一般都不太高，即使在美国这样一个技术经济强盛的国家，也只有30％左右。国外学者曾对91项技术创新进行社会调查，成功项目只占总数的1/3，失败的占2/3。由此可见，创新的成功率低下是其风险的主要因素。另外，创新的成败还取决于创新过程的有效管理，通过有效管理同样可获得较高的技术创新回报率。又据国外经济学家对技术创新收益的测算，投资私人项目收益率一般为80％～180％，投资社会项目收益率为60％～700％，而一般长期债券收益率仅为8％。

4）继承性

从技术创新的发展来看，任何技术创新活动都是建立在以前的技术创新成果的基础上，并由此攀登前进的。这种创新的继承性，造就了一代又一代不断完善的新产品。电子计算机的诞生和发展，就是明显的例子。自20世纪40年代后期第一代电子管计算机诞生，到70年代第二代晶体管计算机、第三代小规模集成电路计算机、第四代大规模集成电路计算机的相继问世，都继承了前一代的技术原理，而电子计算机的性能、结构、速度和规模更是一代胜过一代。因此，新一代创新要善于继承前人的技术成果，并在新的起点上要有所发明、有所创造。

2. 技术创新的分类

技术创新可以按照不同的目的进行不同的分类：

(1) 按技术创新的作用及其对经济增长的影响程度来划分，技术创新可分为全新型创新、渐进型创新、技术系统的变革等。这是一种常用的技术创新分类方法。

全新型创新是指新产品有很大的技术突破，开发生产出全新产品，如尼龙、半导体及电子计算机等的创新。这些创新常伴有一系列的产品创新、工艺创新并导致生产方式和生产组织的创新，引起产业结构的变化，影响人们价值观念的变更。

渐进型创新是指渐进的、连续的局部创新，这些创新往往来自生产第一线的工程技术人员、用户等。通常，全新型创新需要渐进型创新的辅助。例如，用塑料材料代替木材和金属材料来生产各种产品就是渐进型创新。

技术系统的变革是指通过对由多个系统组成的复杂产品中某一系统的部分改进，达到整个系统的优化和创新。如在小汽车自动系统中采用电子技术使小汽车整体得到创新。

(2) 按照技术创新的内容来划分，技术创新又可分为产品创新、工艺创新和组织创新等。产品创新、工艺创新在其后讨论。

组织创新是指生产方式和生产组织方面的变革和创新，如流水线生产、成组技术、柔性制造系统等。组织创新也含有企业管理制度和机构方面的创新，如直线制到事业部制、股份公司及集团公司组建等。这种创新对我国深化企业改革，建立现代企业制度有着重要影响。

(3) 按照技术创新的合作主体来划分，技术创新可分为合作创新和国际化创新。

技术创新还可以按其他因素进行分类，如节省劳动型创新和节省资金型创新。由于劳动力和资金都是企业的重要生产要素，企业在技术创新时应有主次之分，以求获得最大的经济效益。

4.2.2 技术创新模式

是什么因素促使企业不断创新和发展呢？又是什么因素引导人们去从事某种创新呢？其源泉与动因何在？国内外学者提出了许多技术创新模式及技术创新的源泉。

1. 技术推动创新模式

技术推动创新模式，是指创新的主体拥有新的科学技术或创新发明，并应用其进行设计、试制、生产、工艺和服务，最后转化为产品，走向市场。这种技术推动创新模式，在工业发展史上并不少见。例如，激光在实验室一被发现，经过若干年的研究，激光的使用价值被激发，因而导致了一个以激光为核心技术的产业的兴起。类似的例子还有尼龙、人造纤维、半导体等划时代的技术创新都属于这种模式。

由于科学研究是人们探索自然、认识世界和改造世界的过程，许多活动事先并不带有商业行为，但创新的成果却满足了市场需求。在实践中，这种模式的技术创新，并不是轻而易举的。首先，此模式的源头是获得新的技术与发明；其次，从实验室出样品到大规模生产，中间有工艺、生产制造、投入市场等一系列的技术问题和经营管理问题，还需要大量资金的筹措和投入，因而创新者承受的风险很大。

2. 需求拉动创新模式

需求拉动创新模式，是指市场存在需求，促使创新主体进行科技研究，并应用其成果从事技术创新的模式。在技术实践过程中，人们发现在有些领域里，是产业需求在先，发明创新在后，这就产生了需求拉动说。综观工业发展史，确实有许多符合需求拉动的产业出现，如通信、化工、汽车等产业就是如此。企业采用这种创新模式，可以使创新时间短、收效快，既缩短了技术创新的周期，又节约了大批科研费用，还加快了创新成果的商品化。在消费者占主导地位的产业里，绝大部分是需求拉动模式创新。1974 年美国学者阿特巴克（Utterback）在一份创新研究论文中指出："60%～80%的重要创新是市场需求拉动的。"

3. 诱导型技术创新模式

这是以诱导因素为契机进行的技术创新模式，如图 4-1 所示。一般能成为诱导因素的有技术发展不平衡、生产环节的不确定性、资源供给的不确定性等因素，这些因素往往是企业进一步发展的"瓶颈"。辩证地看待这些因素，其实它们在生产实践中既是发展的障碍与压力，又是创新的机会与动力。像复合材料、人造材料就是诱导型技术创新模式的结果。又如，因能源的匮乏促进了太阳能的开发，然后一系列依托太阳能的新产品脱颖而出。

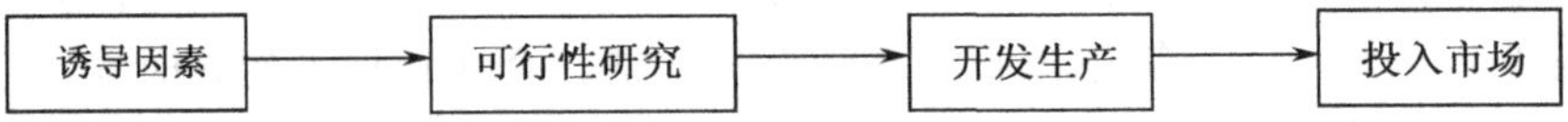

图 4-1　诱导型技术创新模式

4. 技术创新综合模式

所谓技术创新综合模式，是指技术创新在技术推动和市场需求拉动的综合作用下，实现创新在技术上和经济上的可行性。这一模式可用图 4-2 表示。

技术创新是一个非常复杂的过程，很难确定某一因素是技术创新的推动或拉动因素，成功的技术创新大多是科学技术与市场需求相结合的结果。正如美国经济学家罗森堡（N. Rosenberg）所说："技术创新活动由需求和技术共同决定，

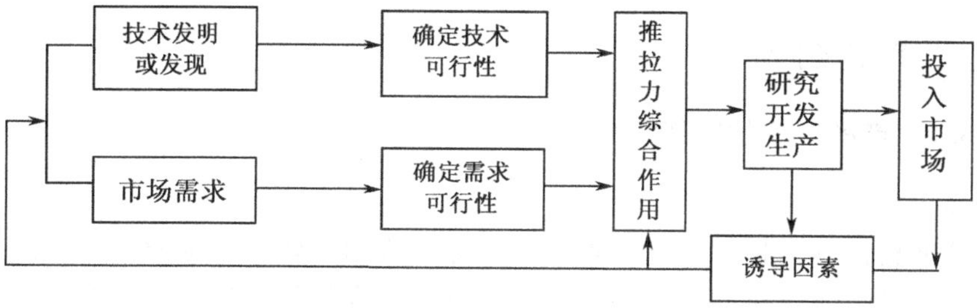

图 4-2　技术创新综合模式

需求决定创新报酬，技术决定创新的可能性和成本。”又据加拿大学者摩洛和诺雷对加拿大的 900 多个企业技术创新进行的调查，发现其中技术推动的技术创新占 18%，需求拉动的技术创新占 26%，技术推动和需求拉动综合作用的技术创新占 50%。这种模式的创新，在市场需求的诱导下，结合科学技术的应用，综合开发创新出全新的产品，不仅激活了一系列产业，也繁荣了市场。例如，微波炉和信用卡的开发创新，导致了“厨房革命”和“电子货币”的产生，有较长的生命周期和广阔的市场前景，这种创新模式日益受到人们的重视。

上面介绍的几类创新模式实质上也是一个技术创新的来源问题。传统的创新概念认为，只有制造业才能创新，这种观点是不够全面的。美国麻省理工学院管理学专家冯·希伯尔（Von Hippel）指出，这是一个流传甚广却是错误的概念。问题的核心是谁能从创新中获得效益，谁就去创新，不管他们是制造业、供应商还是用户。冯·希伯尔通过大量的调查研究，发现在一些产业里，用户是主要的创新源，详见表 4-1。在科学仪器产业里，有 3/4 的创新出自用户之手，在半导体与印刷电路中，用户仍旧是重要的创新源。但在化工、塑料制品等产业中，制造商是重要的创新源。在线路终端设备行业里，供应商是最重要的创新源。冯·希伯尔这种从创新主体划分创新源的思想方法，深化了人们对创新过程的理解与认识，企业要汲取用户对产品的创新和改进意见，并在此基础上不断进行技术创新。

表 4-1　创新来源的分布（单位：%）

创新类型	创新开发者			
	用户	制造商	供应商	其他
科学仪器	77	23	0	0
半导体和印刷电路板工艺	67	21	0	12
拉制成形工艺	90	10	0	0
牵引式铲车	6	94	0	0
工程塑料	10	90	0	0
塑料添加剂	8	92	0	0
工业气利用	42	17	33	8
热塑料利用	43	14	36	7
线路终端设备	11	33	56	0

4.3 产品创新

4.3.1 产品创新的特征

1. 综合多种知识

产品创新是科学技术转化为直接生产力，或知识转化为物质的重要成果。产品创新综合了许多学科知识。例如，内燃机的开发创新、研究及工作过程，涉及热力学、空气动力学、化学反应动力学等知识；研究内燃机的结构强度，涉及结构力学、材料力学、固体力学；降低噪声涉及声学；减少震动涉及摩擦磨损理论；产品设计和制造，涉及金属学、材料学、工艺学等。只有综合应用多种学科知识，才能更好地进行产品创新。

2. 依赖中有独立性

技术创新依赖于新理论、新原理的建立，如高压技术、半导体技术等，都是在理论上取得突破后才产生的。而产品创新往往是运用移植、组合方法，在原有理论和技术基础上取得成功的。如人造卫星、核潜艇、洲际导弹、电子计算机等产品创新，都是在现有成熟技术的基础上，以特定的方式进行组合而实现的。

3. 创新周期较短

产品创新时间较短，而技术创新时间相对来说则较长。有资料显示，技术创新时间，即使化上 5～15 年，成功率也较低，为 8%～15%。而产品创新取得成果时间则较短，其周期为 3～5 年的，成功率为 50%～80%；而有的产品则更短，如家电、日用品等只需 1 年左右即可投入市场，其成功率大约在 90%以上。这是因为产品创新具有明确的目标和对象，其理论问题已被技术创新解决，自己要解决的就是如何商品化的问题。

4. 费用较少

产品创新的投入相对于技术创新，无论是人力、物力还是财力，也相应较少。据国外统计资料分析，各个国家不同的研究阶段费用所需的分配比基本是一致的，见表 4-2。从表 4-2 中可以看出，一般产品创新研究只占技术创新研究费用的 10%左右。

表 4-2 不同的研究阶段费用所需的分配比（单位:%）

研究阶段	基础研究	应用研究	技术创新研究	产品创新研究
比例	13～16	22～25	50～65	10

4.3.2 产品创新的技术策略

1. 技术先行策略

所谓技术先行策略，就是要求被开发的新产品，不仅要求在技术上领先、质量上优异、成本上有优势，而且要求产品能最先投放市场，获得较大的市场占有率。实施这一策略，企业应拥有较强的科研能力和创新能力，能先发制人，保证企业始终处于技术领先地位。由于这一策略投资经费较大，因此风险也大。例如，美国惠普电子公司建立了庞大的开发研究机构和实验室，并拥有大批高水平的科研人员，每年投入的科研费用占公司销售总额的10%左右。公司每年销售的产品中，新开发的产品占到50%，并给公司带来了丰厚的利润和较大的市场占有率。

2. 紧跟技术先行策略

紧跟技术先行策略是指通过迅速模仿技术先行者的产品技术，在该产品成长期的初期将新产品投放市场的策略。实施这一策略要求企业要有较强的开发能力，拥有信息灵通的技术情报系统，能够及时了解其他企业的技术创新和开发生产新产品的情况。同时，要善于分析发现该种新产品的优缺点，以便更好地继承和改进，从而开发生产出性能更好、质量更高、款式和包装等方面具有先进性的产品投放市场。

3. 仿制技术策略

仿制技术策略是指企业通过仿制上市的新产品来获取利润的策略。采用这种策略能节省开发研究费用，以较低的成本生产新产品，并及时投放市场，以取得较好的经济效益。采用这种仿制策略的企业，要求设计与工艺部门能迅速了解市场情况，树立成本观念，减少设计、制造费用，尽可能地使仿制品和被仿制品共同进入成熟期。同时，要求企业的制造系统由原来的产品生产能够迅速转向仿制品生产。

4. 实用技术策略

实用技术策略是指将实用技术专门用来为用户特定需求而开发创新产品的策略。采用这种策略的企业，要有较强的设计能力与工艺制造系统，能在较短的时间里，开发生产出用户需求不同的新产品。这种新产品，要在产品的成长期投放市场。

5. 标准化与多样化策略

标准化是把同类事物两种以上的表现形态归并为一种或限定在一个范围内的形式。标准化的目的是消除由于不必要的多样化而造成的生产过程的混乱。人们掌握了标准化与多样化策略之间的辩证关系之后，在产品创新中就可开发出各种不同的新产品。例如，手机的开发与生产，标准化的是手机内核技术，手机的规格、款式、色彩则琳琅满目。再如瑞士的欧勃里手表装配厂，职工不到100人，手表品种却有400多种，但作为基础的手表机芯只有2～3种。

6. 平台型与变型策略

变型策略是在平台型策略基础上的变型，这是目前世界上广为采用的产品创新策略，在所有的国家都取得了成效。

所谓平台型，指的是一个产品系列中的代表品种，以它为基础、为典型，可以完成整个系列中各种规格产品的设计，并能保持结构的相同或相似。这类产品常称为平台型产品。以平台型为基础形成的产品系列叫做平台型系列。以一个平台为基础，在结构上稍加调整和改变，开发出的具有新功能的产品或系列，就叫做变型产品或变型系列。通过发展变型产品或变型系列进行产品创新的事例很多。例如，我国某立式滚齿机生产厂，在一平台系列的基础上，发展变型系列进行产品创新，开发了能加工精密圆柱齿轮和涡轮的新产品，其专用件比重只占2%，而98%的零部件是跟平台系列产品通用的。之后，又开发生产了半自动滚齿机系列产品，其平台系列产品之间的零部件通用率也达到了96%。

平台型与变型产品创新策略，最突出的优点是开发一种新产品，甚至一个新的产品系列，只需重新设计、制造很有限的专用零部件，并使新产品与老产品保持结构上的相似性、工艺上的继承性和零件的广泛通用性。这种产品创新策略的优越性是其他任何产品创新策略都无法比拟的。

4.3.3 产品创新的品牌意识

我国制造业从20世纪90年代中后期开始以较快的速度发展，作为世界上最大的发展中国家，凭借劳动力方面的优势，我国在国际产业分工体系中占据了重要地位，“中国制造”遍布全球，我国也成为世界重要的制造中心。但这种“中心”的形成更集中体现在“量”上，而在“质”上却没有大的提高，我国制造业大多数还只是停留在贴牌生产、为别人代工的阶段。中国要想成为真正的“世界工厂”，必须提高制造业的自主创新能力，同时要拥有众多具有自主知识产权的世界级品牌。

品牌意识包括品牌的建立与品牌的维护。在产品创新策略领域中，我国工业企业首先要树立的就是品牌意识和维护品牌的服务意识。

1. 产品创新中的品牌意识

品牌是产品整体概念的一个重要组成部分，其功能是将本企业产品与其他企业的同类产品区别开来，便于顾客识别本企业产品，有利于销售。在市场竞争激烈的现代社会，品牌的重要性是不言而喻的。通过厂家的广告和其他一些形式的宣传，以及一段时间的产品销售和产品使用，企业老产品的品牌一般已在公众心目中建立起一定的形象和声望，当企业采用统一品牌策略时，老产品的形象和声望将依附在品牌身上传递给新产品，新产品就可以借助品牌优势更好地开拓市场。如果同一品牌的每代产品、每类产品都能继承和发扬良好的形象和声望，则该品牌就会成为著名品牌、驰名品牌，从而更有利于促进新产品占领市场。

为此，企业应树立名牌意识，而不是名牌产品意识。名牌意识的落脚点是品牌，名牌产品意识的落脚点是产品，两者有着质的区别。品牌名称应是真正的品牌而不应是产品名称或产品性能描述，否则，一旦产品成名之后，厂家将会由于品牌名称局限于该产品而无法利用已有的品牌效应推出新产品，或拓展其他种类产品，这样产品品牌往往会随产品的淘汰而消亡。因此，为了创品牌，而不是创品牌产品，企业应采用统一品牌策略，并在选择品牌名称时，不宜用现有产品的性能描述来命名，以免影响未来新产品的开发。例如，春兰集团当初推出了“春兰”牌空调机就体现了超越空调机产品的高度。如果命名为“制冷王”牌空调机，则就落入了产品性能描述的俗套，即使其知名度很高，但当推出摩托车新产品时，就无法用“制冷王”这一品牌了。

2. 对品牌的服务意识

随着顾客购买能力的增强、需求趋势的变化以及卖方之间竞争的加剧，服务已成为市场竞争中的一个新焦点。国际上许多著名大公司兴起了一场“以顾客满意为导向”的服务革命。如美国国际商用机器公司（IBM）向人们公开宣称“IBM就意味着服务”，并且它进一步阐明了顾客服务的内涵“我们要在为用户提供最佳服务方面独步全球”。的确，IBM所提供的不仅是机器，而且是服务，它在为顾客提供的服务和可靠性方面是世界一流的，正是依靠这种成功的服务意识，才使企业在营销中取得了显赫的成绩。被称为日本“经营之神”的松下幸之助有句名言：“销售前的奉承，不如销售后的服务，唯有如此，才能获得永久的顾客。”

对于新产品来说，加强对顾客的服务是极其重要的，甚至关系到新产品商业化的最终成败。新产品刚上市，顾客对其质量尚不十分了解，存在疑虑心理是在所难免的，为此，就在很大程度上需要依靠服务来弥补。针对目前企业在服务方面的薄弱环节，企业需在以下方面体现服务意识。

（1）编好新产品说明书。一张好的产品说明书是指导顾客认识新产品和正确使用新产品的“向导”，说明书应包括新产品性能、特点、适用范围、注意事项以及常见故障排除方法等。为了最大限度地让顾客减轻负担，正确使用新产品，说明书中应尽量减少专用名词，选用通俗词汇；同时，尽量用图案描述，顾客按图索骥就能很方便地使用和维护新产品。现实中，有不少产品说明书使人读后不知所云，若是老产品，顾客还可以向周围用户了解、询问；若是新产品，大家均不了解，顾客简直束手无策，那么要争取这种顾客再度惠顾是极其困难的，希望这种顾客向他人推荐该新产品也几乎是不可能的。

（2）培训新产品使用人员。有些工业新产品，尤其是比较复杂的机械、仪表和电子产品，用户买回之后，往往不会正确使用，或由于误操作导致新产品损坏，这将影响新产品的销路。因此，产品的生产者有必要通过开办技术培训班，为用户培训熟练使用和日常维修方面的人员。

（3）广泛建立维修服务网点，定期上门服务。任何产品都可能在使用中出现故障，新产品相对而言可能故障会稍多一些。这并不可怕，可怕的是一旦出现故障得不到就近修理、及时修理，那就会失去顾客。企业在向市场投放新产品时必须单独设置或委托中间商广泛设置新产品维修服务网点，新产品销售到哪里，维修网点就建立在哪里，最大限度地消除顾客的后顾之忧。为了更好地赢得顾客的信任，企业应该建立用户档案，定期上门服务，既征求顾客对新产品的意见，又帮助顾客保养维修产品，更换易损零部件，处理顾客提出的产品质量、售后服务等问题，征求顾客对产品的改进意见。

很显然，服务的内容是十分广泛的，任何能提高顾客满意程度的项目，都属于顾客服务的范畴。虽然提供优质服务会增加企业的投入，但是通过优质服务培养忠诚的顾客，将给企业带来巨大的回报。如果新产品能使众多的顾客满意，并再次惠顾，还向他人宣传，新产品的开发就算成功了，企业的效益也就会非常显著。

4.4 设计创新

在产品创新过程中，进行设计、工艺及工艺装备等的创新，这既是产品创新的重要组成部分和内容，也是实现产品创新方案的重要步骤和保证。

产品设计导向是产品开发的航标灯。产品的市场状态，如功能、性能、质量、结构、外形、色彩、价格等，都与设计导向设计过程有着非常密切的关系。换句话说，能够获得消费者认可的东西，早在产品开发之初或在产品的设计中就已经存在了。所以，产品被市场接受程度的高低其实在某种情况下就等同于产品设计的优劣，由此设计的重要性可见一斑。

4.4.1 设计思想创新

传统的产品设计都是在通用化、系列化、标准化的基础上进行设计的。这样设计的好处很明显，如易保证产品质量、发展通用产品品种规格等，曾使企业获得较好的经济效益。但是随着市场需求的层次化、多样化、个性化发展，传统的产品设计也越来越不适应现代化的要求，设计创新由此而生。

成功的设计离不开科学的设计导向，下面讨论基本的设计导向。

1. 产品设计的个性化导向

个性化导向的提出是时代的要求。科技的进步与普及，使市场竞争达到了同质化、同时代化阶段，即竞争对手均可提供同功能、同质量、同价格、同服务的产品。这使得消费者在大同小异、琳琅满目的商品面前比任何时候都更加“决策混乱”。消费者的购买行为已不再仅仅取决于一般地对功能的需要，同时还取决于对某个产品的综合印象和感知，即通常所说的产品个性化形象。

时代的进步，社会的发展，使得越来越多的人愿意张扬个性，显示个人“与众不同”的那一面，从这个角度来看，消费者愿意选择个性强、形象好的产品，也是合情合理的。加上经济驱使人类的层次化、等级化，也促使人们选择那种能表现人的个性，体现人的风格、素养和身份的产品。选择这种产品能给自己某种自信、荣誉感、性格、爱好等方面的满足。消费的个性化向企业提出了产品个性化的要求，企业只有满足这种要求，适应时代的发展，才能在竞争中求得生存和发展。

同类产品具有共性和个性两个方面。产品的共性包括功能、质量、结构、价格、服务、信誉等；产品的个性则是满足不同个性消费者心理需求的产品特征。产品共性部分的设计已具备了厚实的科技基础，产品个性部分的设计则取决于设计人员对产品个性的领悟，其本质是对不同个性消费者的心理需求的感悟。

一般可供考虑的个性化产品设计因素的根据如下：

(1) 显示人的成熟程度。年轻人显示青春活力，要求产品新颖、活泼、富有美感、时尚化、有风度；儿童则喜欢天真、夸张、富有生命力的产品；年轻女士对产品的色彩、造型、气味、装饰效果等方面有所偏爱；中老年人则讲究简练的线条、偏温和的造型、经久耐用、价格公道，因为中老年人注重产品的实用性。

(2) 显示个人的成就和威望。某些消费者或已取得事业的成功，或正获得事业成功的机遇，或正憧憬着事业的成功，这些人希望拥有的商品能显示其事业的成功或即将来临的成功。这类商品要求质量上乘、款式豪华、用料考究、造型精美、功能齐备，且以稀为贵，最好为“唯一”。他们往往能承受较高的或昂贵的价格，借此为荣，辅衬威望。

(3) 满足自尊心的需要。某些人偏爱一些自我清高、自我修饰的产品，这类产品要求有品位、美观、舒适、清雅，能使人增色。

(4) 满足精神的需求。某些消费者由于感情需要和精神享受需要，在要求产品新颖性的同时，还要求产品富有艺术性和感情补偿性。

(5) 提供多项功能或特定功能。在相近产品中，以多功能取胜于单功能，以特定功能取胜于普适功能。

(6) 时尚化与生活环境的适应性。个性化需求要求产品新、奇、美，这种时尚化产品的流行还应考虑尽可能地与生活环境相协调，给消费者以新颖而实用的感觉。

2. 产品设计的实用性导向

新科技可能使新产品具有新的功能、新的性能，也可能使操作更为方便，应用更舒适、更安全，也可能导致外观设计的更新。新科技对新产品开发具有强有力的推动作用。在新产品中应用新科技时，应注重新产品的实用性，即新科技的应用要恰到好处而不要哗众取宠，给消费者送去切实的消费实惠。那种冠以新科技的新产品，若产品的功能、性能等实用性并无多大改观，而以“科技含量高”为名定以令人咋舌的价格，只会导致新产品的夭折。

采用新科技的产品，对用户或顾客具有强有力的吸引力，容易激发出他们的潜在需求，因而具有广阔的市场前景。

产品的实用性是指产品整体概念中的核心层和部分有形层。产品核心层的功能对于顾客而言永远是第一位的，即顾客购买产品的目的是该产品能为他做些什么，做到什么程度。有形层中的性能、质量、使用方便与安全等则成为消费功能的有力支撑。

非艺术品类产品的实用性应在“实用”两字上狠下工夫才有可能赢得顾客和市场。例如，卡迪拉克汽车制造有限公司，曾将坎迪牌轿车缩短两英尺，结果销售受阻。为了走出困境，公司请来了2500名顾客帮助设计轿车：设计人员将顾客分成五组，让他们坐进车，不停地拨弄仪器开关、旋钮、车门把手、安全带，然后谈感受和建议。经过三年的努力，该公司于1988年6月向市场推出了崭新的德维勒牌和费利特伍牌汽车。结果产品很受欢迎，销售额猛增了36%。又如中国台湾一家以生产甘油和肥皂而闻名的公司曾推出一种柠檬皂新产品，产品被设计成椭球状，外形似凹凸不平的柠檬片，颜色也如真柠檬一致。因此，该种香皂就像一只被削了皮的柠檬，结果面市后几乎无人问津。失败的原因是实用性不好：球型肥皂与皮肤接触面小，且凹凸不平的外表有粗糙感，沾水后易滑落，一般家庭香皂盒无法装下这种椭球状的香皂。

3. 产品设计的心理导向

产品的心理功能表现为消费者可以从产品上获得感官的愉悦、积极的情绪体验和社会地位的优越感等心理感受。例如，食品的消费功能有营养、健康、口味，而心理功能有色彩、造型等；某些用品经济实惠、坚固耐用为其消费功能，而精美、新颖、品位高则为其心理功能……

对产品必须有全新的认识、全新的观念和全新的思维。这既是市场的要求，也是时代的要求。

“信息是无形的财富”、“信息是第二资源”，新产品开发者在注重收集特定的企业信息、市场信息、产品信息、技术信息及与产品有关的经济信息、政治信息的同时，还应积极收集消费者的心理信息。

对于不同种类的产品，消费者有着不同的心理期望，产品能否满足消费者的心理期望，将直接影响消费者的购买动机。

企业必须耐心细致地捕捉消费者的心理信息，从他们的言谈、举止、表情、神态甚至体态语言等，结合各自所处社会的文化、风俗习惯、民族的历史与现状，综合分析判断他们的心理期望，然后有针对性地开发生产合适的产品。

常见的心理期望如人们对天然物质用品（竹梳、瓷勺、纯棉内衣等），无香精、糖精、色素、防腐剂、少糖或无糖的食品，名牌服装，精巧的精密机床，所有的绿色产品，均存在一定程度的偏爱心理；某些消费者不仅会对某类色泽鲜艳的制品，也会对造型高雅、富含奇趣、生动活泼的制品表现出强烈的兴趣等。对于产品开发人员而言，有一点是千万不可忽略的：人们的偏好、兴趣、审美情趣等不是一成不变的，它们将随社会的进步、科技的发展、人类文明程度的提高、社会地位的提高、生活阅历的丰富、生活水平的提高而进化或改变。

4. 产品设计的灵活性导向

日本一位企业家说过：“市场就像六月的天，孩子的脸，说变就变。因此，企业要建立灵活的生产体系，快速反应。”由于消费潮流不断变化，消费个性化日趋鲜明，消费结构层次化，多元化已成格局，消费周期越来越短，无论哪种产品都不会经久不衰，大批量生产中包含着小批量、多品种、多规格、多款式。灵活生产是市场竞争的重要手段。在新产品层出不穷的今天，灵活生产的程度也是衡量企业竞争能力的重要指标之一。

企业要达到灵活生产的目的，必须有一套“快速反应”机制，这套快速反应机制应由下述五个方面有机组成：①快速掌握最新市场信息；②快速而正确的经营决策；③快速设计系统；④快速响应的生产系统；⑤高效的市场营销策划与实施。

为此，企业应建立自己的情报系统，贴近顾客，深入市场，广泛收集有关信息，快速进行整理、加工、分析和综合，从而为企业的经营决策奠定基础。

5. 产品设计的优势化导向

企业在进行产品开发时，避免用自己的劣势去与别人的优势进行竞争，应尽可能地发扬自己的长处，从而形成自己的特色。企业的优势通常表现在技术上的、资源上的、市场上的等多个方面。例如，上海阀门厂利用技术上的优势，不争低档阀门市场，为秦山核电站、上海石化总厂等国家重点工程配套开发出多种规格的高温高压阀、大口径中高档阀及安全阀，既满足了重点工程建设的需要，还有多种规格的阀可供出口，形成了鲜明的企业特色。

企业优势具有相对性、时效性，优势强弱在企业所处的外部环境和内部条件下可以相互转化，已具有的优势并不具有永久性，但只要企业善于捕捉优势，发挥优势，强化优势，优势即可延续。当优势形成拳头产品时，就形成相对稳定的优势。

企业的优势表现在人才、信息、技术、生产能力、资金、产品、市场开发能力、善于发现市场空缺与市场潜在需求以及现代化管理等方面。将这些要素紧扣新产品的开发，必将形成企业的综合优势。

6. 产品设计的民族化导向

日本一位著名人士曾说：“代表日本脸面的有两个：左脸是松下电器，右脸是丰田汽车。”说到可口可乐、柯达相机与胶卷、麦当劳、肯德基，人们很自然地将它们与美国联系在一起；说到奔驰车、皮尔卡丹，人们就会联想到德国。

优秀的产品是民族经济、民族文化、民族精神的象征，优秀的产品都具有鲜明的个性，世界欢迎具有个性的产品，市场呼唤具有个性的产品，因此，“最民族的也就是最世界的”。产品设计的民族化必须有两个明显特征：一是产品与本民族文化的高度融合；二是必须具有鲜明的个性。

我国有五千年的文明史，有56个民族，有壮丽的自然风光，陶瓷、丝绸、茶叶、酒、漆器等极富文化附加值，这是我国产品开发的物质资源与文化基础，我国产品开发应对此进行科学性、艺术性的融合。

产品的鲜明个性可分为下列四个层次：

第一，纯国粹性产品。

第二，在同类产品的功能、质量、性能等在世界范围内日益趋近的情况下，富有个性的外观设计就显得十分重要。所以，某些产品在进行外观设计时，切忌照搬照套，借鉴和融合尚在情理之中，但主要受我国民族文化熏陶的设计人员应树立本民族的自信心，充分发挥我们的聪明才智进行独立设计，形成富有个性的设计风格，这才是民族化的设计。

第三，不断强化产品的功能、质量、性能，使自己的产品能与世界水平的产品并驾齐驱。

第四，创立名牌，维护本企业与产品的声誉，逐步走向世界。产品的发展若能按这一思路一步步地发展，那么这种产品便是“最民族的”，同时“也就是最世界的”。

设计导向也是设计的原则、设计的思想，类似的思想还有环境绿色化、应用服务化等。

4.4.2 设计方法创新

1. 模块化设计

模块就像构成“魔方”的小小的六面体，也像那简单得不能再简单的10个阿拉伯数字，它可以按不同的要求，遵循一定的规律，最大限度地进行排列与组合，构成一种新的、较为复杂的多样化形式。这种按不同的要求，遵循一定规律进行排列与组合的小单元就是模块化，那些可用来进行排列与组合的个体小单元或因子就是模块。

模块按其在产品中的作用和适用范围不同可分为以下四种：

(1) 标准模块。这类模块类似于标准零部件，应用范围广，生产批量大，不受产品系列和行业的约束，如紧固件。

(2) 通用模块。这类模块适用范围具有一定的局限性，生产批量随通用程度和适用范围及产品系列、产品的变化而变化，易受行业不同的约束，总的来看生产批量还是较大的，如电动机接线板等。

(3) 相似模块。这种模块只能在某一类型的产品中通用，或在外形相同只是个别尺寸不同而加工方法完全相同或相似的一类产品中互换，因而适用范围较小，生产批量受某一类产品批量的影响较大。

（4）专用模块。这类模块即指产品中专用的部分。

由于市场需求的变化促进了产品向多样化方向发展，产品结构向多品种、小批量、高质量的方向转化，而要实现这一转化，关键在于产品设计创新。在模块化的产品中，由于组成产品的元件是模块，这就适应了多样化产品的快速设计、快速生产、快速投放市场，从而产生企业效益和社会效益。

一般模块化设计方法有积木式产品组合设计方法和矩阵分析法。

积木式产品组合设计方法是利用积木变形原理（图 4-3），使少品种零件进行多目标组合，从而产生产品多样化。积木具有可以任意组合的“适应性”，可以使产品中的标准模块、通用模块增多，专用模块减少，以利于生产制造过程中实行工夹具专用化、生产设备专用化、加工工艺方法标准化，从而达到少品种、大批量、高效率、专业化的生产加工制造、简化生产过程的目的。

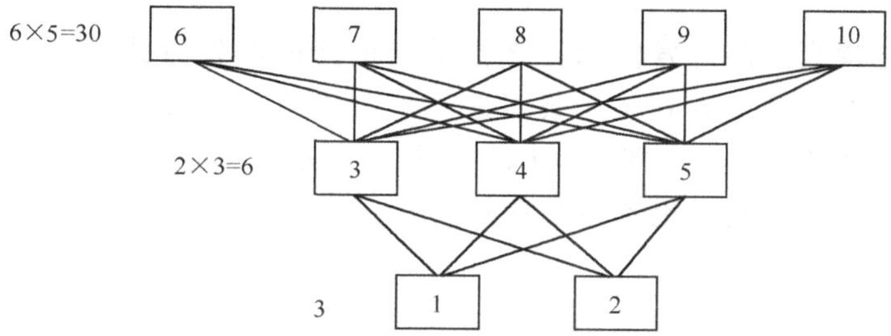

图 4-3　积木式产品组合设计方法

矩阵分析法通常用在产品更新换代时，将新老模块及开发的模块有机地排列成矩阵的形式，通过对新老模块和在开发的模块进行结构分析与研究，就其老产品的模块进行有效的继承和舍弃，将继承的有效部分重新组合于开发产品中，这样既缩短了新产品的设计周期，又提高了新产品的可靠性。

2. 计算机辅助设计

计算机辅助设计（computer aided design，CAD），是利用计算机协助设计人员完成产品设计任务的一项专门技术。它是根据设计者提出的设计方案，由计算机对设计对象的有关资料（如数据、图表、公式等）进行自动检索和运算；并通过屏幕显示样品设计模型，经过设计人员用人机对话型程序语言，对设计模型反复分析、修改、审定，找出最佳或合理的设计方案；最后由计算机自动绘制出设计图纸，并输出有关设计数据。

计算机辅助设计流程见图 4-4。现代化设计方法主要在第 9 章中详细介绍。

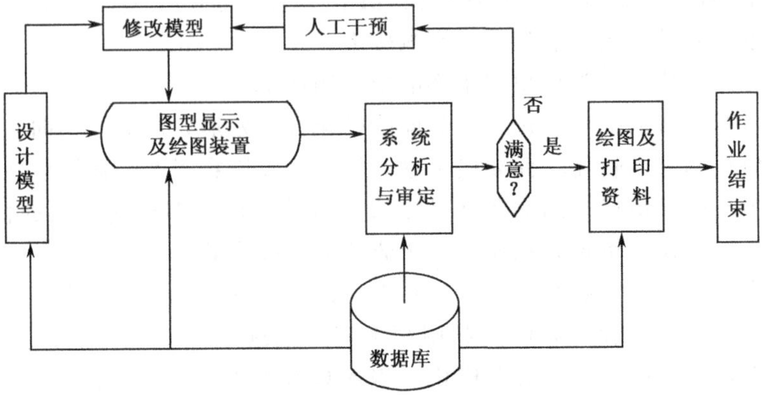

图 4-4　计算机辅助设计流程图

4.5　新产品开发的方式

企业要想提高产品开发能力，选择适当的产品开发方式是至关重要的。目前，常见的新产品开发方式按其技术来源可分为自主开发方式和非自主开发方式，其体系如图 4-5 所示。图 4-5 中的每种方式既各自独立又可以根据需要与其他方式相结合。现分别讨论各种开发方式。

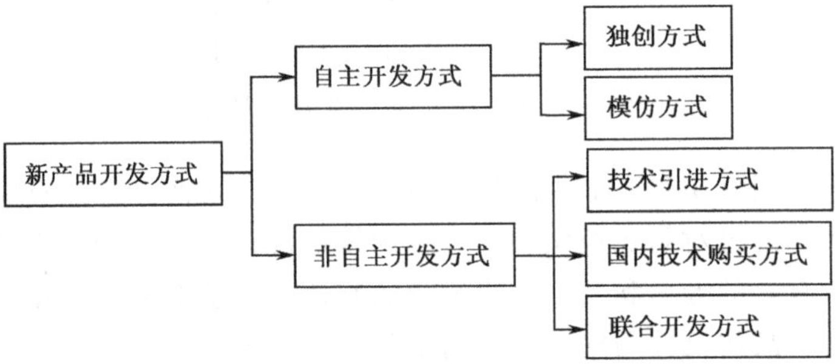

图 4-5　新产品开发方式体系示意图

4.5.1　自主开发方式

所谓自主开发方式，是指企业完全依靠自身的力量，根据国内外市场情况和用户的使用要求，或者针对现有产品存在的问题，探讨产品的原理与结构，开展有关新技术、新工艺、新材料等方面的研究，并在此基础上完成技术的商品化，获取商业利润，以实现企业预期的技术创新的目标。美国是世界上的经济和科技强国，不少科研机构和企业都重视基础研究和应用研究，采用的是自主创新模式。例如，美国 Intel 公司自 1971 年自主开发出世界上第一块微处理器 Intel

4004，到 1973 年开发出 Intel 8080，后来又相继开发出 Intel 80286、Intel 80386 及 Intel 80486 等系列产品，及至 1994 年开发出风靡全球的 Pentium 微处理器，这主要是它对掌握的微处理器的关键技术不断创新开发，使得产品技术含量不断提高并日益完善。

自主开发方式可以促进企业摆脱粗放型经营的发展道路，走以技术创新为核心的集约型发展道路；避免科技与经济两相分离的状态，提高科技成果的转化率；促进企业的技术创新能力和市场竞争能力；使得企业不再靠盲目引进、乱铺摊子求发展，而是靠有市场的产品、高质量的产品求发展；有助于企业形成自己的知识产权，生产他人难以模仿、有市场竞争力的产品，以确保企业在市场中的竞争地位。

自主开发方式可进一步分为独创方式和模仿方式。

1. 独创方式

独创方式是指企业自行研制、自行设计新产品。采用这种方式开发新产品，有利于产品的更新换代，有利于形成企业的技术优势，提高产品的独创性和企业的竞争能力。独创方式一般包括基础研究、应用研究和开发研究三种活动，如图 4-6 所示。

图 4-6　独创方式的创新过程

基础研究往往引发重大基础发现，从而奠定基于同一原理或相似原理的多种突破性产品研发的基础；应用研究是探索科学发展和新原理应用到生产实践中的可能性；开发研究具有研究周期短、实践性强、成功可能性大的特点，它可使产品在性能上、功能上都得到逐步提高，开发研究常常生成扩展性产品。这三种研究活动并不互相独立，而是相互交叉、相互联系、相互渗透的。也就是说，企业既可以在科研机构或者高等院校已有的基础研究的基础上进行应用研究和开发研究，也可以在已有的应用研究的基础上直接进行开发研究，创新出新技术或新产品。当然，如果应用研究或基础研究的成果还不能完全满足开发研究的要求，这就要求企业能够在已有的研究成果的基础上，加以改进或新的创新，从而最终开发出新产品。

2. 模仿方式

所谓模仿，是指企业通过一定的手段，合法地仿制生产创新者的产品。由于一个创新产品并不能瞬间占领一个完全意义上的市场，尤其是跨地域的占领要受到一定的时空限制，这时候，模仿者很容易进入市场。有时，模仿者也许能比原创者占领更多的市场。但是，这里的模仿方式并非完全是日常生活中人们所理解的那种简单的仿制，它应该包含着渐进的创新、对原设计的不断改进。即使是单纯的仿造，也应该在尊重原创者的知识产权和不损伤其经济利益的前提下去合法地仿造。日本被认为是世界上最大的也是最成功的模仿者。例如，录像机是美国公司的创新，但日本公司通过模仿掌握这项技术后，对产品进行了改进，使录像机性能有了很大的提高，录像机形状更便携，更易进入家庭。结果，日本的录像机产品在很大程度上占领了世界市场。当然，模仿方式之间差别亦很大，这是由模仿中的渐进创新、对原设计不断改进的程度不同而产生的差异。

模仿中，通常会涉及专利技术、技术秘密、商标、著作（含软件）等四类知识产权，模仿者不可以侵犯原创者的知识产权，但只要依相应的产权法办事，就不会构成侵权行为。

自主开发方式的主要特征有：

(1) 收益性。当今许多大企业的有序发展都归功于其强大的自主开发能力。虽然，自主开发的失败率（或者是开发不成功或者是盲目开发导致的失败）还是很高，但如成功一项，其收益往往就足以弥补其他许多失败项目给企业带来的损失。这也是一些具有自主开发能力的企业面对可能失败的风险仍然一如既往地钟情于自主开发的原因所在。当然，充分发挥企业的科学技术能力也是一个方面。而且，从长远看，企业通过自主开发而得到的发展是其他任何一种开发方式所不能比拟的。

(2) 风险性。自主开发方式的风险，有开发的风险、试制的风险、生产的风险以及销售的风险等。由于自主开发实质上是一种从未有过的发明、试验和生产活动，这就很可能在未来开发过程中的某一环节上发生意想不到的困难，甚至失败。所以，对未来的不确定性导致的风险，也是自主开发项目失败率过高的主要因素。

(3) 目的性。企业自主开发的根本目的在于取得经济效益，所以，自主开发活动必须围绕着市场需求来进行。那些只关注技术、不关注市场的行为，往往导致开发结果失败。企业必须认真处理好市场和技术的关系，以通过满足市场需求来获取经济效益。

(4) 系统性。自主开发是产品开发各种方式中最为复杂的一种方式，它是一个涉及多个方面、多个过程的系统性活动。它要求企业内外环境相适应，企业内各个部门相协调，各种适当的时机相配合，只有这样才能使企业的自主开发目标得以实现。

4.5.2 非自主开发方式

非自主开发方式是相对于自主开发方式而言的，其主要有以下几种形式：一是技术引进方式，即通过购买国外先进技术来开发新产品；二是国内技术购买方式，即通过技术市场，从国内科研机构、高等院校或民间技术人员等处购买技术来开发新产品；三是联合开发方式，即与国内外科研机构或高等院校合作，或者与其他国内外企业合作来开发新产品。

1. 技术引进

技术引进是开发新产品的一种常用方法。它是通过引进国外现有的、成熟的应用技术来实现新产品开发，是发展新产品的一条有效途径。技术引进多半是引进专有技术，其中往往包括产品设计、制造工艺、测试方法，以及必要的设备等。企业采用这种方式可以很快地掌握新产品制造技术，减少研制经费和投入的技术力量，从而争取时间，缩短与国际先进水平企业的差距。但是，企业引进技术必须注意加以消化、吸收，只有经过消化、吸收以后的技术，才能在本企业真正生根，并且加以综合、创新，建立和纳入本企业的技术系统。因此，对于引进或转移的新技术，同样也存在着技术的继续开发问题。

另外，一般来说，引进的技术绝大部分都是国外企业已经采用的技术，由此技术生成的产品已占领一定的市场，并且引进时还经常带有种种限制条件。因此，企业不宜把新产品开发长期建立在技术引进的基础上，而应该依靠技术进步的内在动力，利用引进技术，加强企业自己的技术力量，以此承担起企业技术创新和新产品开发的重任。

通常，技术引进的创新过程如图 4-7 所示。在这个创新过程中，实际上有三个子过程，见图 4-8。

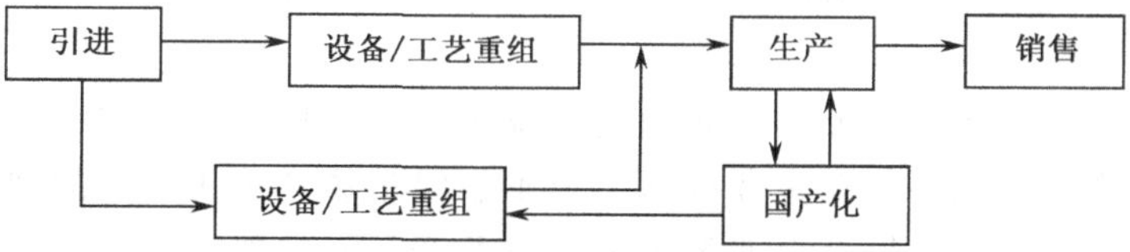

图 4-7　技术引进的创新过程

(a) 模仿创新的过程

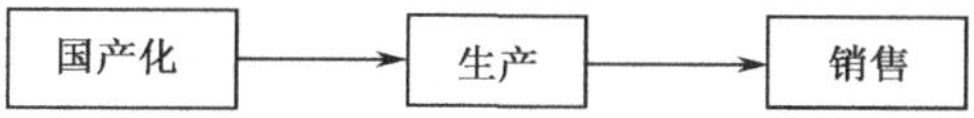

(b) 创造性模仿的过程

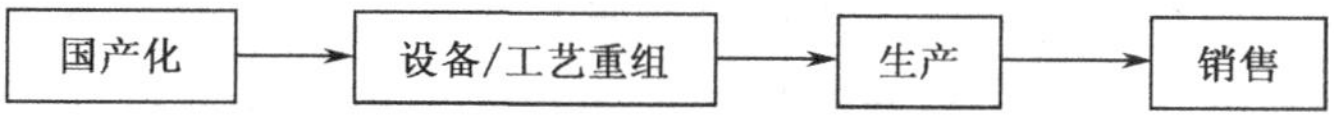

(c) 改进性创新的过程

图 4-8　技术引进创新过程的子过程

(1) 模仿创新的过程。这是指企业对引进技术和产品的消化吸收，在此基础上加以改进和提高，从而开发生产自己的产品，故又称模仿创新。例如，万宝电器集团通过解剖引进的冰箱生产线，并加以消化和吸收，结果从引进全套生产线到只引进关键设备，进而自己设计制造性能优异和价格低廉的冰箱生产线出口。

(2) 创造性模仿的过程。这个过程是实施引进技术的“国产化”过程，所谓“国产化”，就是消化并吸收引进技术。在国产化的过程中，企业已有技术结构与引进技术结构的相互适应和融合是关键，并由此成为具有新质的技术结构。

(3) 改进性创新的过程。在这个过程中，引进方对引进技术进行“功能性理解”，扩大引进技术的应用领域，并且充分利用其“技术机会”进行引进产品新功能的开发，这就是“二次创新”的真正含义。值得指出的是，设计原理的掌握和研究开发能力的形成是改进性创新过程的核心，对核心问题的把握直接影响“二次创新”的进展程度，而技术母国一般是不愿意向引进方转让被引进技术的原理与技巧的。

2. 国内技术购买

这是通过向国内技术市场购买技术来进行新产品开发，它与技术引进方式的主要区别在于技术出售者是国内科研机构、高等院校、工业企业、技术贸易机构，以及民间技术拥有者等。

目前，我国技术交易活动的主要形式有技术交易会、招标会、洽谈会、信息发布会、科技集市等。

国内技术购买可以充分利用我国高等院校和科研机构以及现在越来越多的民间研究机构的技术优势，在企业技术实力不强但市场竞争压力大的情况下，采取这种方式，往往能快速提高企业技术创新以及产品开发的水平和速度。与技术引进相比，此种方式所需的费用较低，因此具有很大的开发潜力。但是，由于目前我国技术交易市场发展不成熟、技术的价值难以测评、技术市场管理的相应法律法规不完善、技术转让利益分配不当等使得一些技术交易行为不够规范而导致交易失败。但不管怎样，这种方式仍然是提升国力的一个最有效的策略。

3. 联合开发方式

市场经济的迅速发展，市场需求的不断变化，促使企业必须持续不断地开发出适合市场需求的新产品。但是，面对动荡的市场或者一些较大规模的技术项目，有时候单凭一个企业的力量，往往难以承担在资金、技术、管理、人才、时间等方面的全部要求。而且产品开发是一个涉及多个环节的过程，企业也不可能在所有环节上都有很强的能力。即使是涉足经营领域较广的企业，也不可能在所有产品领域都具有优势。在这种情况下，进行技术创新、产品开发的产学研合作、企业之间的合作，尤其是国际合作就显得非常必要了。

目前，联合开发的趋势越来越强，合作的形式也越来越多，如图 4-9 所示。

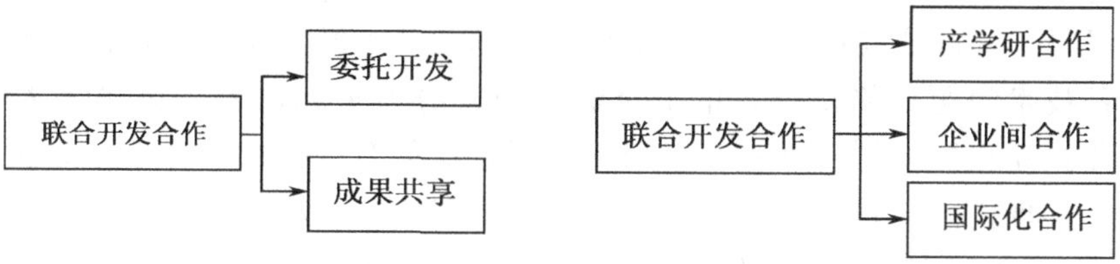

图 4-9　联合开发方式示意图

按联合开发合作的形式来分类，可分为委托开发型和成果共享型。

委托开发型：企业委托有开发能力的团体（通常是科研所或者高校）在一定时间内开发出满足市场需求及企业要求的新技术或新产品，然后企业通过购买或其他付酬方式，获得其所有权。企业再组织生产，销售收入归企业所有。

成果共享型：企业提供全部或部分资金给被委托者进行技术创新或产品开发，企业也可以出部分科技人员参与研究。研究成果共同拥有，销售收入共同分成。

按联合开发合作的主体来分类，可分为产学研合作、企业间合作、国际化合作。

（1）产学研合作。这是指在技术创新过程中，企业与高等院校和研究所在风险共担、利益共享、优势互补、共同发展的原则下进行的合作。一般合作内容是合作研究、合作开发、共建新企业等。这种方式既有利于企业借助科研开发实力很强的高等院校或科研单位的力量来提高企业的技术创新和产品开发的水平，又有助于高等院校或科研机构利用企业的规模生产和销售网络优势而使自己的科研成果尽快商业化。

（2）企业间合作。由于信息技术的完善、产品生命周期的缩短、创新成本的增加、创新所伴随的高风险等因素推动了企业之间的创新开发合作，甚至原本是竞争对手的企业也在激烈的市场竞争中寻求合作。这种合作多是优势互补的企业之间的联合开发（如强-强合作），主要是分担技术创新：产品开发的风险，加快创新和开发的速度，扩大市场份额，提高经济效益。如摩托罗拉-东芝的联盟，摩托罗拉以半导体技术来换取日本的市场份额。

（3）国际化合作。是指企业在国外建立科研开发创新机构，利用所在国的科研技术力量、人才优势实现创新，并实行科技成果共享，以提高创新能力和市场竞争能力的创新。国际化创新在西方发达国家日益盛行，并取得了良好的经济效益和社会效益。

在日本还一直流行着政府与企业的合作，这被西方商人称作“日本国家公司”。政府与企业和学府的联合曾经使日本经济度过了种种危机，这就是日本的“产、学、官”模式。今天，政府参与协调行业内以及跨行业的合作也被欧洲、中国效仿，在一些方面还取得了一定的成功。

进行合作创新，可以充分发挥各自优势，实现资源共享，缩短创新周期，降低创新风险，提高成功率。当前，全球性技术竞争不断加剧，企业技术创新活动中的各种技术问题日趋复杂，单个企业依赖自身力量无法解决诸多重大技术难题，因此，建立国家创新体系，采用产学研合作创新的模式，合理分配和使用技术资源，实现优势互补、成果共享，是必然的趋势。

自 1970 年合作技术创新出现以来，日本、美国、欧洲的各大公司纷纷效法且已创造了不少成功的典型。例如，日本的超大规模集成电路合作创新，简称 VLSI（very large scale integrator）合作创新，以及美国的微电子与计算机技术公司进行的技术合作创新（简称 MCC 合作创新），都取得了举世瞩目的创新成果和经济效益。

4.5.3 自主与非自主相结合的开发方式

企业要在市场中发展，就要坚持自主与非自主开发方式相结合，不断增强企业自主开发能力的开发方针。为此，可以从以下几个方面入手。

1. 尽快增强企业的自主开发能力

发达国家的经验表明，在激烈的市场竞争中，企业若想立于不败之地，必须建立起具有较高水平和能力的开发机构，这样才能增强企业的新产品开发能力。目前我国工业企业的技术力量还很薄弱，应该采取一些有效措施来加强企业技术开发机构的力度。比如，产品开发类研究单位可以整体或部分进入具有雄厚实力的大型企业；企业自己也可以通过集中、引进、培养优秀技术人才，充实试验、测试手段，增添试验设备，来对企业现有的技术开发机构进行重组，逐步建立企业技术中心，增强企业的开发能力。

需要注意的是，提倡增强企业的自主开发能力，并不意味着企业一定要完全依靠自己的力量。产品开发的每种方式之间并不互相排斥。企业要善于将各种开发方式有机地结合起来，不断地促进企业综合开发能力的提高。

2. 完善技术引进的措施

实践证明，通过引进国外先进技术，我国无论在产品的品种、产品的质量、设备的更新、劳动生产率的提高，还是在加快企业技术进步的步伐、增强国民经济的实力、满足市场不断出现的新需求等诸方面，都取得了显著的效果。因此，继续引进国外先进技术，提高企业的技术水平起点，是企业技术进步和发展的一个重要策略。

但是，技术引进不同于一般的商品贸易，它的目的不仅是获得某些现实生产力，也不仅仅是为了获取某些自身尚未掌握的新技术，而是为了从根本上提高本国、本企业的技术水平，增强竞争能力，从而提高经济效益，促进经济发展。如果没有这种意识，技术引进就不可能取得真正的成功，也就摆脱不了“引进、引进、再引进”的现象。而技术引进费用的代价通常是很大的，被引进的技术也往往不能一劳永逸。纵观各国技术引进的成功范例，大多都是比较好地处理了技术引进与消化、吸收、创新的关系。在世界各国，第二次世界大战后技术引进规模最大、范围最广、项目最多、消化吸收与创新最好、收益最大的当数日本，表4-3是日本技术贸易额的变化，表中括号里的数值表示1979年日本所签订的购买专利合同的第一年支付额。从表4-3中可见，日本引进技术与输出技术价值比从20世纪50年代的119∶1降至70年代末的1.81∶1，而且该年度的第一年专利支付额的比值为0.51∶1。由此可见，日本已从一个技术进口大国逐步变成技术出口国。

表4-3　日本技术进出口变化

年份	进口/10亿日元	出口/10亿日元	进出口价值比
1955	11.9	0.1	119∶1
1960	34.2	0.8	42.75∶1
1965	60.1	6.1	9.85∶1
1970	55.9	21.2	2.64∶1
1974	159.8	57.1	2.81∶1
1979	240.9 (26.8)	133.2 (52.1)	1.81∶1 (0.51∶1)

资料来源：项浙学．企业技术进步．北京：企业管理出版社，1989

因此，技术引进的关键是对引进技术的消化吸收。但是，如果这个消化吸收仅仅停留在掌握已有技术、提高国产化率的低层次上，而没有上升到形成自主开发与技术创新能力上来的话，是不可能缩短与工业发达国家之间的差距的，更不可能在市场竞争（尤其是国际市场竞争）中掌握主动权。为了更有利于对引进技术的消化、吸收、创新，就需要采取切实有效的措施，进一步完善技术引进。比如，加强对引进技术的管理，严格控制低水平重复引进现象的发生。尤其要加强对重大引进技术项目的组织领导和分类指导，确定消化吸收的工作目标和侧重点；实行“稳步引进”的方针，这有利于认真、仔细地消化吸收引进技术；加强企业与其他有科研实力的单位（如高校或科研院所或与本企业有技术互补的企业）的合作，以保证有消化吸收引进技术所需要的技术人才；企业和政府有关部门都应努力筹措资金，解决技术引进的消化吸收费用，这是开展消化吸收引进技术的必要条件。

3. 加大培养技术市场的力度

目前在我国，技术市场已成为技术力量雄厚的高等院校和科研院所向工业企业尤其是技术力量比较薄弱的中小型企业进行技术扩散的重要渠道。因此，有关部门应采取积极措施继续大力发展技术市场，消除影响技术市场发展的各种不利因素。

在这里，买卖技术的成熟程度、经济技术一体化的水平高低、知识产权转让的多少等诸多问题都直接影响了技术市场的发展。

4. 积极推进产学研合作

产学研联合体通常是以企业为主体，这是开发能够有明确的应用目标、能够有持续的投入支持的根本保证。这个联合体的各方可以共同投资，组建新型的科研生产一体化企业，形成一个产权清晰、风险共担、利益分成规范的新型实体。也可以使产品开发类研究所进入大型企业集团，从而使产研双方均获“新生”，既缓解研究所科研资金匮乏的困境，又有效地解决了企业开发力量较为薄弱的难题。开发的主要领域是瞄准有新产品、新市场的新技术，最现实的目标是市场上有较大的需求潜力、生产技术上有较大难点的新产品开发和老产品改进。另外，建立一个社会化的技术支持系统在今天这样的中小型企业众多、企业技术力量普遍薄弱的状况下也是非常重要的。因为，大量的工业企业，尤其是中小型企业需要技术力量的扶持，有必要建立、健全一系列的技术服务、技术中介、技术推广结构组成的网络化科技服务产业，来从事技术开发、推广、检测、咨询、培训、信息服务等活动。

5. 充分利用各种非自主开发方式，有效增强企业的自主开发能力

前面探讨了多种加强企业非自主开发方式的措施，如正确引导技术引进，完善发展技术市场，进一步促进产学研合作等，所有这一切，目的都在于有效地增强企业的自主开发能力。目前，我国工业企业技术力量普遍较弱，企业自主开发能力也较低，在这种情况下，就特别需要借助于非自主开发方式来提高企业的开发能力，逐步建立起企业内部的研究开发机构，完成从技术开发到生产、销售一条龙的组织结构，缩短从市场到技术开发之间的距离，减少环节，使企业的科研力量真正成为带动企业生产经营的先导力量，推动企业产品不断升级换代，成为产品开发的主体，使我国成为一个经济技术一体化水平较高的国家，实现经济增长方式的根本转变。

当然，即使企业的自主开发能力水平较高，那些非自主开发方式也是需要的，因为再强的企业也不可能在所有的技术领域上都是一流的，所以不必排斥已有的先进技术，更不必去搞重复研究，而是应该通过必要的非自主开发方式，提高自己在该领域的技术水平，进而在此基础上开发出技术水平更高的成果，进一步增强企业的自主开发能力。所以，无论是现在还是将来，工业企业都应坚持自主与非自主开发方式相结合，以此增强企业自主开发的能力。

4.6 新产品创意源泉

4.6.1 创意的产生

在许多人的眼中，创意的来临不可捉摸，经常带有神秘的色彩，因此有人把

创意归为不可测量、不可预期、不可信赖的东西，也有人因创意具有断续的不连贯的特性，把构思称为“点子”。但心理学家认为，创意虽然以“灵光一现”的方式产生，但在此之前仍然存在一个漫长的酝酿过程，为此产生了许多从不同角度来阐述创意产生的理论。归纳起来，有以下三类观点。

1. 创意源自灵感

创意源自灵感，尽管工艺灵感产生的机制尚处于研究之中，但其存在已毋庸置疑，因为科学家、发明家、艺术家、音乐家、杰出的工程技术人才、能工巧匠等都凿言它的存在，并且总结它、歌颂它，科技发展的史实也并没有否认它。科学大师爱因斯坦说过：“我相信直觉和灵感。”我国科学之星钱学森曾积极倡议要创立一门“灵感学”。

人们通过视、听、触、味、嗅、直觉而感知客观事物，并由对其本质的认识而成为知识；掌握了一定量的知识并能融会贯通地应用它便有了一定的能力，但这是一种缺乏创造性的能力。因为这一过程中仅用到脑中的印象、知识和运用印象、知识的能力这些功能，而没有用到人脑的创造性功能。

人脑的意识与潜意识分别存在中枢，而且存在多个“信息加工中心”，它们都在默默地工作着，随着信息的不断积累、完善及其加工，潜意识中枢便会在某一时刻向意识输出一种抉择，这种抉择不属于知识范畴，而是一种智慧闪光。它可能成为一条定理、一种科学假设、一张宏伟蓝图、一个重要启示、一把打开关键之门的钥匙、一个新产品概念的创意……这种智慧闪光即所谓的灵感或灵感思维。

要想获得新产品的创意，捕捉灵感是十分关键的，要想成功地获得灵感，必须对灵感的特征有足够的了解。灵感具有以下特征：

（1）灵感思维具有鲜明的创造性。它既是发明创造的起点，又是随后从事发明创造的动力。灵感思维既不属“天赐”，也不是人脑所固有的，而是人脑特有的创造性所致。虽然计算机的记忆、运算、知识存储的准确性功能可能超过人类的大脑，但计算机却没有人类之脑暴发灵感思维的功能。

灵感思维的创造性是区别于印象、概念、推理及处理常规事务能力的显著标志。创造性思维必然成为发明创造工作的起点，而发明创造工作是最令人振奋的工作，这是不言而喻的。

（2）灵感思维具有突发性。灵感思维不属于正常的意识思维序列，它涌现于意识，并具有突发性。它可能出现在散步时、闲谈中、上下班途中、工作时、睡梦中等，人们不能预知其在何时涌现于意识。例如，阿基米德找到鉴别皇冠是否为纯金制作并随后发明了浮力定律的灵感暴发于他的一只脚刚跨进澡盆时；爱因斯坦创造狭义相对论的灵感暴发于“苦苦折磨他的这个问题使他感到绝望”而躺在黑暗中的床上时；李四光创造地应力理论的灵感产生于他与女儿闲谈论及牛顿及作用力时……

(3) 灵感思维具有一瞬即逝性与可捕捉性。灵感思维突然出现，又会迅速消失。其持续时间与灵感暴发的强度有关：若弱，则可能在几乎不察觉的状态下立即隐去；若强，则持续时间亦稍长，但总的说来，灵感出现于“一瞬间”，若不及时捕捉，一瞬间便消失殆尽。

灵感思维虽然一瞬即逝，但人们只要善于捕捉，是完全可以捕捉到的。所谓善于捕捉，是指立即将涌现于意识的灵感记录于纸端。倘若你正在行走的路上，而身边又没有纸和笔，你不妨把灵感的内容一边整理一边朗诵出来，当你一有纸和笔就把它记录下来。假如你围绕刚捕获的灵感立即展开工作，会有意想不到的效果：“万像横集”或“文思如潮”。

(4) 灵感思维往往需要在外界某种条件（一般为症结问题的相似物）触发下暴发。如某人思考某一问题，百思不得其解，当受到外界某一相似物的触发时，便会豁然开朗，问题也就迎刃而解。相似物的触发作用是加速灵感暴发的有效条件，但不是产生灵感的必要条件。

一般而言，思维应力越大（作出了巨大的努力尚无成功迹象，因而感到绝望），灵感的成果就越大，捕捉得越彻底，则身心的愉悦感就越强烈。这种愉悦感将敦促你夜以继日地工作，因为你将有无穷的兴趣将那横集的万像变成宏伟的蓝图，或将那如潮的文思变成华丽的文章。

灵感是创造力的效应，它可能启示发明创造的起点，也可能提供克服关键难题的思路或方法，但捕捉到灵感后绝不等于最终的成功。爱迪生认为，成功乃是“百分之一的灵感加上百分之九十九的汗水”。这位发明巨匠总结出的切身体验像他留于后世的1300多项发明创造一样造福于人类。

2. 魔岛理论

魔岛理论认为创意的产生如同魔岛的产生一般，令古代水手大感神奇的魔岛实际上是珊瑚岛，经过长年累月的水下累积，在某一夜突然大面积升出海面。因此，魔岛理论的提出者认为，无论何种构思都是知识或经验经过孕育才得到的结果，如果没有前期的设定目标、环境分析、信息搜集等工作及设计者以前的经验累积，构思根本无从谈起。因此，每个从事产品开发的人完全不必为自己缺乏构思而感到苦恼，只要加强日常的积累，构思就会产生。但魔岛理论只可解释创造性的构思，对于模仿性的构思、改良性的构思、拼凑式的构思的产生则难以解释。此外，魔岛理论对于为何有些学识渊博的学者缺乏构思，而有的未受过太多教育的普通人却充满构思也是无法解释。

3. 天才理论

有人把构思的产生视为“天才”的专利，而在现实中确实存在这样一些人，他们特别聪明，不甚费力便能学会许多复杂的知识和技能，他们随口提出的构思比一般人费尽心机才得到的方案不知高出多少倍。如达·芬奇除绘画外，还留下了无数超越时代的创意，如直升机、潜水艇、机枪等，其构思才能几乎无人能及。但值得注意的是，尽管历史上出现的天才从个人而言对社会的贡献较大，但社会的进步却很少依赖天才的出现。因为天才很少，且天才的构思又无法预测、无法组织、无法系统化。况且，不勤奋的“天才”未必有多大作为。因此，任何组织都不能将天才构思纳入计划中去，对企业而言，不能把产品开发计划寄希望于某个天才的出现。

综上所述，以上三种理论观点虽各有一定的道理，但未必完全正确。天资比较聪慧、知识较为丰富，尽管可以促进构思产生，但并不是最关键的因素。构思有其自身规律，构思的方法也是客观存在的，只要真正地掌握了制造构思的基本规律，抓住了影响构思产生的各个因素，就能掌握打开“产品开发”的钥匙，就能源源不断地制造出产品开发的构思来。构思并不神秘，事物是辩证的，深奥的哲理往往存在于最简单的事物中，构思的基本规律就在于打破传统的观念，用辩证、联系、运动的思维方式去联系、假设、创造，以求找到新的意境。概括地说，构思的本质就在于打破常规。

4.6.2 影响创意产生的因素

影响创意的因素可归纳为以下几个方面：

(1) 动机是产生构思的前提。要产生创意，人们在主观上首先必须要有一个动机，这是任何构思的产生都离不开的一个必不可少的前提条件。作为产品开发的最初创意者，都是从希望解决已感觉到现有产品的不方便性或某种需求未得到有效满足时开始的。例如，为了更有效地满足旅客的饮食需要，创造出了方便面。

(2) 知识、经验与智商是产生创意的基础。专业理论知识、其他学科专业理论知识、由工作经历所形成的实践经验以及相关环境信息的积累，是产生创意的重要基础，这也是为什么创意者大多数为受过良好教育人员的根本原因。智商水平是产生创意的另一项重要基础，反应迟钝、墨守成规、书生气十足的人是不可能有什么创意的。

(3) 掌握创意方法、技巧是产生创意的关键。在同样的条件下，创意者是否能够灵活地、熟练地运用创意方法，将对创意的产生起着决定性的影响，这是创意成功与否的关键所在。可以说，掌握了创意方法，有时不必苦思冥想，也会产生极佳的创意，达到事半功倍的效果。

4.6.3 创意的一般方法

真正好的构思来源于灵感、勤奋和技术。一些创造性的技术正在被用于帮助个人和集体产生好的新产品构思。常用的技术主要包括属性分析法、需求分析法等。这些技术并没有优劣之分，还常常是多种技术混合在一起使用。

1. 属性分析法

属性分析法是指将企业某种新产品的属性一一列出，然后寻求改进其中一处或几处属性的方法，从而改良这种产品。不同类型的属性产生不同的属性分析方法。

(1) 多方面分析法。该方法是由美国内布拉斯加大学的教授罗伯特·P. 克劳福德最早提出来的。这种方法罗列出了某种产品的所有物理属性，如制造原料、装配加工方法及零部件的大小、形状等，所以被称作“属性罗列”。创造性就由这种属性的简单罗列所激发，提出如“为什么要这样呢”和“如何能把它改变一下呢”这样的问题。比如说，对于一台计算机，我们可以列出它的每一个组成部分，如显示器、机箱、键盘等；还可以罗列出所有组成部分的属性，如质量、性能、颜色等。这种属性的简单罗列往往是激发新产品开发人员创造性思想的火花来源。

多方面分析法被一些企业用来进行每年的产品系列审查。企业以属性表为依据来比较自己和竞争对手的产品。发现的缺陷将成为产品改进的方向，发现的优势将变为扩大销售的潜在机会。工程师们一方面利用多方面分析法列出产品组成部分的属性，另一方面对每一属性进行价值分析。诸如改变某一属性能否降低产品成本，或者调整属性以提升产品的价值。

(2) 功能分析法。产品功能是一种重要的产品要素，不同的产品具有不同的产品功能或用途，一种产品的功能和用途，就是这种产品的使用价值，它是决定产品市场需求量的关键因素之一。因此，在进行新产品构思时，只要能够使一种产品具有新的功能或用途，或使一种产品功能的完好程度不同（如电视机有黑白与彩色、普通与高清晰度之分），或使同一种产品用途范围的宽窄不同（如载货吨位不同的货车及载客人数不同的客车等），就意味着实现了产品创新。

实现产品功能创新的方式有三种：增加现有产品功能；减少现有产品功能；改变现有产品功能的市场定位（如将视为交通工具的自行车的功能定义为竞赛、娱乐）。

(3) 效用分析法。效用与功能是相区别的，如骑行、降速、拐弯等是自行车的功能，而运输、娱乐、锻炼、刺激性等则为自行车的效用。不同的消费者由于统计性因素等方面的原因，同一产品提供给他们的效用是有一定差异的。在我国，自行车是居民的一种主要交通工具，而在“车辆文化”充分发达的美国，它提供给人们的效用主要有锻炼、刺激、环境保护、个性等。这就要求新产品开发人员根据目标市场的特点，通过调查研究来把握某一产品所能提供给消费者的主要效用，通过增加或减少效用来开发新产品。

(4) 使用分析法。即通过罗列消费者使用某产品的各种方式来产生新的构思。一些企业，如3M公司现在的许多产品就是通过花费大量财力去询问消费者使用它们产品新的和不同的方法来开发成功的。在日常生活里，人们常把自行车用来上学、带人、展示、比赛、上班等。每一项用途就是一种新产品的构思。当然，消费者调查工作并不是必须进行的，因为大多数产品制造者能够凭经验就列出很长的使用情况表。

（5）检查表法。即通过了解问题的表格形式来检查已有产品，以便提出新的构思。使用最广泛的检查表是由著名管理专家奥斯本（Osborn）设计的，具体内容参见表 4-4。

表 4-4 问题检查表

问题项目	是	否
是否采用它？		
是否有类似的东西？		
是否改进它？		
可否增加些什么？		
可否减少些什么？		
可否颠倒？		
是否能将它与什么结合？		
是否能重新组合？		

资料来源：韦箐．营销前沿：产品开发与设计．北京：经济管理出版社，2000

根据表 4-4，如果答案是肯定的，则表明现有产品可以按此思路进行改进，在改进时要考虑目标市场上消费者的需求特征，不能闭门造车。从检查表中，人们可以产生许多潜在的新产品设想，不过大多数靠这种方法得到的设想没什么用处，并要在选择不同设想上花费大量时间和精力。这种方法经常与其他方法结合起来使用，特别是一些群体创造力方法。

（6）模拟产品实验法。模拟产品实验法实际上是一种心理投影方法，即将新、老产品混在一起，让消费者根据自己的需求和以往的经验判断哪些是新产品。它实际上是对还没有上市的新产品进行评价，以预测新产品被目标市场上的消费者接受的程度。在实验的过程中，消费者一般会注意到新产品的特点，即“新”之处，因为喜新厌旧是人的通病。

（7）独特性能分析法。在技术领域里还有一种分析独特性能的有价值的方法，这种方法要求开发者去寻求产品或材料的独特性能，并且要在目前的市场中完成。

（8）缺点罗列法。在明确了一种产品或一条生产线（企业自己的或竞争对手的）的所有缺点后，竞争机会就能找到。这种原始的防范方法能够进行生产线扩展或派生出其他产品来。

（9）致命缺点分析法。致命缺点分析法也称唯一缺点分析法，即将缺点罗列法中所列出的缺点逐一分析，一般性的缺点逐一排除，只剩下一两个主要缺点。

对主要缺点的纠正就是新产品构思的来源。需要说明的是，主要缺点是指会影响产品的生命周期，或者会动摇企业的竞争基础的缺点，因为竞争对手利用该缺点就可能夺取本企业的市场。例如，电动车的瓶颈是电池、电池的质量问题和电池的充电问题。也正因此，阻碍了电动车产业的发展。如果电池问题得以解决，对企业来说无疑是一种竞争优势。

2. 需求分析法

这类方法的注意力集中在需求上，通过研究使用某类产品的企业或个人获得启示。

1）需求的类型

在卖方市场的条件下，把发明出来的新产品推向市场是新产品开发的一贯做法，但今天，绝大多数的市场是买方市场，有见识的管理者都是要先弄清消费者的需求，然后用一种系统性的方法去满足这种需求。但市场需求变化多端，纷繁复杂，企业在进行新产品构思时，需要针对不同的需求开发新产品。一般把市场需求划分为四类：

(1) 特定需求。这是指容易表述、能为大多数人接受并且适用大多数人的需求。如针对大家对信息移动存储的需求，人类发明了磁盘。特定需求很可能事先或在开发过程中被发现，也可能很容易地从外部找到满足需求的办法。

(2) 模糊需求。人类需求很难定义，同样也很难研究。它是一种事实存在的，却因其难以琢磨而无法定位或定义的需求。模糊需求常常发生在环境出现难以接受的变化时，决策者已经知道应该避免什么却还不知道想要什么的时候。因此，满足模糊需求的新产品发明在很大程度上依赖于灵感和直觉，并且要让顾客在新产品上市的时候积极试用。

(3) 订制需求。此需求主体为某个特定的组织或个人，往往是一种很直接的需求。其特点是：按顾客的愿望增加或删除产品的某些性能而不必对核心部分作出很大改动，从而改进整体产品。针对订制需求而开发的新产品在诞生伊始就要由专业售货员为每个用户或用户群提供个别服务。

(4) 变动需求。这指消费者的需求随时会因某种或某些主、客观因素的改变而发生变动。要满足变动需求对大多数企业来说是一件很困难的事，针对这种需求开发的产品也必须是有使用价值的，并要求专业人员为每个用户或用户群提供个别服务。

2）针对需求不同而进行的新产品构思的方法

(1) 组成表法。新产品开发者需要设法把某一类产品能够满足的需求全部列出来，但在罗列这些需求时他们常常会发现许多以前所未知的需求。组成表就是一张包含了产品满足需求所有方式的格子，它能使我们看到现有产品的各种变动是如何更有效地满足这些需求的。

(2) 问题分析法。这是新产品开发过程中应用最广泛的一种方法，它是以研究用户在使用产品中遇到的问题为基础，并以此为创新点。问题分析法的主要步骤为：第一步，确定所要研究的产品或活动类别，确定新产品开发活动的大致范围；第二步，识别此类产品的需求类型，因为产品的主要消费者对问题最清楚，而且他们也是大多数市场中最大的潜在消费者；第三步，从主要消费者中收集与产品相关的问题，即问题的调查阶段；第四步，对收集的问题进行分析，如每一问题导致的不良后果、问题出现的频率、用户所知的目前可用的解决方法。常用的发现问题的方法有专家意见法、用户调查问卷法、保修记录法。在实际应用中，常常是将这几种方法结合使用，以获得最广泛、最有创意的用户需求，作为产品创新的创新点。

（2）激发以需求为基础的产品创意。在界定了目标需求和分析了从消费者中收集的问题之后，负责新产品开发的机构就可以到公司外部寻找解决问题的方法，也可以在组织内部获得新的产品创意。小组成员可就问题清单中的一个或两个方案表决，并在此基础上采用逆转创新技巧获得新产品创意。

逆转需求构思技巧的特点是从需求的对立面去进行新产品构思。例如，观察到的需求为：日光浴者需要一种有效的便捷式挡风用具。这一需求的第一个反面是日光浴者不需要向身上吹冷风的产品。这一反面设想给我们指明了新产品开发中要避免的事宜。同时，还存在着第二个反面，我们可以作出日光浴者可能喜欢产生微风的机器这一推断。采用逆转的构思技巧，新产品设想很容易获得，同时，我们还可以用类比方法来延伸这一技巧。我们可以提问：这个问题与什么问题相似？类似问题在其他环境中是如何解决的？即使类比并不直接，它也能给创新构思增加价值，并且，在另一种模式中重新构建问题的框架往往能带来实现突破的灵感。

4.6.4 群体的创造力

群体的创造力之所以重要，就在于集体的智慧一定大于个人的智慧。由于市场需求变化多端，企业面对的问题就越来越多，充分发挥集体的力量就显得越来越重要。

在新产品开发过程中，使用最多的方法是头脑风暴法，几乎所有其他的群体构思法都是建立在头脑风暴法的基础上的。虽然各种方法之间存在着一些不同点，但它们都有一个共同的核心思想：某个人提出一种设想，其他人对此作出反应。各种方法的差异就在于提出设想和作出反应的方式不同。

1. 头脑风暴法

头脑风暴法是在1957年由英国的心理学家奥斯本提出的。所谓的头脑风暴法，是指主持人提出待解决的问题，鼓励群体成员尽量多地提出新颖创见，而不允许互相批评。其基本的思路是：针对要解决的问题，召集6～12人的小型会议，与会者按一定的步骤和要求，在轻松融洽的气氛中敞开思想，各抒己见，自由联想，互相激励和启发，使创造性的思想火花产生共鸣和撞击，引起连锁反应，从而导致大量新设想的产生。自诞生以来，头脑风暴法在世界各处传播。它几乎被世界上所有的大公司所使用，慈善机构、政府组织也对这种方法赞不绝口。使用这种方法，人们发现了解决问题的新方法和创造提升企业和自己事业的新机会。

2. 集思广益法

集思广益法是将我国开调查会的习惯做法与头脑风暴法等方法加以综合后形成的。采用集思广益法的小组由几名有经验的人员组成，其中有一名主持人，主持人需头脑清晰、思维敏捷、善于诱导，并对讨论话题有所准备。与会者对事先的各种设想方案进行分析、归纳、评价，从优选择，获取创造性方案。方案选择后，为便于决策，还可以进行专家测评。

3. 专家调查法

在此法中，对有学识背景、有经历和经验的专家征询意见。其中，德尔菲法最著名。

4.6.5 创意的培养

新产品开发中的创意具有十分重要的意义。富有创意的新产品令人折服，富含某种消费功能且富有创意的新产品能极大地激起消费者的购买欲，从而迅速地打开市场局面、占领市场，同时使企业获取丰厚的利润。心理学认为，创意普遍存在于每一个人身上，只要努力锻炼，就能把创意开发至无限。创意的方法可以经教育、训练而获得。

创意的方法其本质为激发灵感的方法，亦即向脑中增加思维能量，激励意识与潜意识有关中枢与相关信息系统，促进信息加工，从而加速灵感的暴发。

常用的创意方法有以下几种。

1. 天天动脑法

全世界 IBM 管理人员的办公桌上，都会摆着一块刻有“THINK”的金属板，目的就是要该公司的管理人员天天动脑，在工作中不断创新。这是由 IBM 的创始人汤姆·沃尔森所创造和倡导的。该公司的成功不能说与此无关。

2. 脑力激荡法

利用开座谈会的形式，充分发挥集体的智慧，使各人的思维相互激荡，易迸发出智慧的火花。这种活动一般以 8～10 人为宜，活动过程应注意：尽量使各人的思维自由奔放，而且提倡想得越奇越好；在整个过程中，绝不要对任何人的想法加以批评甚至攻击，也绝不要过早下定论；不同职称、学历、能力、年龄、性别的参加人员一律平等相待。相互的启发像滚雪球一样发展成比较完整的构思，要把任何一类想法都加以记录和整理，最后进行比较与综合抉择。

3. 联想法

联想在心理活动中占有重要地位，对产生创意有不可低估的作用。联想可分为自由联想和强制联想。

(1) 自由联想。自由联想强调摆脱内外部环境的各种束缚，竭力发展尽可能多的联想，不强调联想内容的科学性，而强调通过联想产生过去从未有过的设想。自由联想是一种普遍使用的创造性思维。自由联想就是让思想插上翅膀，自由驰骋，以获得新产品的构思。

(2) 强制联想 。这是使表面上看起来毫无关系的事物之间发生联系和结合，或者说把通常没有关系的事物强制地联系在一起，灵感的暴发终于架起了两事物间联系的桥梁。具体做法是：①选择要解决的问题，在新产品开发中就是确定要创新的产品对象。②列举与对象无关的事物，通常可以从多方位、多角度进行列举，尽量不要列举与创造对象关系密切的事物，列举的事物与创造对象关系越无关，就越容易打开思路，得到崭新的构思。③将创造对象与列举的事物强制结合，由此可产生许多方案。这些方案有些看起来是荒唐的，有些则可能是极有价值的启发性方案。④评价筛选方案，去掉荒唐的，保留新颖的、奇特的方案，并以适当的方式加以完善，使之变为切实可行的方案。

例如，选择手表作为创造的对象，可列举一些与手表无关的事物，如话筒、计算机、动物、鲜花等，再把它们强制结合起来。

手表与话筒结合：报时的手表，会说话的手表；

手表与计算机结合：带有计算器的手表，智能手表，带有血压计和温度计的手表；

手表与动物结合：不同动物形状的手表，十二生肖礼品手表，带有热爱动物提示和标志的手表；

手表与鲜花结合：色彩鲜艳的手表，花型手表，可变色的手表，等等。

4. 类推法

根据两个或两类对象间在某些方面的相同或相似而推断出它们在其他方面也可能相同或相似。通常是将未知的对象与已知的对象进行比较，启发思路，提供线索，举一反三，触类旁通。类比的方法可以是直接的、拟人的、象征的、因果的、对称的和综合的类比。

类推在激发创造力的思维中，通常能起到启发、模仿等作用。通过类比进行创新，可能产生大量的方案。如骑自行车可以与开汽车类比：掌握方向、运行、减速、转变等，但汽车载人多，有四个轮子，稳定性好，功率强且可变等。由二者的相似或者差异，都会使人联想到各种“新型”的自行车，而有些已成为现实，如电瓶自行车、带发动机的助力自行车等。

5. 提问法

根据需要开发的产品或需要解决的问题，列出有关问题，然后逐个加以核对、讨论，从而获得创新的设想或解决问题的方法。

6. 踪摄法

踪摄法通过已知的东西做媒介，将无关联的、不同的知识要素结合起来，以打开“未知世界的大门”，从而引起人们新的创新欲望。这是一种开发潜在创造力的方法，包括异质同化法和同质异化法。

异质同化法是指在创造、构思不熟悉的东西时，可以借用现有的知识和方法来分析研究，从而启发出新的设想，其关键是发现不同问题之间的相同部分。

同质异化法就是在运用新的知识，从新的角度，通过发散、移植、模拟、综合等途径引申出新的创新设想，其关键是在相同或类似的事物中找出不同之处。

7. 列举法

列举法是列举事物的特性或者希望或者缺点，然后对其加以或张扬或实现或改进。例如，航天技术的发展使人类有了进入太空的想法，而后太空旅行又被创想出来。又如普通雨伞有许多不尽如人意的地方，改善后就有折叠伞、透明伞、情侣伞、帽伞等类型。

8. 角色转换法

产品开发人员要经常与消费者转换角色，以消费者的身份去设想产品应具备的功能、性能、质量、规格、款式、色彩、价格、售后服务等，从而使开发的产品更能符合消费者的需求。

9. 化繁为简法

将整体分成几个部分，分别思考，容易获得较满意的答案。如具有同一消费功能的产品应尽可能地简化结构、采用简练线条的外观设计等。化繁为简法还可演绎为：将整只鸡分成翅、脚、腿、脯等分别出售；牛奶脂肪 18%的全脂奶粉经“化简”后变成含奶脂肪 1%的低脂奶粉……

10. 改变观点法

虽然客观世界未变，但不同的观（察）点将容易看到新事物和事物的新的一面。例如，由钱塘江观潮到利用潮汐发电，由修理女神像更换下来的废物垃圾变为抢手的纪念品原材料。

11. 逆向思维法

从常规正向思维进行创新受阻时，不妨从逆向思维进行创新。例如，拉扎连可在研究电器开关如何免受电火花腐蚀时受阻，受到如何取出“卡秋莎”导弹外壳生产中的断丝锥问题情景触发获得灵感，反过来研究如何利用电能来腐蚀金属，从而发明了电火花加工机床；日本一名圆珠笔制造商为笔头球脱落而存墨量尚多的问题绞尽脑汁，力图延迟球的脱落时间，成效甚微，后来反过来研究合理的装墨量而一举取得成功。

12. 移植法

移植法是指将已有的产品技术移植到相似甚至完全相异的待开发的新产品上

去。例如，先有遥控航模飞机，而后有遥控或自控无人驾驶飞机，又有了遥控微型航模飞机（玩具）；真空技术用于铸造，于是有了真空吸注工艺，用于轧制，形成了真空轧制工艺，用于焊接，便有了真空电子束焊和真空铅焊，用于塑料制品制造，产生了吸塑机……

13. 矩阵分析法

矩阵分析法是关联分析中最简单的方法，它是通过矩阵表把某种产品的两种品质结合在一起，从而启发产品创新思维的方法。其具体实施过程是：首先选择产品的各种品质作为变量，然后列出一个包含各种变量的矩阵表，这样就得到很多组合，再根据经验或常识，去掉一些显然不存在的组合或关联，对剩下的组合进行分析、试验、比较，从中找出最佳的组合方案。表 4-5 就是一个关于轿车的两种品质的简单矩阵表。

表 4-5　用于轿车关联分析的两维矩阵表

轿车的属性	用户职业		
	公务员	教师	经理
经济性			
适用性			
安全性			
可靠性			
款　式			

4.6.6　新产品创意的来源

创意是创造性思维，即对新产品进行设想的过程，这是新产品开发的首要阶段。缺乏好的新产品创意已成为许多行业新产品开发的瓶颈。一个好的新产品创意是新产品开发成功的关键。

企业通常可从企业内部和企业外部寻找新产品创意的来源。

1. 创意来自企业内部

企业内部人员包括企业的生产部门、技术部门、市场营销部门以及包装、维修等从属于企业内部的人员。这些人员与产品的直接接触程度各不相同，但他们总的共同点是都熟悉企业业务的某一个或某几个方面。对企业提供的产品较外人有更多的了解与关注，因而往往能针对产品的优缺点提出改进或创新产品的构思。在企业的这些内部人员中，除研究开发部门外，销售人员和高层管理部门的人员是新产品构思极为重要与广泛的来源。

企业内部职员是新产品创意的一个重要来源。新产品开发并不局限于产品开发部门，企业中销售部门、最高管理层、计划部门、生产部门甚至企业一般员工都可以以各种形式参与新产品开发。通常，顾客只是单纯地从其自身需求的角度来提出建议，因此并不考虑企业的技术条件和生产能力。而企业的员工既对企业的内部情况比较熟悉，在一定程度上也对市场需求有所把握，如果把他们的积极性调动起来，往往能提出切实可行的创意来。最富有启发的建议通常来自于同顾客打交道，解决顾客实际问题的员工。

(1) 研究开发部门。研究开发部门是新产品构思最重要的内容来源。美国的统计资料显示，所有的新产品构思中，88.9%来自于企业内部，而其中60%来自于企业的研究开发部门。可以说，研究开发部门人员的主要职责就是进行新产品构思。而且，不管企业整个生产过程如何，新产品开发工作的启动、推进、维持直至最后成功完成，无论哪个环节都离不开研究开发部门人员的参与和努力。

(2) 销售人员。企业内各个部门、各类人员通过正式或非正式方式，以新产品开发为主题提出许多设想，尤其是营销部门的销售人员直接与众多消费者接触，往往对发展新产品比一般人有着更多、更直接的感受，他们掌握着顾客需求和抱怨的第一手资料，最先了解竞争发展的情况，因而他们往往是企业新产品开发构思的重要来源，他们头脑里蕴藏有许多符合用户实际需要的新产品构思及对现有产品的改进性设想，这些想法往往会为企业进行新产品开发指明方向。为了鼓励新的构思，越来越多的企业正在培训和奖励它们的销售人员。例如，美国电子制动和报警器公司要求公司销售人员列出每个月推销访问的表格，然后汇报他们在顾客访问中所听到的三个最具发展潜力的新产品构思。该公司的董事长每个月都要阅读这些构思，并批示意见交给公司的工程师、生产经理等人，以便深入探究这些较为优秀的构思。

(3) 高层管理人员。高层管理人员在制定和调整企业经营战略时，可能会出于下面的情况而得到有关新产品开发的构思：打算对企业现有产品线和产品组合作出延长、加深或其他调整，以便更好地适应市场需求，从而增强企业竞争实力；可能构思出新产品的设想，至少也会对新产品的范围与性能构架规定一个合适的范围或方向。譬如，玩具厂拟生产专供老人使用的更具智力性也更安静的老年玩具；在对原有未执行或已废弃的产品计划的重新审查中发现新产品构思，如通过再度审查产品计划，包括设计、制造、包装、材料、销售渠道等，可发现新产品构想；为节约成本和更有效地使用原料，检查生产工艺过程以寻求生产副产品的可能性，从而发现新产品构想。

(4) 制造技术人员和生产管理人员。他们是企业生产工艺的掌握者和生产过程的管理者，也可能是业余的发明家。他们对生产中的产品常有独到的看法和见解。他们在发展产品功能、提高产品质量、优化生产过程、节约生产成本等方面都积累了丰富的经验，他们的看法和见解是值得重视的。

2. 创意来自企业外部

(1) 顾客。所有新产品都是为了满足顾客的需求，因此顾客需求应是产品开发创意的重要来源，而且在现实中也确实能够实现这一目标，一份从日本来的资料显示，新产品有55%是根据用户的需求产生的（表4-6）。但一般来讲，顾客不会有意地去为某个企业的产品开发绞尽脑汁地提出自己的构思，往往是通过希望消除使用现有产品时所产生的某种不便而产生了粗略设想，由此产生的构思通常只是关于产品改进或相关产品系列扩展方面的内容，很少能够提出完整的产品概念。顾客即使产生了某种构思，一般也不主动向厂方反映，这就要求企业产品开发人员必须主动一些，采用各种方法去了解顾客的想法，从中获得创意，尤其是顾客对现有产品的不满足、不满意，就直接为企业的产品开发提供了创意。有许多方法可以用来收集顾客的构思，但是比较理想的方法是用户调查、组织连续系列的讨论、有奖信函征询、关键人员专访等。

表4-6　中国与日本企业成功的新产品创意来源比较（可多项选择）（单位：%）

来源	中国（1991年对64家企业调查）	日本（1982年对157家企业调查）
最高管理层	40.5	53
开发部门	59.5	70
计划部门	0	29
销售部门	24.3	58
生产和技术部门	23.7	73
一般职工	0	4
用户	16.2	55
科研院校	8.1	6
其他研究组织	0	6
其他	0	11

资料来源：刘冀生．企业经营战略．北京：清华大学出版社，1995

(2) 中间商。与企业相比，中间商与市场有更为直接、更为密切的联系，也是市场信息相对汇集的地方，他们能更直接地了解顾客的需求和意见。中间商虽对各厂家商品的优劣较为熟悉，但因其有选择进货点的自由，因此也并不刻意收集信息并有针对性地向生产企业提供。因此，企业应尽力与中间商之间建立和睦友善的关系，促使中间商主动关心生产企业的生产与发展，使其也成为企业新产品开发构思的源泉之一。

(3) 供应商。任何可以依靠技术能力提供服务的供应商，都将被顾客看成为一个新产品构思的来源。大多数家庭塑料用品制造厂是小型的，常常希望听取大塑料公司的意见。实际上，所有的钢、铝、化学品、铸铁、纸以及玻璃的生产者，都有技术性的顾客服务部门。它的职能之一就是向顾客提出使用该公司生产的基本的材料来产生新产品的建议。

(4) 竞争对手。开发新产品构思的另一主要来源是竞争对手。通过对竞争对手市场占有率以及得失分析等方面情况的了解和把握，可以更好地借鉴别人的创新构思，避免在开发新产品中走弯路，减少新产品开发过程中的盲目性，有益于企业新产品开发的构思。另外，研究竞争对手的产品，从而改进企业现有的产品，是新产品构思来源的一条重要途径。任何企业都应该对“谁在购买”和“为什么购买竞争者的新产品”等问题作出明确的答复。当竞争者的新产品上市时，许多企业将它们买来、拆开，以发现存在的问题，然后对其进行改进。第二次世界大战后的日本，就是利用这种开发策略使国民经济飞速发展的。对竞争对手的新产品进行改进，概括地讲有五个步骤，具体内容如表 4-7 所示。

表 4-7　对竞争对手的新产品开发改进的五个步骤

第一步	购买竞争对手最新的产品
第二步	将竞争产品拆解开，了解其构造
第三步	反向设计产品，在拆解产品时，列出零部件清单，并绘出改进型图纸
第四步	计算原材料成本，估算成本的间接费用，估算出竞争产品的总成本
第五步	结合销售价格，推算出竞争对手的利润，并确定最佳的生产规模

资料来源：韦箐. 营销前沿：产品开发与设计. 北京：经济管理出版社，2000

(5) 社会上的研究和发明人员。现在每个工业化国家中，都有一个以发明家为核心而组成的“行业”，一些发明公司和组织围绕在这些发明家周围，帮助他们利用自身的发明，使他们的发明转化为市场上受欢迎的产品。具有辅助性和支持性的机构包括风险资本公司、银行、代理人、商标局和专利局、技术博览会、专利公告、专利展示会、专利经纪人、大学创新中心以及其他的私人投资者等。这些机构为企业新产品创新构思提供了多渠道的来源。例如，一年一度的国际技术交易博览会吸引了世界各地的许多企业前来展示他们希望出售的先进技术，这就为企业新产品构思提供了多种可能。

另外，高校、研究所等专业人才集聚的地方也是智慧积聚的地方。这些人的思维活跃，眼界开阔，接受新事物的能力强，他们的有些观点闪耀着智慧的光芒，可以点燃企业新产品构思的火花。

(6) 网络、各类出版物。毫无疑问，网络和众多的技术和学术性杂志、贸易杂志、时事通信、专题论文等，都常常是新产品构思的来源。大多数新产品构思都是对其他公司的新产品活动、看似与产品无关的技术进步以及购买者态度变化进行报道的间接成果。而一些出版物正是新产品构思更直接的来源。

由于新产品构思来源渠道很多，若各种构思受到认真的关注，其新产品创意的机会就会很多。只有热心于产品构思，并且负起个人责任，采用各种方法执行和实现它的人，才能获得这种机会，否则该构思就不可能得到认真的考虑。

➢思考题

1. 产品创新与技术创新的主要特征是什么?
2. 分析技术引进的利与弊。
3. 促进创意的因素有哪些?
4. 灵感的本质是什么? 有哪些特点? 如何捕捉灵感?
5. 分析联合开发方式的特点。
6. 创意的培养方法有哪些?
7. 比较群体的创造力与个体的创造力?
8. 提供 3~5 个关于新产品的创意。

➢案例　打印技术的创新带动新产品的层出不穷

从针式、喷墨、激光到热敏/热转印打印机，打印技术不断创新发展；从票证打印机、条码打印机、照片打印机到“用品”打印机，还有多功能一体机，新产品越来越多，深入应用到各个领域，越来越满足人们便捷、清晰、可长期保存的打印输出需求。随着办公市场竞争的不断加剧，为了能在打印产业取得领先地位，厂商都在不遗余力地研发新技术并推出自己的新产品，使得打印技术不断升级，打印产品性能不断提高，打印功能不断增加。

惠普推出“水平”一次成像新产品

惠普公司是一家技术导向型的公司，2008 年发布的第三代“水平式”一次成像技术则更多地考虑到了用户的需求，从而也保证了公司的持续发展能力。

2008 年 5 月 8 日，中国惠普有限公司正式发布了第三代“水平式”一次成像技术。基于该技术的 5 款新品也同期亮相，产品范围全面涵盖了彩色激光打印机、彩色激光一体机等几乎整个彩激领域。“水平式”一次成像技术，不仅使打印速度更快，打印质量更好，卡纸概率几乎为零，而且将更容易获得用户的青睐。

2007 年，随着惠普公司把多款彩色激光打印机降至 2000 元以下，整个低端彩色打印机市场得到快速上升，年增长率达到 49%。如今，惠普公司再次掀起技术革新，这是因为惠普激光打印机已经占整个激光打印机市场的 75%，如果市场本身没有突破，或者是用户应用方面需求没有突破的话，整个打印市场的需求就不会增长。所以，惠普不断开发新技术、新产品，就是希望进一步拉动用户需求方面的增长。现在的“水平式”一次成像技术应该是打印机市场的下一个技术趋势，但要完成整个打印市场的技术替换还需要一个过程。

新北洋热转印产品应用广泛

新北洋集团专注于热打印、特种扫描等相关产品的研发和制造，产品已广泛应用于铁路、公路、医疗、税收、邮政、银行、餐饮、商业流通等领域，并成为全国邮政、税务、公路、铁路、餐饮等诸多行业的第一品牌及解决方案的首选供应商，也使新北洋集团成为国内最大的热打印、特种扫描技术及相关产品研发和制造的企业。企业拥有热敏打印头研发生产能力，打印头销量占国际市场22%以上、国内市场95%以上的份额，其生产的热敏/热转印打印机荣获“国家科技进步二等奖”，是中国计算机外设打印设备唯一荣获国家级科技进步奖的产品。

目前，新北洋集团推出的BTP-6300I标签打印机是一款高性能热敏/热转印标签打印机，采用模块化设计，具有结构简单、操作方便等特点，可容纳最大直径为203毫米的纸卷。它适用于工业即时标签打印、产品标签批量打印、运输与物流标签打印、铁路和机场等站场的票据打印、服装品牌的打印、邮政袋牌打印等领域。

实达存折打印机性能优秀

实达电脑设备有限公司拥有自己的研发团队，一直致力于自主创新发展的公司，其产品涵盖商用输入、商用输出、商用支付、商用税控、商用通信、软件与系统集成等六大类，是金融、邮电、保险、税务、教育、交通、石化、海关等各大行业用户在商用外设产品及应用领域里专业和全面的合作伙伴。

公司推出的BP-3000＋高档存折打印机是全球领先技术、全能品质、全程服务的“全能存打”BP系列存折打印机，以其对应用细节及机器使用周期全面关注的设计定位及优秀的市场表现，经过几年的迅速成长，已成为当今国内主流存折机品牌之一，其原型机等系列产品在全球销售逾45万台。

BP-3000＋秉承“全能存打演绎存打新标准”的产品理念，融合全球技术、本土应用，依托位于德国的先进生产线及质量控制体系，进一步提升产品的品质、功能、速度，其更出色的应用表现满足了不断提升的银行柜面打印要求。其速度比BP-3000提升30%，汉字信函打印速度达75CPS，成为当今主流存折机中打印速度最快的产品；使用能源之星标准电源，待机功率仅6瓦，待机20个工作日耗电小于1度。

映美票据打印稳定耐用

新会江裕信息产业有限公司多年来始终坚持“以用户需求为根本，以伙伴利益为核心”的策略，积极推进自主研发、创新发展的战略，使得“映美”品牌的产品所占市场份额不断上升，高质量的新产品不断涌现，并得到用户的认可。

2008年，映美公司根据用户的需求特点，推出了针对票据打印市场的打印机FP-530K＋，该产品秉承映美一贯的质优价廉的风格，以稳定的产品性能、紧凑的结构设计，广泛应用于有票据打印需求的各行各业。

FP-530K＋的外观采用时尚美观的流线型设计，整机结构紧凑，占据办公空间小，给予优雅感官享受的同时也非常方便易用。一键高速，轻松提高打印速度。提升 FP-530K＋的打印速度，无须通过烦琐的设置，只需要通过面板的“高速”键，就能轻松实现。3 亿次针寿命的打印头设计，使打印机更加稳定可靠。400 万草稿字符的色带寿命，令打印更加持久、使用成本更低、使用更方便。

第5章

新产品开发战略

【本章学习目标】 掌握新产品开发战略的概念、战略的作用与战略的类型。学习战略的规划与措施。学会分析几种新产品开发的战略。

5.1 新产品开发战略概述

企业进行新产品开发的主要目的是满足现实市场的需求，发掘潜在的市场需求，以及创造需求。由于新产品可能带来巨大的成功和利益，从而诱使众多的企业不断地进行新产品开发，然而新产品开发风险极大，新产品开发一旦失败将会使企业遭受巨大的损失。为降低新产品开发的风险，提高新产品开发的成功率和效率，企业必须制定有效的新产品开发战略。

5.1.1 新产品开发战略的概念

新产品开发战略是企业在市场条件下，根据企业环境及可取得的资源的情况，为求得企业生存和长期稳定地发展，对企业新产品开发的目标、达到目标的途径和手段的总体性谋划，它是企业新产品开发思想的集中体现，是一系列战略决策的结果，同时又是制定企业新产品开发规划和计划的基础。

从以上新产品开发战略的定义可以看出，新产品开发战略具有以下五大特征。

(1) 全局性。新产品开发战略，简单地说，就是“做什么才能指导企业新产品开发，使企业得以生存和发展”。因此，新产品开发战略是指导整个企业新产品开发一切活动的总体谋划。它的全局性特征不仅表现在企业自身的全局上，更表现在要与国家、技术、社会发展战略相协调，与国家发展的总目标相适应，否则，新产品开发战略就不会取得成功的。

（2）未来性。从企业发展的角度看，企业今天的行动是为了执行昨天的战略，今天制定的新产品开发战略正是为了明天更好地行动，因此新产品开发战略的拟订要着眼于企业未来的生存和发展。当然，未来要以当前为出发点，未来发展趋势的预测也要以企业的过去和现在作为依据，作为企业领导者要高瞻远瞩，面向未来，只有这样才能使企业新产品开发活动具有未来性。

（3）系统性。新产品开发战略是由一系列相互联系的要素综合构成的一个有机整体，需要以系统的观念去分析问题、解决问题。应充分考虑企业的使命、外部环境、企业可得资源，避免因某些要素的过弱而导致新产品开发的失败。

（4）竞争性。制定新产品开发战略的目的就是要在激烈的市场竞争中壮大自己，使本企业在与竞争对手争夺市场中占有相对优势。因此，企业新产品开发战略就是针对来自环境及竞争对手等各方面的冲击、压力、威胁和困难，为迎接这些挑战而制定的长期行动方案。只有当行动方案与强化企业竞争力量和迎接挑战直接相关时，才能构成新产品开发战略的内容。新产品开发战略就是在激烈的竞争和严峻的挑战中产生并发展起来的，因此企业必须使自己的新产品开发战略具有竞争性特征，以保证自己战胜竞争对手，保证自己的生存和发展。

（5）相对稳定性。新产品开发战略必须在一定时期内具有稳定性，只有这样才能在企业的经营实践中具有指导意义，如果朝令夕改，就会使企业经营发生混乱，从而给企业带来损失。当然，因为企业新产品开发实践又是一个动态过程，指导企业新产品开发实践的战略应该是动态的，以适应外部环境的多变性，因而新产品开发战略应具有相对稳定性的特征。

5.1.2 新产品开发战略的作用

新产品开发战略是企业整体战略的组成部分，新产品开发战略在企业中所起的作用，既有战略的一般作用，又有战略的特殊作用。

1. 新产品开发战略的一般作用

新产品开发战略能够综合新产品开发方向，集中资源，有重点地利用资源；能够提供协调作用，获得“部分之和大于整体”的协同效应；能够协调不同职能部门之间的和谐运转，增进部门间的沟通；可以用来辅助设计，指导资源的有效配置；也能激励员工，用来评价个人和团体的行为和绩效；考虑了未来市场及竞争状况，能够减少风险。新产品开发战略应该适应新产品开发的综合性、不确定性或风险性，以及与现有产品的相互关系等方面的要求和变化。

2. 新产品开发战略的特殊作用

新产品开发战略的特殊作用主要包括限制转向和指导开发的全过程两个方面。

（1）限制转向。新产品开发战略确定了新产品开发的目标，界定了开发活动的边界，限定了开发的方向。因此，新产品开发战略能够限制企业把资源投向不适合本企业的开发方向和发展潜力小的机会，同时鼓励企业开拓特别适合本企业条件的、具有良好潜力的机会。这种限制转向作用能够使企业更好地发挥自身优势，同时集中资源开发市场前景良好的新产品。

（2）指导新产品开发的全过程。新产品开发战略指导新产品开发过程的各阶段，使它们形成统一的整体。

第一，根据新产品开发战略，可以建立相应的开发组织。

第二，新产品开发战略能够指导新产品构思的收集，促进新产品概念的形成。新产品开发战略如果强调技术推动，则可从技术开始收集构思。如果强调市场需求推动，则可从市场开始收集构思。如果重点放在优化生产，则可从制造过程中收集构思、形成概念。

第三，新产品开发战略能够引导构思和概念的评价标准的建立。新产品开发战略为概念筛选标准、产品测试标准、市场测试标准和财务评价标准的设定提供了依据。新产品开发战略就像一张新产品路线图，引导开发真正有价值的产品。

第四，新产品开发战略能够指导新产品的市场营销活动。新产品开发战略有助于确定承担风险的大小，指导新产品的市场定位，有助于确定市场投放方式，解决快速回收投资等问题。

5.1.3 新产品开发战略的类型

新产品开发战略，依据企业资源和所处竞争地位可以有如下几种类型。

1. 领先型战略

领先型新产品开发战略是指企业根据市场上的各种需求信息，首先研制、开发新产品，并抢先把产品投入市场，以确立企业在同行业中的技术领先地位和产品领先地位。

采用领先型新产品开发战略，可以为企业带来许多利益：①所开发的新产品具有一段前导期，在这一阶段，企业无竞争者的威胁，一方面有充分的时间树立品牌形象；另一方面可以采取对企业有利的定价策略，如以高的价格将产品导入市场。②由于新产品独一无二，可以申请专利保护，在相当长一段时间内将竞争者挡在市场之外，并且在企业认为必要时，还可以采取出售产品生产许可证的方式，从技术转让中获利。③领先新产品进入市场之后的成功率较高，可以为企业赢得好的经济效益。据美国尼尔森公司调查，在超级市场出售的商品中，属于领先型的创新品牌的产品，平均利润是模仿型品牌产品的两倍。

领先型新产品开发战略也会遇到一些风险，主要是投入大、成本高，一旦开发失败会造成公司巨大的财务损失，同时带来公司员工的士气损伤。高风险与高收益相伴相随，只要企业能够从本企业资源的实际出发，精心筹划，认真付诸实施，还是能够规避风险而赢得收益的。

采用领先型新产品开发战略的企业，应该具备以下条件：①拥有充足的人力、物力、资源；②具有较强的研制开发能力；③有反馈及时、反应灵敏的市场信息系统及覆盖面较宽的信息网络；④企业的生产和营销能力较强。

2. 紧跟型战略

紧跟型新产品开发战略是指企业密切注视市场上刚出现的新产品，如果发现这种新产品首次投放市场就获得成功，便立即组织力量进行仿制、改进和消除该产品的缺点而后来居上。

紧跟型新产品开发战略具有以下几个方面的优点：①风险较小。由于采用领先型新产品开发战略的企业经过自己的努力，已经解决了产品创新过程中一系列的技术难题，特别是已经经过实践证明市场对这一全新产品具有良好的市场反应，这样紧跟者或模仿者就可以大大减少技术开发与市场开发中的失误和风险。尽管紧跟者或模仿者仍然会遇到对已有产品性能改进在技术上的困难，但这与一项全新技术的研制开发是有很大区别的。②成本低。因为新产品概念开发的方面的成本已经由领先企业承担，紧跟者可以大大减少开发费用，缩短开发周期。③产品性能可以略胜一筹，更具竞争能力。尽管紧跟者是对领先者产品的一种模仿，但毕竟这种模仿有前车之鉴，模仿者完全有机会取其所长，避其所短，开发出性能、质量、价格均较领先者优越的“新产品”。④在新产品营销方面可以采取更好的策略。紧跟者可以借鉴领先者在新产品进入市场时营销策略上的经验和教训，避免所犯错误，采用更好的策略，而将所仿造、改进后的产品更顺利地推向市场。

紧跟型新产品开发战略的主要缺点是：所面临的市场竞争比较激烈。因为其所生产的产品一投入市场就面临已有产品的竞争，改变已有产品品牌在消费者心目中形成的“先入为主”的印象，意味着本企业的产品必须比已有产品的性能和品质更高一筹，或者营销实力更为雄厚，否则很难取得市场份额。同时，采取紧跟型新产品开发战略的企业并非仅已一家，而可能是多个企业，所有采用此战略的企业几乎同时进入市场，其竞争必然十分激烈。

紧跟型新产品开发战略的实施，同样应该具备一定的条件：①要有高水平的技术情报人员，能迅速掌握新产品开发的最新成果；②要有较强的研究开发能力，能迅速吸收别人的成果并加以改进；③要有较强的生产能力，能快速进行仿制并予以生产。

3. 逐步扩大型战略

逐步扩大型战略的含义是：根据市场的变化，在自己原有产品的基础上，通过优化设计、增加功能、提高性能，使产品更新换代、系列化，不断开辟和扩大市场面。由于该战略的产品和市场是不断扩大的，故称之为逐步扩大战略。美国的杜邦公司在其发明了尼龙的生产方法后就采用过这种战略。一开始用尼龙丝制成妇女用的尼龙丝袜，第二次世界大战中又制成降落伞卖给部队，战后由于军队需求量减少，转而又制造妇女内衣、男袜、尼龙混纺、服装、地毯、帐篷及包装材料等。杜邦公司将尼龙每推向一个新的领域，就获得了一次发展的巨大机会。

逐步扩大战略的优点是：①技术难度不高。在自己熟悉的技术领域改进提高，技术要求单一，容易实现，技术队伍稍作调整即能胜任。②一次性投资不会太大。只要市场信息准确，一般来说风险较小，一般企业均可采用。

4. 混合战略

混合战略是以上多种战略的综合应用。有的产品采取领先型战略，有的产品采取紧跟型战略，有的产品采取逐步扩大战略。实际上，在企业发展过程中，只采用一种新产品开发战略的情况是很少的，多数企业往往根据不同情况综合采用多种战略。

5.1.4 新产品开发战略的内容

新产品开发战略的主要内容有战略竞争域、战略目标和战略措施三个方面。

1. 新产品的战略竞争域

战略竞争域可以界定新产品开发活动的基本方向和范围，起到限制转向的作用。可以通过产品、最终用途、顾客群和技术等维度的多维组合来界定新产品的战略竞争域。

（1）产品。可以利用产品大类、产品种类或产品等级来定义战略竞争域。这种方法被生产轿车、家用电器、啤酒等产品的公司广泛采用。一些公司专注于耐用品或一次性用品的经营，而另一些公司可能局限于高档耐用品或低档耐用品的开发经营。例如，索尼公司一直专注于音像产品的开发，如数码摄像机、电视、激光音响产品等。

（2）最终用途。最终用途一般比产品维度更深入、更自由。产品与用途之间存在着多重关系。不同的产品既可以有不同用途，也可以有相同的最终用途，如有线电话与无线电话。而同一产品也可以有不同的最终用途，如计算机可以用来进行数据处理和计算，也可以用来进行文字处理与个人服务。因此，即使产品种类相同，不同的最终用途也会导致产品结构和性能的差异，如大型计算机与PC机的结构、性能差异就很大。

用最终用途来界定战略竞争域可以获得更广阔的开发空间。例如，如果中国铁路公司致力于“运输服务”开发而不只是“铁路”开发，这就意味着中国铁路公司开发的产品包括铁路、汽车和轮船等诸多方面。

（3）顾客群。企业开发新产品是为了满足顾客需要，因此，企业应根据顾客的特点来界定战略竞争域。

一是用户状况。新产品的用户状况可以分为原有用户和新用户，如一种改进的洗涤剂就是针对原有用户。同时，新产品可以针对集中化的目标市场，也可以面向分散化的目标市场，即同时针对几个细分市场。年龄、性别、区域等人口统计特征可用于市场定位。例如，夹有绘画的冰激凌主要定位于少年儿童，金利来的产品定位于男人的需求。

二是心理统计特征。消费倾向、生活方式、购买风格等心理统计特征可用来细分市场。例如，新产品可以面向收入丰厚的买主（如奔驰），也可以针对追逐时尚的新人类（如日本的玩具型手机）。

三是分销状况。新产品可针对企业已有的分销渠道，如超级市场；也可面向新的分销渠道，如专卖店。

（4）技术。新产品开发可以利用现有技术，也可以采用新技术。如果企业实行根据自己实力经营的定位战略，则倾向于利用自己已有的先进技术来开发新产品。技术可分为科学技术、经营管理技术和市场营销技术等类型。许多公司利用科学技术来界定竞争域，如施乐公司利用静电复印技术来开发新产品。而另一些公司则利用质量控制技术等经营管理技术，或实物销售系统、宣传广告技术、包装技术等市场营销技术来开发新产品，如邮电公司、银行开发的多种配送服务和理财咨询服务。

（5）多种维度的组合。企业通常通过多种维度的组合来界定战略竞争域。

第一，各种维度的组合形式。各种维度组合的常见形式主要有：主要用于消费品的产品——市场矩阵，主要用于工业品的技术——用途矩阵，以及产品——用途矩阵和技术——顾客矩阵等。有些公司也利用三维或三维以上的变量来界定战略竞争域。例如，在生产高度紧张、生活节奏快的日本，洗浴行业的企业用技术、顾客群和产品三个维度界定了一个战略竞争域：利用计算机自动控制技术为洗澡时觉得用手调节水温、不停地转动身体角度是个极大麻烦的“懒人市场”，开发自动洗澡机。

第二，组合维度的选择。界定战略竞争域的维数越多，竞争域的区分就越精确，其范围就越窄，这样就导致新产品的针对性越强、竞争力越高，但同时市场机会也就越小。反之，战略竞争域的维数越少，竞争域的区分就越模糊，开发方向就越不明确，这样会导致新产品的竞争力降低，但市场机会可能会增大。因此，组合维度的选择需要对产品竞争力和市场机会二者进行权衡。

2. 新产品开发的战略目标

新产品开发的战略目标可以分为三大类型：第一类目标涉及企业的销售额或利润额，属于发展目标；第二类目标与企业的相对竞争能力或竞争潜力有关，属于市场目标；第三类目标与企业的特殊状况有关，属于特殊目标。

1）发展目标

新产品开发的发展目标是指增强未来的竞争能力，促进未来的销售额和利润的增长。发展目标主要有四种类型，即迅速发展型、受控发展型、维持现状型和受控收缩型。

(1) 迅速发展型。迅速发展目标要求迅速开发新产品、迅速投放市场、扩大生产规模，以尽快占领市场。迅速发展型目标需要较多的资金保证，并且承受的风险也较大。为得到相应的回报，迅速发展型目标主要适合于迅速成长的市场和产品，如移动通信产品。

(2) 受控发展型。受控发展型目标从节省投资和降低风险的角度出发，逐步开发新产品、扩大生产规模和占领市场。受控发展型目标主要考虑产品开发速度与市场接受程度同步，或与市场竞争状况的变化相适应，力求稳定发展，因而是多数企业采用的战略目标。

(3) 维持现状型。维持现状型发展目标寻求对现有产品的持续改进，实行逐步更新的产品开发战略，以维持竞争力。

(4) 受控收缩型。受控收缩型目标是指从产品开发中及时抽回资金，有计划地逐步转向其他领域或业务。这种目标在传统产品领域的产品开发中比较常见。

不论采用何种发展目标，发展目标主要是为了促进企业资源的合理分配，把握企业的发展速度。

2) 市场目标

新产品竞争能力的提高可以带来新产品未来市场地位的提升。因此，企业可以在新产品竞争能力预测的基础上确定市场目标。常见的市场目标主要有以下几种：

(1) 开拓新市场。通过新产品创造新的市场机会，占领新的市场，如开发全新产品。例如，海尔公司通过收购和新产品开发，打入彩电、空调和计算机行业等新市场。

(2) 提高市场占有率。这是一种进攻型的市场目标，可以通过开发创新程度大或差别优势大的竞争产品，或开发竞争对手的替代产品，来争夺对方的地盘，扩大市场份额。

(3) 维持市场占有率。这是一种防御型目标，主要通过开发替代型新产品来维持产品的市场竞争力，保持市场份额。

3) 特殊目标

(1) 多元化。多元化目标是通过开发新产品来分散经营风险，增强市场适应能力。多元化主要有纵向多元化、同心多元化、横向多元化等多种形式。

(2) 季节性调整。新产品开发是为了避免季节性生产销售的波动，保证资金正常运转，如淡季产品的开发。

(3) 加速回收投资。新产品开发是为了充分利用企业剩余的生产能力或现有技术，加快投资的回收。

(4) 提高产品质量水平。一些企业要求新产品必须具有高质量水平，满足一定的质量标准。

(5) 维持或改变企业形象。索尼、宝洁公司要求新产品开发应符合企业的创新形象。

关于新产品开发的战略措施，我们将在5.2小节中详细介绍。

5.2 战略规划与措施

5.2.1 实现目标的战略规划与措施

了解战略竞争领域和目标后，企业就可以制定适当的行动规划与措施。行动规划与措施包括关键创新要素的来源规划、创新程度的选择、时序或时机的选择。

1. 关键创新要素的来源规划

每一件新产品必须具有使它得以成功的东西，如具有独特的性能、低廉的成本或技术优势等。新产品创新者倾向于将这种优势的来源作为新产品战略的一部分，这样就可以对研究过程给予最好的指导。新产品优势主要来源于市场营销、生产和技术等方面。

(1) 市场营销。市场营销是新产品的一个关键创新要素来源。当新产品开发是市场拉动型，即由需求来开发新产品时，市场营销是新产品成功的一个重要因素。在市场营销中，还存在着几种选择。首先，采取反应性的战略，即从竞争产品中获取新的知识和构思。其次，通过市场定位或市场分片来产生战略思想。虽然生产线上只有一种产品适合需要，但产品一旦推向市场，创造性的活动也就随之产生了。再次，特许权扩大战略，即利用商标、销售实力和交易地位，来建立新产品的竞争优势。例如，把已成功的商标应用到新产品上，进行品牌延伸，利用销售人员的信誉和企业分销系统的有利地位来促进新产品的销售等都能够提升新产品的竞争优势。最后，也是最常见的，是利用各种有效的营销研究手段（如顾客类型、市场调查、市场分析）来研究用户的需要、态度和认识等作为新产品创新的来源，用户研究在营销选择中最为有效，但风险最大、成本最高。

(2) 生产或运营。改进生产工艺、进行质量分析和成本分析都是新产品设想的重要来源。有特色的生产工艺是新产品的主要来源之一，它可以通过制造方法的优化而使产品创新。半导体集成电路的创新就主要取决于工艺方法的进步。质量分析有助于发掘现有产品的缺陷，寻求产品创新的途径，许多改进型新产品就是诞生于这一途径。成本分析和成本控制有利于创造出性能比较高的改进型新产品。

(3) 技术或研究开发。来自市场的新产品构思多数属于改进型新产品，而全新产品的关键创新要素来源于技术开发。技术开发包括基础研究和应用研究。基础研究，即探索新的科学技术，从而创造全新的产品，电视、电话、计算机等全新产品都来源于基础研究；应用研究，即把现有的技术应用到新的领域或开发新的功能，如将计算机技术和机械技术相结合的数控机床来源于应用研究。技术开发既可以在企业内部进行，也可以从企业外部获得。外部技术来源主要有联合开发、许可证交易和收购等方式。化工和制药公司的新产品开发利用外部技术比较多。

2. 产品创新程度的选择

产品创新程度主要有先导型、适应型和模仿型。每种创新程度都有相对应的费用、风险和利润，因而需要不同的管理风格和管理决策。

(1) 先导型创新。第一次创造出来并率先进入市场的全新产品就可以称为先导型创新产品。先导型创新又可分为三种形式。一是艺术性突破。这是与研究和开发活动最为密切相关的形式，也是极为罕见的创新。像磁泡储存器、激光、复印机、一次成像照相机、盘尼西林等产品第一次出现在市场上就属于艺术性突破。新产品开发采用艺术性突破是为了获得销售的高价格和市场垄断地位。艺术性突破一般用于开拓新的业务领域，但是开发成本高、风险大，以至于相对多的企业不敢问津。二是杠杆性创造。从技术角度看，它是由艺术性突破的应用组成，它利用新的知识、方法和技术改进来开发新产品。一切利用已有的知识和技术，在产品适用性方面取得重大进展的新的创新均属此类，包括新的结构、新的外形和新的特点，并且其开发风险较小，如圆珠笔、食品冷藏车、激光手术刀的开发等。三是应用技术。应用技术是风险最小的新产品开发，往往采用一项新技术来实现一个特定的功能。应用技术的首创产品有轻便自行车（轻型材料的应用）、测量仪器的数字显示装置（数字显示技术的应用）、电视信号的光纤传输系统（光纤技术的应用）等。

(2) 适应型创新。适应型创新主要是吸收先导型创新成果进行改进，以适应市场的需要。先导型产品首次投放市场时，总有不足之处，这就提供了适应型的改进机会。通过对先导型产品进行改进，来提高产品的市场吸引力和竞争力，以提高产品价值。例如，市场占有率居第二位的率先紧跟者也能获得丰厚的利润，其获得的市场占有率一般能达到先导者市场占有率的一半，如先导者占 30%，紧跟者能占 15%～20%。

(3) 模仿型创新。模仿型创新是研究市场上的新产品并进行仿制。一种模仿型创新是利用市场的区域优势或特定市场的特许权，来模仿新产品。例如，一些公司采用市场真空战略来开发新产品。另一种模仿型创新是低成本模仿，即以比先导者和适应者更低的产品成本进行模仿和生产。这种战略比较适合市场容量足够大的产品。当市场容量较小时，价格竞争的空间一般也较小。模仿型创新需要一些条件，如生产灵活性、迅速复制产品的开发能力、高水平的市场营销力量和产品快速投放市场的能力等。

3. 时序或时机的选择

时序或时机的选择是指选择向市场投放新产品的时机和顺序，主要有三种类型。

(1) 率先进入市场。率先进入的市场投放主要是能够引导消费，抢占市场制高点。但该战略风险大，因为这种产品是一项发明，需要引导消费走向，培养消费习惯，故除了花费大量的资源开发新产品之外，还必须耗费较多的资源来宣传产品，以便让市场接受这项产品。

（2）敏捷反应。敏捷反应的市场投放是紧跟成功的率先者，成为第二位或第三位进入市场。敏捷反应只需着重宣传品牌和商标，而不需过多宣传产品，故市场开发所耗费的资源少一些，市场风险和促销费用也较少，但需要较强的开发能力和柔性的生产能力。

（3）缓慢反应。缓慢反应的市场投放是指在新产品的市场反应已经明显后，才决定进入市场。该战略只适应新产品市场潜力大或需要进一步改进的情况。为了争得市场的一席之地，该战略需要企业具有低成本的生产能力和某些特许权扩充的能力，如拥有私有品牌。

5.2.2 几种典型的新产品开发战略决策

典型的新产品开发战略决策包括产品功能选择决策、品种简化与多样化决策、产品定价与价值决策、产品组合决策、产品品牌与商标决策等。而影响新产品开发战略决策的因素比较复杂，主要有：科学技术的发展；销售、供应市场与竞争对手的变化；与产品有关的法律、标准和价值观念等因素；产品的生态环境；产品开发的企业设备、资金、技术、经营等内部环境。进行上述各种决策时，要考虑综合因素的影响，作出最佳选择。

1. 产品功能选择决策

正确进行新产品功能选择决策，保证用户获得适宜的功能，是新产品开发获得成功的关键。产品功能选择的依据，主要是用户的需要，同时也要兼顾企业的生产条件与利益。为了摸准用户需要，必须进行市场调查和技术经济预测。功能选择的具体内容有：

（1）多功能或少功能决策。一物多用的产品功能全、用途广，但一物一用的产品则往往可确保某一功能的性能优良。就产品价格分析，前者往往价格较高而后者较低。多功能产品与少功能产品可各自适应一定用户的需要，是产品功能选择的两个重要方面。

（2）功能水平决策。同类产品因功能水平不同可以分为高、中、低三档。高档产品性能好但售价高，低档产品性能差一些但售价低，各档产品各有不同的市场需求。企业可根据选定的市场面和自身的生产条件作出决策。

（3）功能储备决策。某些耐用产品在功能设计上除了满足用户的当前需要和正常需要外，还要考虑用户的潜在需要和特殊需要，为此而设置的功能称为储备功能。它可以是产品已经具备而暂不使用的功能，也可以是目前尚未具备，但对产品稍加改进便可具备的功能。设置储备功能一般会增加产品成本，但可提高产品的适应性和竞争力。企业在对储备功能进行决策时，要从提高产品价值的角度综合处理储备功能与成本的关系。

2. 品种简化与多样化决策

通过产品或零部件的系列化、标准化、通用化来简化产品品种，可以在销量一定的情况下加大制造批量，降低产品成本与售价，提高产品竞争能力，也有利于用户对产品的使用维修。

产品品种的多样化可以增加产品的类型、规格、花色、款式，有利于满足用户多方面的需要。对机电设备等生产资料产品来说，它能使产品功能更符合生产要求，更好地发挥产品效用，降低能源消耗；对日用工业品来说，它能满足不同用户的爱好和需要。品种多样化的缺点是可能导致制造批量减少。为了解决这一矛盾，可以结合品种简化，在基型产品的基础上发展变型产品，也可以通过零部件的标准化、通用化和采用成组技术加大制造批量。

3. 产品定价与价值决策

产品定价关系到消费者的利益、产品的竞争能力和企业的赢利，是新产品开发战略决策的重要方面。用户购买产品不仅选择产品的价格，而且选择产品的功能，综合衡量所获得的功能与所支付的费用，即衡量产品的价值。新产品开发的价值决策也就是要使产品的功能决策与定价决策符合用户的价值观，达到既使用户满意，又能提高产品竞争能力和企业经济效益的目的。提高新产品价值的途径有：①在保证用户功能要求的前提下缩减产品成本，以降低产品售价；②在产品售价不变的前提下设法提高产品功能，特别是辅助功能；③在提高产品功能的同时降低产品售价；④在大幅度提高产品功能的基础上适当提高售价；⑤在大幅度降低售价的基础上适当减少产品功能。

4. 产品组合决策

多品种生产的企业在新产品开发活动中，需要合理安排品种的搭配和组合，这就是产品组合决策。企业内产品生产线的数目是产品组合的广度，它所包含的产品项目数则是产品组合的深度，各产品生产线之间在产品用途、生产条件和销售途径等方面的联系是产品组合的关联性。合理的产品生产组合决策应包含适宜的产品组合深度、广度和关联性，使其能满足用户的多方面需要，提高企业的经济效益。如按工艺相近的原则开发新产品，可以充分利用企业原有的科研装置、工艺装备以及生产条件和机构。按原料相同的原则开发新产品，如肉类联合加工厂同时生产肉食、罐头、药品、肥皂等，可以综合利用原料。按用途相近的原则生产配套产品，如录音机、收音机、扩音机、音箱等音响设备；或生产拖拉机的企业同时生产犁耙等配套机引农具，可以相互促进产品销售。合理的产品组合可以产生相互促进的“协同效用”，它比单独生产各种产品或按不合理的组合生产产品，能获得更大的经济效益，因此企业应力争采用最佳的产品组合决策。

静态的最佳产品组合决策意味着在一定的条件下，企业从可能开发生产的 n 种产品中选择 m 种产品进行开发（$m<n$）。如在钽电解电容器的系列产品中选择

额定电压 6.3～160 伏的一个区间，在聚酯电容器中选择标称电容量 1000 皮法至 6.8 微法的一个区间，在柴油机、拖拉机等系列产品中选择 20～40 马力[①]的一个区间进行生产，使产品规格组合在一定的制约条件下能产生最佳的经济效益。这里所指的“制约条件”包括企业的内部与外部环境条件，而“最佳经济效益”则是指社会经济效益与企业经济效益的统一。但是产品的环境条件是不断变化的，随着客观条件的变化，原有的产品组合决策就可能不再是最佳的。因此，要随着时间、条件的变化，对产品组合进行不断的调整，使其始终保持在最佳状态，这就是动态的最佳产品组合决策。制定最佳产品组合的方法有市场吸引力与企业实力二因素法或市场占有率、产品赢利率、销售成长率三因素法等。

5. 产品品牌与商标决策

产品品牌与商标决策包括：有品牌与无品牌决策；制造者品牌与销售者品牌决策；统一品牌与个别品牌决策等，采用何种决策，要权衡利弊，综合考虑。

5.3 基于时间的新产品开发战略

1991 年，PRTM 的研究表明，在电子行业中有 45%的公司相信，只有当产品的上市时间少于 1 年时，其产品才具有竞争力。麦肯锡公司进行的一项研究表明，对于一个每年销售增长 20%、价格下跌 12%的市场，如果高技术产品的开发成本在预算之内，但上市晚 6 个月，将导致企业在 5 年内少赢利 33%；相反，产品上市及时，但是超预算 50%，在同样的市场环境下利润仅削减 4%。由此可见，越来越多的企业逐渐认识到作为战略武器，时间的作用几乎等同于成本、生产率、质量，甚至创新，企业应通过加速产品开发来获取在时间上的竞争优势。

5.3.1 有关新产品开发时间的定义

新产品开发时间是指从产品构思、概念产生开始，到产品最终上市为止的一段时间，确切地说就是指从有关资源被分配给项目开始，到产品经规模生产而上市并证实为顾客所满意为止的那段时间。它包括从产品概念开发到设计、制造再到最后上市的全过程。

由于产品开发“早期”的起点有一定的模糊性，针对不同的起点，新产品开发时间相应地有三种不同的定义：

(1) 开发时间，是指从产品的具体设计开始到产品最终上市。这种产品开发时间的度量方式反映了在产品功能已经确定，即产品概念设计已经完成的基础上，产品开发的效率。

---

① 1 马力=745.7 瓦。

(2) 从概念到顾客时间，是指从确定产品功能的概念设计开始到产品最终上市。这种度量方式可以反映出在已知顾客要求的基础上，产品概念设计的艰难程度。

(3) 总开发时间，是指从产品构思开始到最后上市。这种度量方式可以综合地反映出企业确定目标顾客、细分市场、制定产品战略的能力。

理论上，开发时间的起点应从产品最初的构思开始。有些公司往往忽略这一点，认为在产品构思阶段，新产品开发项目还未正式开始，它们往往花费几个月甚至几年的时间考虑是否进行有关的产品开发，而且不能及时作出有关决策，以至于最终错过了市场机会。

至于开发时间的终点，应该是达到规模生产而且使顾客满意为止。有些公司把产品还未达到规模生产而匆忙上市的时间当作产品开发的终点，由于此时产品的性能及其生产还不稳定，这样就低估了产品开发的时间。

对开发时间定义的不同，会直接影响到企业与其竞争对手之间比较分析的结果，因为不同的企业对开发时间的度量可能不同。同样，在作有关研究并进行采集数据时也面临这样的问题，值得注意。

5.3.2 影响新产品开发时间的因素

综合来看，影响新产品开发时间的因素有以下几个方面：

(1) 产品本身的特点。产品的复杂性、创新性及产品技术含量将影响产品开发速度。

(2) 产品战略。产品战略不同，其产品开发速度也将不同。比如，若产品只是微小改进或市场重新定位，则产品开发的速度就会快一些；而若产品是重大改进，或对公司和市场来说是全新的，则产品开发的时间就会长些。

(3) 产品开发过程的特点。不同的产品开发过程也会对产品开发速度产生不同的影响。

(4) 产品开发组织的特点。承担产品开发任务的项目组织形式不同，也会在不同程度上影响产品开发速度。

(5) 领导的特点。对产品开发过程及其相关组织采取不同的领导方式，将对产品开发速度产生不同的影响。

(6) 现有产品结构、企业所面临的竞争环境也将影响产品进入市场的时间战略。

5.3.3 缩短新产品开发时间的手段

通过对影响新产品开发时间的因素分析，我们可以相应地找到缩短新产品开发周期的突破口。缩短新产品开发时间可以从以下几个方面着手。

1. 通过追求渐进的创新来缩短产品开发周期

随着产品属性的增加，开发的风险和复杂性也将成几何增长，因此对产品进行小改小革，将有益于缩短产品开发周期，同时，通过增加产品改进的次数也可以达到最后创新的目的。

日本三菱电机的三马力空调在1980～1985年5年间的创新，就是一个渐进创新的过程。

1980年以前，三菱电机的空调技术与美国空调厂家基本处于同一水平，自此，三菱电机开始了渐进创新。1980年，三菱电机开发了运用集成电路控制空气调节循环系统的新产品。1981年，以微处理器替代集成电路，并进行了两项重要的创新：一是快速连接氟利昂管线，即以软管搭扣连接的氟利昂管线代替由铜管弯曲、焊接的管线；二是布线简单化，即微处理器的运用使得两线连接代替了原有的六线连接方式。这两个创新使得产品安装简单化且更可靠，因此扩展了产品分销渠道，增加了市场需求。这段时间的产品创新基本上是产品性能的改进。1982年，三菱电机引进了技术先进的新式空调，即由一种高效的循环式压缩机替代了老式的往复式压缩机，由此提高了能源的利用效率。1983年，三菱电机又给空调加置了感应器，增强了微处理能力，进一步改善了能源的利用效率。1984年，运用换流器，更大程度地提高了效率。

上述产品的变化过程是逐步的、稳定的，同时又是频繁的、快速的。通过这种创新过程，三菱电机在全球家用空调器产业中终于处于技术领先地位。

与此同时，1985年，美国的空调厂商还在争论是否运用集成电路技术。他们的产品开发周期一般要4～5年的时间，因此这项技术创新要到1989年或1990年才能实现。这使得美国的企业在空调器制造方面失去了技术领先地位，甚至落后于三菱电机整整10年。

2. 改进产品开发过程

缩短产品开发时间的一个重要突破口就是改进产品开发过程，也就是说，通过对产品开发过程进行再造而达到缩短产品开发周期的目的。具体来看，首先，要剔除每个开发阶段中的“松弛”活动，精简开发过程。所谓“松弛”活动，就是组织中存在的不必要的、官僚的程序；其次，并行进行有关开发活动。

假设产品开发需要经历机会确定、设计、预测试、市场测试和上市计划五个阶段，如果按照串行的开发过程，每个阶段的任务由某个职能部门承担，而完成任务的结果就被“越墙”传递给另一个部门，以便执行另一阶段的任务，依次类推。如果部门之间不能有效沟通，就会经常发生返工、修改的现象。例如，市场营销部门可能认为产品未能按市场所能接受的准则进行设计，因而将方案返回给设计部门，要求修改；生产部门也可能因为现有的机器设备不能按设计要求进行生产，因而将方案返回给设计部门。这些返工无疑将增加开发时间和开发成本。如果按照并行的方式进行开发，则产品的初步设计可以根据早期所掌握的信息，在机会确定阶段结束之前就开始，而对顾客需求的预测则可以根据粗略的产品原型，在设计阶段完成之前就开始，而上市的广告计划则可以基于初步的顾客测试，在市场测试完成之前进行。

日本汽车制造行业的新产品开发所需时间平均为 43 个月，而美国和欧洲的同行则需要 62～63 个月，这正是日本企业对产品开发过程改进的结果。但是，并行的产品开发过程需要特别加强的管理，如更加顺畅的沟通、开发人员的紧密合作等。

3. 运用新技术来优化产品开发过程，进而缩短产品开发时间

信息技术是企业对产品开发过程进行改造的技术保证。如 CAD/CAM 技术的运用可以提高工程师的工作效率，而且保证产品由工程向制造的快速转换。例如，用 CAD/CAM 系统来设计印刷电路板，工程师根据对制造成本和可靠性的模拟来设计草图，然后有关软件可以代替绘图员进行详细的几何布局、集成电路排版，并安排数字控制模具。这在很大程度上缩短了产品设计和制造的时间并改善了设计。另外，其他信息技术如电子邮件、可视会议、群件等都可用来集成产品开发的各项活动，促进各职能部门之间的沟通。

4. 由跨职能团队来承担产品开发工作

跨职能团队成员包括研发人员、工程设计人员、市场营销人员以及来自生产和制造部门的成员，除此以外还应包括客户、供应商等外部人员。需要强调的是，顾客的参与应该在产品开发的早期。另外，市场营销人员与工程技术人员（包括研发、设计和制造）的合作也应该从开发的早期就开始，这样可以避免因顾客对最终产品的设计不满意而要求设计返工，造成开发时间的延迟。供应商也应该参与到产品开发的早期活动中来，及时提供原材料、零部件供应方面的信息。实际上，所有部门及成员之间都应建立紧密的合作关系，领导人员要用“整合”的观点，指挥协调各职能部门以及战略合作伙伴之间的关系，这样才有助于并行地承担开发工作。如美国 Hallmark 贺卡公司组成一体化的跨职能团队，摒弃过去“越墙式”的顺序开发过程，进行并行设计，重建公司的新卡开发过程，使得新卡的上市时间缩短了 8 个月。

5. 加强对产品开发前期的管理

产品开发的前期阶段被认为是缩短产品开发时间的一个很大的突破点。产品开发的前期阶段即产品概念初始阶段，包括产品构思的产生及概念的筛选。这一阶段虽然成本支出不多，但对今后成本支出的影响却很大。对这一阶段的有效管理可以保证以最小的支出节省最多的时间，而这一点往往被经理人员所忽视。产品开发的前期往往会占用较长的时间，因为这时公司对有关责任分配不明确。另外，产品开发信号与市场机会的不相匹配也会造成产品开发前期占用过长的时间。对每个产品来说，其机会窗口往往是确定的。当市场上没有该种产品时，此时市场机会最大，但对于公司来讲，此时产品开发的紧迫感却比较低，因为对市场机会认识不足，对竞争者的威胁也体会不深。只有当竞争者开发出产品并占领市场以后，公司才会感到有很强的紧迫感，而此时，机会窗口的获利高峰期已经

过去。这就造成了产品开发信号与市场机会不相匹配的状况。加强对产品开发前期的管理，就是要在开发的早期就树立紧迫感，抓住市场机会，加快产品开发。

5.3.4 新产品开发时间战略的战略优势

基于时间的新产品开发战略的出发点就是要缩短产品开发周期，其战略优势具体体现在以下几个方面：

(1) 可以延长产品寿命，增加产品的销售收入和利润，增加市场的占有率。缩短产品开发周期也就是相对地延长了产品寿命。比如，一个产品的生命周期为5年，如果能够1年以后上市，则可以有4年的获利时间；而若花2年时间才能上市，则只有3年的获利时间。另外，第一个进入市场的产品在开始时拥有100%的市场，产品进入市场越早，获得并保持大的市场份额的机会便越大。对那些转换成本比较高的商品，由于顾客转而消费其他产品的成本比较高，顾客将保持对领先上市的产品的忠诚度。如软件业，顾客一旦购买并使用了某种软件，将习惯于该类软件，很难再转而消费其他产品，这样对于最早上市的产品而言，其市场占有率不但很大而且还将得以保持。

(2) 可以通过价格和成本优势增加企业的赢利能力。如果企业的新产品能够早于竞争者进入市场，就可以自由定价，从而获得较高的边际利润；而当竞争者的产品出现时，虽然价格被迫降低，但此时企业比竞争者提前达到规模经济的效果，增加了企业的赢利能力。

(3) 具有快速产品开发能力的企业能够根据情况选择开发时机。具有快速产品开发能力的企业，在新产品上市日期给定的情况下，企业可以选择产品开发项目较晚开始，而不是使开发较早结束。产品开发项目启动晚，可以等待时机，即等到有关技术成熟，其成本降低以后再开发相关产品，同时也可以降低企业自行开发有关技术所带来的风险。如今，许多产品都包含技术含量高的组件，如微处理器，具有快速开发能力的企业往往等到芯片的成本降低一半以后再快速进行有关产品的开发，这样即使产品与竞争者同时进入市场，企业仍然拥有制造成本低的优势。

(4) 快速上市可以增强企业形象。一些企业把“快速”当作一种策略，它们加快产品开发并不仅仅为了增加企业利润，而且是为了通过提供创新的产品，塑造企业作为创新领先者的形象，从而增强企业的竞争力。

5.4 中小企业的新产品开发战略

5.4.1 影响中小企业新产品开发战略的因素

影响中小企业产品开发战略的因素很多，诸如国家政策的变化、与企业生产产品有关的新材料新技术的发展、市场需求的改变、市场竞争的激烈程度等。在众多的影响因素中，有两种因素将使中小企业的新产品开发战略发生根本性的变化。

(1) 工业发展模式的变化。过去，大多数企业遵循“抛弹子型”的模式，即一个企业无论创立时有多大，若干年后其规模也没有什么变化，企业既没有明显的发展，也没有倒闭的危险。这种旧的企业发展模式严重阻碍了整个工业的发展。随着经济体制改革的逐渐深入，工业企业的发展将会遵循“滚雪球型”的模式演进。在新的模式下，那些不顾自身能力、不考虑产品开发的企业将无法生存下去。所以，工业发展模式的变化，将对中小企业的新产品开发战略产生重大的影响。

(2) 经济增长率的变化。中小企业的发展，既促进了整个工业的发展，同时又受到整个工业经济增长速度的制约。经济增长率的变化，必将把企业置于一个全新而复杂的经营环境中，从而直接影响着企业的产品开发战略。

5.4.2 中小企业不正确的新产品开发战略表现

许多中小企业主要采取了下述三种不正确的产品开发战略，致使企业处于被动的局面，甚至造成企业的破产和倒闭：

(1) 盲目性的紧跟战略。有的中小企业，不顾自身的能力，盲目上“热门货”；有的不顾企业的技术状况，盲目追求技术上的先进性，采取的都是盲目性的紧跟战略。

(2) 孤立的游击战略。有的中小企业，只重视眼前利益，不重视投资开发能为企业带来长远经济效益的新产品，最终导致企业的衰退。

(3) 无弹性的保守战略。有的企业领导思想保守、反应迟钝，不能根据经营环境的变化及时调整企业的产品构成和产品发展方向。

5.4.3 中小企业的新产品开发战略

在不同的经济增长时期，中小企业应采取不同的产品开发战略。一般在经济低速增长时期，中小企业适于采取减量产品开发战略，即用尽可能少的人、财、物力消耗，实现一定的产品产量和目标利润。在产品开发上可采取冷门战略、细分战略、协作战略、冒险战略和转移战略。在经济平稳增长时期，可采取稳健经营战略，选择用户需要的产品，积极谋求发展。在产品开发中可选用拳头战略、细分战略、冒险战略等。在经济高速增长时期，可采取先成长后利润的战略，善于抓住空白领域，力争先发制人，在产品开发中可采取钻底战略、拳头战略、细分战略、引进战略、冒险战略等。

将上述三种情况下的各种战略进行归类，可分为以下几种具体的新产品开发战略。

1. 主动性的优势战略

主动性的优势战略即扬长避短，积极发挥并创造企业自身的优势和条件。发展中具体有以下几种可供选择的战略：

（1）拳头战略。即围绕企业的传统产品进行产品开发，使其不断升级换代，逐步向系列化、多样化方向发展，从而使企业得到不断的巩固和发展。如“掌握了全世界男人胡子”的美国吉利公司创业伊始所使用的战略，即是典型的拳头战略。

（2）细分战略。由于中小企业大多数实力有限，在开发大件成套产品上无法与大企业竞争，加之许多中小企业缺乏开发新产品的意识，盲目模仿追随他人，结果使企业陷入濒临倒闭的境地。所以，通过市场细分，中小企业可依据自身实力开发那些大企业不屑于生产的小产品、零配件产品。例如，法国的一个电话公司针对顾客打电话通常需要找纸和笔作记录的情况，发明了一种带有活页记录本和圆珠笔的电话机附加装置，与电话机一起配套推向市场，结果十分畅销。

（3）转移战略。是指当企业退出某些生产领域进入新的生产领域时，要充分利用其原有的优势。

中小企业要运用主动性的优势战略，重要的是要积极创造优势。一般情况下，企业创造优势有四条途径：想别的企业未曾想到的产品；注意别的企业忽略的产品；创造自身的特色产品；生产、销售别的企业不愿干、不想干的产品。

2. 创造性的持久战略

所谓创造性的持久战略，就是指企业在产品开发中要着眼于企业的长远利益和未来发展。主要可分为以下几种战略：

（1）钻底战略。这是一种既重视潜在市场的需求，又能引导并刺激消费的战略。一个高明的企业不能跟着市场跑，而应懂得引导市场，开发潜在的市场。如格兰仕成功地开发家用电器——微波炉，并耗资近百万元，赠书几十万册，从而引导顾客把潜在的需求变为消费的现实，是灵活运用钻底战略的典型。

（2）协作战略。这一战略具体有两种形式：一种是面对实力强的企业的竞争优势，在实力弱的企业间开展多种形式的协作与联合；另一种是靠“大树”战略，即利用力量强的企业的某种“王牌”（如名牌、资金、技术力量、销售渠道等），在竞争中谋求生存和发展。如浙江神鹰集团在1993年将高档丝绸服装打入美国市场时，曾依靠中国香港最大的丝绸服装公司生产出享誉国内外的“亨哥尔”丝绸时装，从而使得“亨哥尔”的名字在服装界日渐响亮起来。

（3）引进战略。中小企业由于自身实力所限，在产品创新上常常力不从心，但创新却是市场竞争中一件重要的法宝，所以中小企业可以将力量强的企业或科研单位、大专院校正在创新的某些阶段性成果或已经获得成功的产品，通过某种渠道引进过来，然后加以消化、吸收，转化为企业的新产品。如周口味精厂创业初期，在短短的几年内就使生产的味精迅速占领了省内外的广大市场，就是采取了这种引进战略。

3. 灵活的进攻战略

中小企业在产品开发中，要善于利用环境的变化，及时捕捉战机，充分发挥

“自身船小好掉头”的优势，善于采用灵活的进攻战略。此战略主要包括冷门战略和冒险战略。

（1）冷门战略。指企业在产品开发中要攻冷门，拾遗补缺。如辽宁锦县新庄一乡镇企业在由生产塑料薄膜转为生产其他产品时，选择了生产擦布这个“破烂项目”，从而使企业的“雪球”越滚越大。又如日本一家公司从人们日用生活品上打主意，开发出一种可变大小的锅盖，结果这种产品非常畅销。

（2）冒险战略。就是指积极创办和发展风险企业，开拓和发展新兴技术。目前我国的科技水平比较落后，许多产品缺乏国际竞争力，大力发展我国的风险企业尤为重要。

总之，企业间的竞争最终表现为产品的竞争，中小企业只有灵活运用各种产品开发战略，才能不断提高竞争实力，在激烈的市场竞争中占领一席之地并得到不断的发展。

5.5 基于供应链的新产品开发战略

以企业为主体的新产品开发管理中的最大困难是市场高度的不确定性（包括随机性和模糊性），如开发设计、技术来源、市场需求、产品的供销、市场的开拓等都将可能成为产品创新过程中阻碍成功的障碍。市场需求变化多端，技术进步对新产品本身的要求加大，科技发展的速度与市场竞争的力度又促使新产品更新换代的脚步不断加快，要求新产品研制周期大幅度缩短。传统的依靠一个企业自己的力量进行产品创新的模式在越来越变幻莫测的情势面前显得越来越束手无策。

在新的环境下，企业与销售商、客户和供应商的关系，正在从以往的业务往来发展为利益共享的战略合作伙伴关系，这就形成了供应链管理的理念。企业与企业之间的竞争演变为供应链与供应链之间的竞争，当然竞争的焦点仍然是产品。

5.5.1 基于供应链的产品开发战略

战略是一种模式。在产品创新过程中，为了避免开发无法生产的产品和生产无法销售的产品，企业往往通过挖掘和识别因顾客需求差异而弱化的潜在需求，先期引入供应商、专家和销售商等拥有相关外部知识的综合团队，使这种知识满足潜在需求成为可能。在这种可能性实现的过程中，存在四个引发产品创新的因素，即战略（S）引发因素、计划（P）引发因素、技术（T）引发因素和市场（M）引发因素。

（1）战略。供应链的战略是集中优势创新产品。其优势体现在两个方面：一是技术优势，沿着供应链的核心技术创新产品；二是市场优势，利用供应链在某个领域里的市场信誉、销售网络适路对销开发产品。

（2）计划。供应链在规划新产品时，既看到长寿命期项目的长处，虽然投资大，回收期长，但由于技术含量高而可能做成技术垄断产品。同时也顾及到短开发期产品的益处，虽然技术含量低，但投资小，见效快。

（3）技术。由于知识的外溢性，整个行业技术水平不断提高。当市场拉动和技术推动存在一定的耦合点时，技术驱动是技术得到进步与发展并提高整个社会技术水平的一种好方法。利用技术进行产品创新时要考虑的因素是：有效满足市场需求的能力、内外部技术的兼容性、技术采购成本和技术实施的内部置换成本。

（4）市场。通过对市场微弱需求信息的挖掘，利用自己的专有知识加以识别、筛选和过滤，以达到满足这种被别人忽视的需求，建立进入该领域的一种竞争壁垒。

图 5-1 是基于供应链的产品开发战略形式。实线表示物流，虚线表示信息流。供应链对基于战略、计划、技术和市场等因素形成的产品创意进行技术可行性与市场可行性的分析。技术可行鉴于两个方面的讨论：一是由创新技术转化为创新产品的可行性研究，这是探索科学发展和新原理能否应用到生产实践中的问题；二是创新产品生产过程的可行性分析，这是指生产环节能否匹配完成创新产品的生产。市场可行分析是度量市场对创新产品的接受度并如何拓展其度，把可行性分析过程与供应链的核心能力作一交集评价。供应链的核心能力包括供应链的组织能力、物流能力、营运能力、营销能力和供应链信息传递的能力。供应链核心能力的基础是供应链成员的企业核心能力，但并不是其代数和，它是成员企业核心能力的重组与优化。

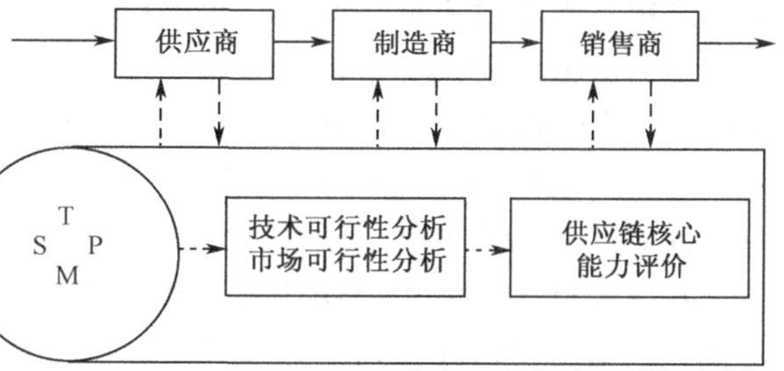

图 5-1　基于供应链的产品开发战略形式

供应链核心能力的大小集中反映在供应链的产品开发上。实际上，供应链产品开发就是一个获取链上企业技术能力并将其转变成持续的产品创新的过程，这个过程中最为重要的因素是企业长期积累的技术能力及在此基础上的技术创新。因此，供应链产品创新能力是形成供应链绩效的能力，也是推动供应链发展的重要动力。

供应链经信息渠道收集信息，不断调整与优化自己的决策，并通过信息平台将相应数据速递至供应商、生产商与销售商，以实施供应链的物流活动。在新产品开发过程中，供应商、生产商与销售商的相应信息也是通过信息渠道反馈回供应链，供应链对此进行技术实现与市场需求的可行性分析，然后作出决策。

为了减少产品开发初期模糊阶段的风险，在通过不同渠道不断收集、筛选外部知识的同时，从多个渠道多个因素全面考虑创新产品的可行性，从而形成多个可供选择的方案。

5.5.2 基于核心企业组织的供应链产品开发战略

以制造企业为核心企业为例的供应链产品创新模式见图 5-2。在这里，产品加工进一步细分为产品前期加工、产品生产加工、产品物流加工等加工形式。制造商作为创新产品的组织者，其主要功能已经从加工过程中脱离出来，取而代之的是对开发新产品活动的组织、协调和控制。此时，供应链的核心能力是通过制造商的组织能力体现出来的。由于供应链成员在创新产品开发过程中的地位与作用、结构与功能表现出等级秩序，所以利益也是按这种次序进行分配的。

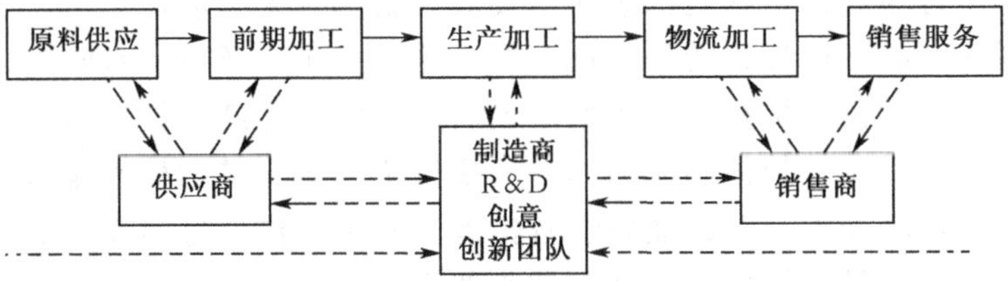

图 5-2 基于核心企业组织形式的供应链产品创新模式

供应链是围绕最终用户需求对成员企业的活动进行组织、协调和控制的。它强调以用户满意为目标的服务化管理。成员企业需要考虑供应链的整体绩效而非其自身的绩效。在图 5-2 的模式中，供应商的早期介入、销售商的终端参与使得产品加工过程被分解，从而达到缩短产品开发的周期。如日本汽车制造商（如丰田公司）对于由制造商和供应商共同研发的零部件，制造商负责提供成本、性能、外形、接口以及其他以整车总体布局规划为基础的基本要求的设计资料，通常就产品的开发速度和质量进行供应商选择，然后制造商与利用最短周期开发出最好样机的供应商签订订单，并且在生产过程中给予供应商技术辅助。资料显示，20 世纪 90 年代初，日本汽车零部件中的 62%来自于制造商与供应商的共同研制，制造商完全控制的零部件占 30% ；而在美国，需要制造商花费大量精力开发的零部件占 81% 。正是由于零部件供应商的早期介入，通过物流资源整合，提高了供应链的物流能力，使得制造商获得更高的质量、更短的研制时间，得到更好的市场效果。

从上面的分析来看，制造商的主要功能不仅仅是自己对产品的生产与加工，更重要的是去组织一个新产品的生产与加工，充分利用一切有助于创新产品的保质快速生产的力量，达到创新产品的早日投入市场。因此，核心企业组织能力的强弱凸显出供应链核心能力的大小，企业的新产品开发战略演变为供应链新产品开发战略。

➢思考题

1. 什么是新产品开发战略？它具有什么特性？
2. 新产品开发战略在新产品开发过程中发挥着什么作用？
3. 新产品开发战略的类型有哪几种？
4. 简述新产品开发战略的具体内容。
5. 影响新产品开发时间的因素有哪些？
6. 如何缩短新产品开发时间？
7. 中小企业的新产品开发战略有哪些？
8. 典型的新产品开发战略决策有哪些？试述它们的内容。

➢案例　海尔集团的产品研发战略

目前，全球全自动洗衣机分为三种，分别是波轮式、滚筒式和搅拌式。滚筒式、搅拌式洗衣机流行于欧美等发达国家，具有上百年的历史。20 世纪五六十年代，日本研制出独具风格的波轮式洗衣机，形成亚洲波轮式、美洲搅拌式和欧洲滚筒式各成一派、三分天下的局面。

海尔集团“双动力”洗衣机的成功开发获得了国内洗衣机界的殊荣，它首创世界上第四种洗衣机类型，体现了海尔集团敏锐的市场洞察力和超越对手一筹的市场开发研制策略。

在国内洗衣机市场上，海尔集团一直面临着强大的竞争对手。海尔集团的主要竞争对手无锡小天鹅洗衣机有限公司是中国洗衣机行业产量和销售量最大的企业。小天鹅公司利用其在洗涤机械制造、洗涤技术领域的优势，全力制造全自动洗衣机并取得很大的成功，还积极寻求国际合作以扩大出口抢占国际市场，在这方面对海尔集团构成极大的威胁。另一个主要竞争对手——山东小鸭电器股份有限公司与世界同步的高新科技接轨，造就了小鸭全自动滚筒洗衣机的精良品质，同时该公司还善于走多样化路线，在成功生产出滚筒洗衣机新品之后，又研制出纳米滚筒洗衣机、迷你滚筒洗衣机、烘干滚筒洗衣机等系列新品，再一次掀起了市场热潮。

为了在激烈的市场竞争中取得优势，海尔集团将自身与这两大竞争对手作了对比。相对于小天鹅公司，海尔集团走的是产品多元化路线，不像对方一样可以集中资金和精力在洗衣机上；而小鸭公司虽然在实力上不如海尔集团雄厚，但同样具有其发展优势。海尔集团虽然面临着这些强劲对手的挑战，但也有着极好的市场机遇和品牌优势。基于这样的分析，海尔集团决定根据自己所拥有的在波轮洗衣机、滚筒洗衣机和搅拌洗衣机方面的技术优势，及其本身的专利品牌优势，根据市场消费者对三种功能合一的洗衣机的需求开发研制海尔“双动力”洗衣机。由于海尔“双动力”洗衣机的研发经过了深入的市场论证以及海尔集团强大技术实力的保证，海尔“双动力”洗衣机很快便研制成功，并且取得了技术上的巨大突破。

海尔“双动力”洗衣机的创新发明之处是具有两个传动系统，同时相向运转，增大了水流强度，形成强劲翻滚的“沸腾”水流。同时，“双动力”洗衣机内桶壁设有搅拌叶，形成特有的搅、揉、搓三模式洗涤，这种独特设计较好地把波轮、滚筒、搅拌的功能合三为一，防缠绕，磨损率低，提高了洗净比。此外，海尔“双动力”洗衣机还采用了洗衣机最新的同步技术，缩短了洗涤时间，减少了用水量，实现了“用水一半，用时一半”的目的。国家权威部门检测结果显示：海尔“双动力”洗衣机在15分钟内就可完成5千克衣物的洗涤，并达到国标要求的≥0.7的洗涤效果（通常波轮机的洗涤时间为45分钟左右，滚筒机为120分钟左右）。

从这一例子中我们可以看到，海尔集团成功的产品开发策略在于，善于把发现的市场机会与自身的企业实力相结合，在适当的时机制造出满足消费者需求的产品。正如松下集团前总裁盛田昭夫所说：“创造就是要想别人没有想的，造别人没有造的。”而海尔集团正是成功地做到了这一点，并把“双动力”洗衣机成功推向市场，获得了丰厚的回报。

第6章

新产品开发的组织

【本章学习目标】 了解新产品开发组织的特点与功能，清楚组织决策的内容。熟悉常见的组织结构与新产品开发的具体组织形式。了解组织创新的推动因素与障碍因素，掌握新产品开发组织结构的评价指标。

面对不断变化的企业环境，企业组织要求员工同心协力地工作以实现企业既定的战略目标。针对不断变化的购买者的需要、竞争对手的威胁或其他市场转型等外部环境的挑战，以新产品去应付这种挑战是非常有效的。一个企业如何从内部对由于新产品开发所激发的形势作出反应，将决定产品是否能及时地、以满足潜在购买者需求，并以其他市场利益相关者默许的形式进入市场。新产品的研发过程、试生产过程、市场策划以及市场营销过程均需要一个合理健全的组织结构。由于新产品开发具有高度的灵活性等特征，就要求组织进行相应的创新，作出一些适应新产品开发的组织决策，选择适当的组织形式，为顺利开发新产品提供保障。

6.1 创新型组织的建立

在管理领域中，“人是最有价值的资产”的观点被所有人认同，所以存在“核心人物”、“团队”这样的概念，而且人还是企业创造性的核心。

在创新领域里也非常注重人的价值，心理学的研究成果显示，每个人都具备与生俱来的发现和解决复杂问题的能力，而当具有不同技能和判断力的人一起进行创造性活动时，往往又能取得不同凡响的成绩。

我们可以非常容易地举一些例子。虽然个人的创新活动要求其具备不同寻常的品质，如必须要有充沛的精力、不懈的热情和创新的思维去发掘新的概念，创造新的事物。那些常见的科学家、专利发明者以及作曲家，都是这样的人。然而，创新却越来越多地与团队以及不同学科和不同眼界的人的组合联系在一起。不论是制造业，还是服务业的销售渠道，成功往往来源于一个高绩效团队成员的密切合作。

当企业高度地发挥了组织成员各自的特点，就可以产生令人惊叹的结果。大凡是成功的企业都特别讲究主动性的人员管理与公司绩效在各个方面的紧密联系。通常说的“企业的竞争在产品”、“产品的竞争在人才”指的就是由“人才的竞争优势”铸就了“企业的优势”。尤其在高科技时代，因为人承载了技术又创新了技术而使人成为企业最有价值的资产。因而，管理面临的一个重要挑战就是如何发挥人的创造性，建立一个创新因子活跃的组织。

6.1.1 建立创新型组织

创新型组织的结构和内在文化（价值观和信念）都是支持创新的。同时，创新型组织不仅仅是针对组织结构而言的，它是一整套有利于创新的组成部分的有机结合，这些组成部分共同创造和强化一种使创新活动活跃的环境。这里从众多因素中找出与促进创新相关的部分，把这些组成部分列于表 6-1。

表 6-1 创新组织的组成部分

组成部分	主要特征
共同的前景规划，共同的创新意愿	管理层清晰阐述组织的共同目标，拓展战略含义，高级管理层的承诺
适当的组织结构	组织设计利于创造、学习和互动
关键人物	倡导者、拥护者、监督者和其他推动创新的人
有效的团队	建立有效团队，运用团队的力量解决问题
持续性和拓展性的个人发展	建立教育和培训制度，确保员工高水平的技术和能力
广泛的沟通	组织内外横向与纵向的沟通
创新的积极参与	参与组织持续性的创新活动
外部关注	内外顾客定位全面品质文化
创造性的氛围	建立积极鼓励创造性建设的制度
学习型组织	在组织内外体验、发现和解决问题，交流和分享知识和经验

创新本质上是关于学习和变化的，并经常具有破坏性的、有风险的和有成本的。虽然个人和组织会用许多不同的思维和行为方式来不断强化对现状的认可，但创新就是要克服这种惯性，力图改变现状。通常可以从实践和超越自我的发明

者身上，从冒险创业企业家身上，从挑战陈规的企业中看到创新的精神。

企业的核心能力是企业竞争力的源泉，但是也有其不利的一面，这是因为思维定式的作用，企业在某些方面具备的优势会成为企业创新的障碍。创新就需要花相当大的力量和热忱去排除这类障碍。一个成功的创新型组织需要解决好的一个迫切问题就是：找到合适的方法确保有好创意的员工在组织内就能实践他的创意。

高级管理层的承诺是成功的创新活动所必需的，问题是如何将这一概念转化为组织的机制，使得管理层能够参与、支持创新。而且，这种支持应该是一种长期的承诺，而非追求短期的回报。创新具有不确定性，其所带来的回报也许不会很快显现，并且需要“耐心的投资”。这种支持是不容易做到的，尤其是必须在利润分配与长期的技术发展计划中加以取舍的时候。解决这个问题的途径之一就是，领导阶层在关注投资回报的同时关注其他方面，如市场渗透、市场份额或拥有更灵活的产品系列的战略利益等。

另外，管理层必须能够承担风险。因为创新带有与生俱来的不确定性，使成功与失败共存。因此，成功的技术管理要求组织做好承担风险的准备，把失败作为学习和发展机会。当然，这并不意味着应该承担那些不必要的风险，如信息不准确或决策失误造成的风险。

6.1.2 新产品开发组织设计的特点

新产品开发的不确定性、偶然性等特征要求开发组织具有相对应的特点。

1. 开发组织的工作独立性

以程序化和专业化为特征的组织结构要求工作制度化、规范化，要求按章行事，等等，这种程序化作业容易把组织内外的各种变化视为威胁，以避免影响现有工作的稳定性，力求以不变应万变，或仅对程序稍加调整来应付变化。而以创新为特征的新产品开发组织则要求从变化中发现机会，主动地去迎接挑战。因此，缺乏灵活性，只是刻板地按章行事的组织，不可能符合新产品开发组织不断创新的要求。新产品开发组织要求新产品开发工作与现有的程序化工作分离，单独组织新技术开发、新产品开发等活动，尽量使它们在组织结构上、在权责上与现有的程序化工作发生较少的联系。因为企业现行的运作方式很容易对具有创造性的新产品开发活动构成阻碍。一旦出现短期利益和长远利益的冲突时，企业通常的反应是把资源投资现有的业务，这种反应必然容易损害新产品开发的组织，延缓新产品开发的实施。因此，在企业中，新产品开发活动最好在结构上、业务上都与正常的生产经营活动分离。

2. 开发组织的决策自主权

具有程序化特点的组织要求全部经营活动的各组成要素都应统一行动、协调一致，因此，各组成要素不能有较多的决策自主权，以避免出现各行其是的状况。新产品开发作为创新工作不同于程序化工作，它无章可循，每时每刻都可能碰到非程序化决策，因此，需要掌握大量的信息。如果创新组织没有决策权，则很容易使创造性人才无法发挥其创造力，也不利于企业抓住创新的机会。如果有了决策自主权，新产品开发组织就能够提高组织的应变能力和风险承受程度，能够应付新产品开发的各种不确定性，提高员工的参与程度，激发员工的积极性。

3. 开发组织的高层管理职权

新产品开发的管理职权一般赋予较高层次，甚至由组织的最高层级直接负责，可以不纳入一般管理组织的现有等级体系之中。这不仅是因为新产品开发关系到组织的未来，意义重大，还因为创新事业与现有事业比较，其规模、经费、收入等无法比拟，低层级组织一般不具有可以关照创造性活动的远见，无法给予其应有的保障。另外，部门之间的交叉合作也需要高层管理者决策。

4. 开发组织的相关性

开发组织的相关性包括组织内部子部门之间的关联和组织与外部环境的关联。

5. 新产品开发组织的绩效评价

对于从事程序化工作的职员来说，工作绩效相对比较容易判断，可以通过已形成的工作效率等来考核。但对于从事新产品开发工作的组织成员来说，其工作绩效往往要到新产品市场推广以后才能确切判断，而从新产品开发到市场推广有时需要相当长的时间，所以不能简单地以眼前利益作为评价的基准，而需要评价其长期的贡献。

6.2 产品开发的组织决策

企业的新产品开发活动必须要得到有效的指导和管理，新产品开发组织的基本职能就是提供这类指导和管理。企业要合理有效地组织新产品开发，就必须对新产品开发活动的管理层次、管理职能、组织结构形式和人才构成等问题作出决策。

6.2.1 管理层次决策

在设有事业部或执行部的分权型企业组织之中，企业集团需要确定由哪一个层次负责新产品开发，这就产生了层次决策问题。从总体上看，新产品开发有三个主要的环节，即新产品开发的战略总体规划、特定计划项目的选择与管理和新产品开发的组织实施。明确这三个环节的组织决策层次对新产品开发的管理是非常必要的，相应地，层次决策问题就是确定这三个环节由企业组织的哪一层决策的问题。

1. 新产品开发战略规划的层次决策

新产品开发战略规划的层次决策就是决定由哪一层负责新产品开发的总体规划。可以有三种选择方案：一是把新产品开发作为公司第一级的事，由公司决策与管理，事业部不负责此项工作；二是新产品开发的一切事务由事业部负责，事业部进行总体规划，公司不管，只起控股的作用；三是新产品开发实行两级管理的体制，总体规划分为公司和事业部两级，这是比较常见的情况。

2. 特定的新产品项目规划的层次决策

如果新产品开发的总体规划是由公司或事业部单独负责制定，那么特定的计划项目也就应由相应的层次予以管理。如果总体规划分为两级，那么特定的计划项目既可以由公司层级负责，也可以由事业部层级安排。如果开发项目所涉及的领域是比较新的，则该项目由公司层级负责，开发成功后再组建新的事业部；如果项目需要多个事业部参与或者单独一个事业部承受风险的经验、能力不足，则该项目应由公司层级管理。

3. 新产品开发组织实施的层次决策

组织实施新产品开发的层次有公司层级、事业部级和职能部门层级等多种形式。但新产品开发组织实施的层次决策不仅与新产品的组织管理层次有关，而且与新产品开发的组织实施方式相联系。新产品开发组织实施方式主要有集中化与分散化两种。新产品开发的分散化方式是把新产品开发分散到职能部门等较低层次，如销售部门；新产品开发的集中化方式则主要是设立研究所或开发部门，集中进行新产品开发研究工作，集中化程度取决于新产品开发项目的性质、战略等许多因素，主要有以下几个因素：

（1）新产品开发项目的独特性。通常，独特性弱的新产品开发项目易采用分散化的开发方式，以充分利用职能部门的人才和资源。而对独特性强的项目，则采取集中化的开发方式。

（2）事业部之间的共性。事业部之间的共性越强，能共同利用的新产品开发资源就越多，集中化开发的可能性也就越大。

（3）事业部的实力大小。事业部的实力越强，则独立组织实施开发的可能性就越高，集中化开发的形式一般对实力较弱的部门比较合适。

（4）新产品开发战略。变革型的新产品开发战略往往要求新产品开发实施集中化的开发方式，以集中优势资源，减少开发风险。而改进型的新产品开发战略要求实施分散化的开发方式，一般分散到职能部门等下层组织，以便于改进产品和降低产品成本。

6.2.2 职能决策

企业内部组织管理新产品开发活动的层次确定以后，就需要决定在已确定的层次上，由谁具体执行组织管理的问题。新产品开发的管理职能决策主要是确定新产品开发由已定组织层次的主要管理人员，还是由该层次的开发部门、营销部门等职能部门来负责管理。具体而言，企业需要作出以下抉择。

1. 在全面管理人员与职能部门之间的选择

总的来说，新产品开发的管理可以由该组织层级的最高主管负责。但是，由于该项工作极为复杂，涉及的范围较广，经常需要委托给某一职能部门负责。到底是由全面管理人员负责还是由某一职能部门负责，应该根据以下因素来考虑：

（1）新产品开发战略。如果企业采用改进产品、产品线等定位型新产品战略时，所需要冒的风险相对较小，新产品开发活动的组织职能可以委托给某一职能部门。如果企业采用冒险战略或创业战略，新产品开发活动富有较强的创造性，这时新产品开发一般由全面管理人员组织管理。

（2）新产品开发活动所冒的风险程度和创新的紧迫性。当开发风险大或紧迫性大时，新产品开发应由全面管理人员组织管理。

（3）开发项目的复杂程度。若选定的新产品开发项目异常复杂，需要几个部门合作时，新产品开发一般应由全面管理人员进行协调管理。

（4）职能部门的客观评价能力。如果职能部门缺乏排除众议承受环境压力的能力，就需要避免将组织管理的权责赋予职能部门，而应由主管人员管理。

2. 职能部门之间的选择

当新产品开发的管理决定委派给职能部门时，就应考虑委派给哪一个部门更合适。总体而言，进行新产品开发管理的职能部门通常是开发部门和市场营销部门。这两类部门往往是新产品开发活动的触发点。具体选择哪一部门，则应考虑以下因素：

（1）新产品独创性的基本创新来源。若新产品独创性主要来源于市场调查和预测，如运用消费者驱动或竞争驱动创新模式的新产品开发，则新产品开发一般由市场营销部门负责组织。而在运用技术驱动创新模式的企业中，新产品开发则主要由研究与开发部门组织，因此，新产品开发的主要源泉是实验室。

（2）新产品的技术与市场的匹配情况。即使新产品的独创性来源于实验室，仍需考虑研究人员对市场需求和消费者行为的了解程度。如果研究与开发部门因为与市场之间存在沟通障碍，观察能力不足时，就容易造成技术与市场需要的偏离，这时还是应当考虑由市场营销部门来协助完成。

3. 全面管理人员如何执行组织职能

如果企业已经决定组织新产品开发的职能由全面管理人员直接负责，就必须妥善处理新产品开发管理与日常生产经营管理的关系。全面管理人员不可能直接从事新产品开发的每一项具体任务，需要配备助手，或者组建新产品委员会，负责咨询指导，并在全面管理人员的授权下进行组织协调工作。

6.2.3 组织结构形式决策

新产品开发的组织结构形式决策主要涉及决定组织结构形式的基本影响因素和组织结构形式的选择。

1. 影响组织结构形式的基本因素

(1) 战略。组织结构必须服从组织所选择的战略的需要。新产品战略选择的不同，在两个层次上影响新产品开发的组织结构：不同的战略要求不同的开发活动，从而影响管理职务的设计；新产品开发战略重点的改变，会引起开发组织的工作重点、各部门在开发组织中的重要程度改变，因此要求对各职务以及部门之间的关系作相应的调整。

(2) 规模。规模大的组织一般要求组织具有较高的专业化、正规化和集权化。因此，这样的组织成为传统的机械式组织结构形式的可能性大。

(3) 技术。技术可分为常规技术和非常规技术。常规技术是指有少量意外，问题便于分析，高度正规化，集权化结构。非常规技术是指有较多意外，问题难以分析，分权化，极低正规化结构。技术类型与企业新产品开发的组织结构之间存在着很大的相关性。每种类型的企业都有其相关的特定的新产品开发组织结构形式，成功的企业能根据技术的要求进行合适的结构安排。在所有其他条件相同的情况下，技术趋于常规化，组织也应当趋于机械化；技术趋于非常规化，则组织的灵活性程度就要高，因此采用有机式组织结构形式的可能性就大。

(4) 环境。外部环境是否稳定，对组织结构的要求也是不一样的。稳定环境中的经营，要求设计出稳固的机械式组织结构，管理部门与人员的职责界限分明，工作内容和程序经过仔细的规定，各部门的权责关系固定，等级结构严密。而多变的环境则要求设计出灵活的有机式组织结构，各部门的权责关系和工作内容需要经常作适应性的调整，等级关系不甚严密，组织设计中强调的是部门间的横向沟通而不是纵向的等级控制。

2. 新产品开发的组织结构形式

企业传统的机械式组织结构是等级制组织结构。这种结构高度正规化和程序化，权力集中于组织“金字塔”的顶端，由高层管理者将权力授予职能和直线部门。它依靠专业化分工获得效率和稳定性，易于管理。但是，它与发挥创造力所要求的组织环境格格不入。因为创新需要灵活性、自主性，思想和行为的束缚都会限制创造力的发挥。因此，等级制组织往往并不是新产品开发活动的最佳组织形式。根据新产品开发的特点及其对组织的要求，新产品开发的组织结构更倾向于采取如矩阵组织这样的非等级制的组织形式。适用于新产品开发的矩阵组织有许多，如新产品委员会、项目小组等。

(1) 新产品开发的管理组织结构形式。新产品开发的管理组织形式可以是集权化的个人，如总经理、项目经理等其他协调管理人员；也可以是分权化的委员会或管理部门，如新产品开发委员会、新产品部等。通常采用委员会形式的企业比较多，这种分权化的管理组织可以提供协调和决策。

（2）开发项目的组织结构形式。企业新产品开发的风险小组或风险群体，其成员来自不同职能部门，作为专为新产品开发设置的小型执行委员会，它们完全脱离日常活动，所需的各种资源来自事业部或公司；风险群体承担开发项目的风险较大，须运用公司或事业部赋予的资源来自己承受产品开发中的各种风险。风险小组或风险群体的自主性较强，是一种分权化程度较高的组织形式，比较适合风险较大的单个产品开发项目运用。

6.2.4 人才构成的决策

产品开发的创新活动是一项对创造力要求极高的活动，对新产品开发组织的人才构成有着较高的要求。一般来说，企业新产品开发组织应包括以下几类人才：

（1）战略制定者。负责企业总体的长期开发计划和新产品战略。

（2）创新者。这是真正从事新产品构思的人，他们是新设想的源泉。创新者可以是职业的，也可以是非职业的，研发人员就是职业的，而许多出主意想办法的人员往往是非职业的。创新者可以是企业内部人员，也可以是企业外部人员。

（3）项目经理。主要是进行新产品开发的组织和领导，其角色往往是多重的，如战略制定者、支持者、评审员等。

（4）宣传人员。主要是大力宣传新产品的潜在价值，获得支持和协助，克服开发的障碍，把新产品项目向前推进，这一角色通常由专业人士担任。

（5）评审员。主要负责评估项目在技术、生产、财务、市场等方面的合理性，以尽力避免出现因某一方面考虑不周而使项目陷入泥潭的状况。

（6）支持者。主要是新产品开发组织的领导者，对新产品开发给予特别的支持、鼓励和保护，协助项目小组解决问题。

6.2.5 边界问题决策

新产品开发过程涉及企业内许多部门，或者说是多个部门共同合作的两项活动，这些部门包括开发部门、制造和市场营销部门等，它们在新产品概念或技术转换的交接处，不可避免地会产生摩擦。

新产品开发的主要组织边界问题有开发责任的划分、开发工作与汇报的关系、组织间信息沟通问题等。这些问题若得不到妥善处理，就容易导致许多有较大潜在价值的新设想或新产品夭折。边界问题中最主要和最关键的问题是信息沟通。在新产品开发组织中，主要的信息沟通障碍有使用语言上、感觉上和价值观上的差异。此外，技术开发人员的数量化语言、理性的感觉和严密的态度与营销人员的消费者眼光、感性的推测和重视宣传的态度形成了二者对新产品认知上和交流上的差异，造成二者之间的沟通困难。此外，还存在着很多其他的信息沟通的障碍。

可见，在新产品开发过程中，不可避免地存在着组织边界问题。这些问题主要是通过制定有关政策、采取相应的组织措施和建立沟通渠道等手段来解决。例如，可以制定鼓励各部门参与新产品开发的政策，提高各个部门的参与度，以避免和减少边界摩擦；也可以通过组织措施，在各部门之间来回进行人事调动，或建立联络机构，以增加彼此之间正式沟通的机会等。

6.3 适当的组织结构

不论定义和开发新产品和新工艺的体系规章多么完善，如果没有利于创新的适当的组织环境，这些体系都不可能获得成功。要形成这样的组织环境并不是件容易的事情，它要求组织结构和业务流程都要有利于技术变革的产生。例如，对于等级制度严格的组织，部门之间缺乏联系，信息沟通单向的自上而下，创新在这样的组织里是无法想象的，因为其不能实现信息的通畅和职能部门之间的交叉合作，而这两点恰恰是促进创新的关键因素。

需要指出的是，创新不仅是研发部门的任务，而且已经日益成为整个组织各个部门的任务，包括生产、营销、采购、行政和其他许多职能部门。这促使组织更广范围地向有机式转化。

6.3.1 现代企业的组织结构

随着企业的产生和发展及领导体制的演变，组织结构形式也经历了一个发展变化的过程。迄今为止，企业组织结构主要的形式有直线制、职能部门化、事业部制和矩阵组织等。

1. 直线制

直线制是一种最早期也是最简单的组织形式。它的特点是企业各级行政单位从上到下实行垂直领导，下属部门只接受一个上级的指令，各级主管负责人对所属单位的一切问题负责，厂部不另设职能机构，一切管理职能基本上都由行政主管自己执行。其结构如图 6-1 所示。直线制组织结构的优点是：结构比较简单，职责分明，命令统一。缺点是：它要求行政负责人通晓多种知识和技能，亲自处理各种业务。因此，直线制适用于规模较小的企业，对规模比较大的企业则不适宜。

2. 职能部门化

职能部门化是根据业务活动的相似性来设立管理部门，如图 6-2 所示。职能部门化是一种传统的普遍组织形式。这首先是因为职能是根据活动类型来设立部门的最自然、最方便、最符合逻辑的标准，据此进行分工和设计的组织结构可以

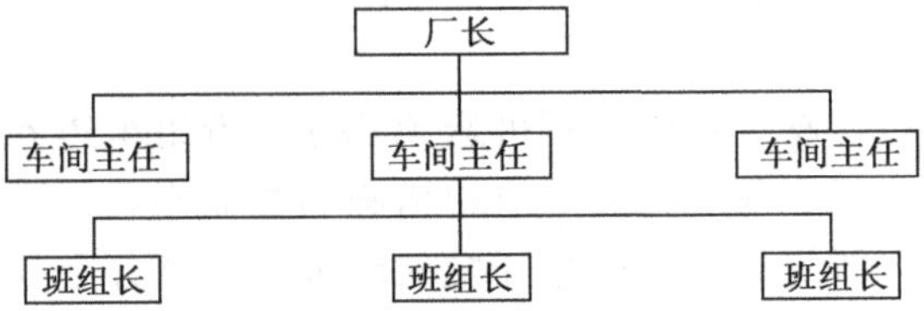

图 6-1　直线制组织结构图

带来专业化分工的种种好处，如有利于工作人员的培训、相互交流等。它的局限性在于：由于各种产品实行集中采购、集中制造和集中销售，各个产品给企业带来的贡献不易区别与评价，因此不利于指导企业进行产品结构的调整；由于活动和业务的性质不同，各职能部门可能只依据自己的准则来行动，因此，可能使本来相互依存的部门之间的活动不协调，影响组织整体目标的实现。

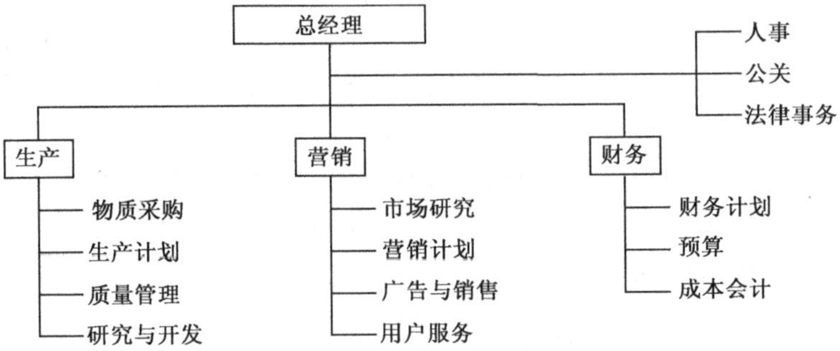

图 6-2　职能部门化组织结构图

3. 事业部制

事业部制是一种高度（层）集权下的分权管理体制，如图 6-3 所示。它适用于规模庞大、品种繁多、技术复杂的大型企业，是国外较大的联合公司所采用的

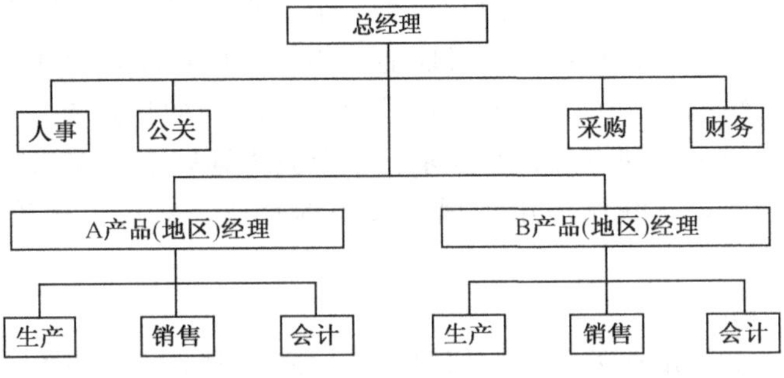

图 6-3　事业部制组织结构图

一种组织形式。近几年，我国一些大型企业集团或公司也引进了这种组织结构形式。事业部制是按项目管理、分级核算、自负盈亏的一种形式，并且一个公司按地区或按产品类别分成若干个事业部，从产品的设计、原料采购、成本核算、产品制造，一直到产品销售，均由事业部及所属工厂负责，实行单独核算，独立经营，公司总部只保留人事决策、财务控制和监督大权，并通过利润等指标对事业部进行控制。事业部制的优势是：

（1）将企业的多元化经营和专业化经营结合起来。多元化有利于减少风险，专业化有利于提高生产率，降低成本。

（2）有利于企业及时调整生产方向。部门化易于比较不同产品对企业的贡献，有利于企业及时收缩或扩大某种产品的生产，使整个企业的产品结构更加合理。

（3）促进企业的内部竞争。由于各个部门的贡献容易辨认，因此可能有利于部门间的良性竞争。

（4）有利于管理人才的培养，增强部门经理的工作能力。

事业部制的局限性在于，对部门经理的能力要求比较高；部门的独立性上升会导致费用增加，还可能会因为每个部门的主管过分强调本单位的利益，而影响企业的统一指挥。

4. 矩阵组织

矩阵组织是综合利用各种标准的一个范例，既有按职能划分的垂直领导系统，又有按产品（项目）划分的横向领导关系的结构，如图 6-4 所示。它的特点表现在围绕某项专门任务成立跨职能部门的专门机构，例如，组成一个专门的产品（项目）小组去从事新产品开发工作，在研究、设计、试验、制造各个不同阶段，由有关部门派人参加。这种组织结构形式是固定的，参与人员是变动的，根据开发的需要抽调人员，包括项目小组和负责人，任务完成后人员解散，回归原单位工作。因此，这种组织结构非常适用于横向协作和攻关项目。

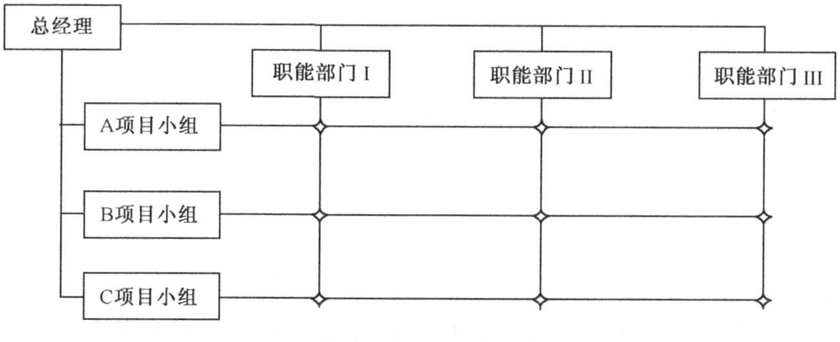

图 6-4　矩阵组织结构图

6.3.2 新产品开发的具体组织形式

在开发新产品过程中，组织和配备人员对开发过程是很重要的。一份对项目管理的五种组织结构的研究（表 6-2）报告揭示：职能模型和职能结构比其他结构的效率要低。对复杂的新产品项目来说，项目小组更为有效，然而，对较复杂和不太复杂的项目来说，项目模型的方法同样适用。项目模型方法在各种组织结构中最受欢迎。

表 6-2 新产品开发项目的组织结构

结 构	说 明
职能结构	项目被划分成几块，并分配到有关职能区域和职能区域内的小组。项目通过职能部门和上层管理加以协调
职能模型	项目经理拥有有限的权力，协调跨不同职能领域和（或）小组的项目。职能经理对项目中他们的部分拥有职责和权力
平衡模型	指定项目经理对项目实行监督，并与职能经理共同承担完成项目的责任，共享权力。项目经理和职能经理共同指导许多工作部门，共同批准许多决定
项目模型	指定项目经理对项目实行监督，对完成项目具有首要的责任和权力。职能经理分配所需要的人员和提供技术专家
项目小组	项目经理负责由数十人组成的项目小组，其人员来自若干职能部门和（或）职能小组，这是一个专职的小组。职能经理没有正式参与

1. 建立一个临时性开发小组

临时性开发小组是一种花费最少、集中度最大的组织结构形式，主要适用于新产品开发较少的企业或没有专门的新产品开发组织的企业。指导和组织新产品开发的职能大都由最高领导人员直接掌握。

2. 新产品委员会

新产品委员会是一种专门的新产品开发组织形式之一，也是矩阵组织形式的一种。该委员会通常由企业最高管理层加上各主要职能部门的代表组成，是一种高层次的新产品开发的管理组织，主要负责协调和指挥企业的新产品开发活动，拟订和评价新产品计划，并进行相关的新产品开发决策。

（1）新产品委员会的分类。根据其主要作用，新产品委员会可以分为以下三种类型：

决策型新产品委员会一般负责制定新产品开发战略，构造新产品开发组织，进行开发项目的评估与选择，以及进行资源配置决策等。委员会的领导人一般是委员会所在组织层次的最高管理者。

协调型新产品委员会主要负责处理新产品开发活动的日常协调问题。委员会成员主要来自各职能部门中的第二、三层次的人员。

特别委员会是对新产品开发的某个方面进行特别管理的委员会，它可能是创新的智囊团，也可能是为解决创新过程中所遇到的障碍而设立的。其主要负责评价和筛选新产品构思，进行新产品开发的相关咨询，解决开发中的各种障碍等。委员会成员主要是专家和有关职能部门的关键人物。

（2）新产品委员会的优缺点。新产品委员会的优点表现在：可以汇集各部门的想法和意见，提高各部门的参与程度，增强部门之间的信息沟通和协调，提高决策的民主化和科学化程度。其缺点表现为：委员会成员之间的权责不清，委员会的工作容易受到日常工作的冲击，难以统一各部门目标、部门利益与总体目标之间的差异，容易发生互相推诿责任的现象，决策周期较长，因而难以作出及时、快速的反应。

3. 矩阵小组

在新产品战略和计划项目确定之后，就需要确定项目实施的组织结构形式，矩阵小组是新产品开发项目经常采用的一种组织形式。它一般处于较低层次，最多参与到计划项目选择这一层级。矩阵小组成员来自不同的直线或职能部门，相关职能经理也可以参与小组工作。矩阵小组一般由从事实际工作且较有经验的人员组成，专门从事委员会或其他上级委派的特别任务，如专门负责新产品的市场开发，当新产品在市场中站稳脚跟后，小组便解散，各小组成员回归原单位。其优点表现在：小组成员来自直线或职能部门，他们可以带来积极有效的工作方法，有利于提高技术水平，便于知识和意见的交流，能促进新的观点和设想的产生，有利于部门之间的协调与沟通，小组成员彼此之间能够产生学习效果，能够共享专业化资源。缺点主要有：由于存在多头领导的现象，成员在工作中可能有时会感到无所适从，容易产生临时观念，影响工作责任心。

在矩阵组织中，由于项目经理和职能经理的权力和责任的大小不同而形成了各种类型的矩阵组织结构形式，主要有以下几种：

（1）职能矩阵结构。在这种结构中，项目小组负责人的权力相对较小，主要负责小组内部的协调工作，而权力和职责主要掌握在各职能部门经理手中，这就容易造成组织的僵化，各部门之间的行动难以统一，工作效率相对较低，但该矩阵结构能够有效地利用人力资源。

（2）平衡矩阵组织。这种矩阵结构的特点是项目经理与职能经理实行责任共担、权力共享。由于彼此之间权力分配比较平衡，容易产生权力斗争，责任不明确，组织混乱。

（3）项目矩阵结构。这种矩阵结构的特点是项目经理对项目承担主要的责任，并拥有较大的权力，在项目小组里占据主要地位，而职能经理只是负责提供项目进行所需要的各方面的工作人员。该矩阵结构职权比较明确，结构比较清晰，较受欢迎，主要适用于开发中等复杂程度的项目。

(4) 项目小组结构。这种矩阵组织的特点是由项目经理从各职能部门抽调人手，并负责由各职能部门的人员组成的项目小组的所有工作，而职能经理不参与项目小组的工作。这种矩阵结构形式由于权责明确，能较快地完成各项任务，因而组织的效率比较高。但这种组织形式不利于继承和积累技术，不利于专门技术的培养，并且小组技术水平受到小组成员水平的限制。项目小组形式是一种专职小组，比较适合复杂的新产品项目。

4. 产品经理结构

产品经理结构是一种特殊的矩阵结构形式。在这种组织形式下，企业根据所实施的新产品项目的多少在产品管理经理下面设置若干新产品经理，一个新产品经理对一个或一组新产品项目负责，包括负责新产品开发的计划、组织、实施和控制工作，新产品的构思，制定产品目标和战略，进行销售预测、市场机会预测等，组织样品开发、市场试销和市场投放，并进行信息反馈等。

产品经理结构是集中的新产品开发形式，新产品经理的工作局限于他们的产品市场范围内产品改进和产品线的扩展，提高了新产品开发工作的效率，使产品经理有更多的时间和精力从事产品线管理，使得开发新产品的功能更加专业化。而且，责任和权力比较明确，各部门的配合效率得到了大幅度的提升，各部门、人员合作也比较紧密。但产品经理结构要求企业拥有足够的资源和实力，并容易导致资源的重复配置，使得成本增加。产品经理结构这种组织模式主要适合于规模较大、资源比较丰富，新产品开发任务比较多的企业，尤其适合高科技企业使用。

5. 新产品部

一些新产品开发较多的大中型企业，为了便于对新产品开发工作进行统筹管理，从若干职能部门抽调专人组成一个固定的、独立性的、专门的新产品开发部门，集中处理新产品开发过程中的种种问题，如提出开发的目标，制定市场调研计划，筛选新产品构思，组织实施和协调，等等。该部门的主管拥有实权并与高层管理者密切联系，它是新产品委员会最恰当的补充管理组织。新产品部的优点表现为：权力集中，建议集中，见解独立，能全力投入新产品的开发，避免日常工作的冲击和随机事件的干扰，有助于企业进行决策，并保持新产品开发工作的稳定性和管理的规划化。但是，新产品部这一开发组织形式需要支付大量的日常开支，需要增加投资和规模，各职能部门之间的矛盾不易协调。

新产品部主要有自主型和协调型两种类型。自主型新产品开发部类似于事业部，拥有单独开展新产品开发活动所需要的资源调配权，或者自己组织力量创新，或者拥有总体规划权和组织协调权，能够避免职能部门之间的矛盾，但需要大量的投资。协调型新产品部是新产品开发矩阵小组的管理机构，企业中的一切新产品开发小组都可以暂时由其管理，它的主要工作是统筹新产品开发的资源和协调矩阵小组的活动。

6. 外部开发组织

企业开发新产品的各种职能、任务或业务，可以委托给企业以外的专门机构去做，如科研机构、大专院校、咨询公司等。企业自身只需制定新产品战略，选择特定的新产品计划项目，对开发成果进行评价、筛选和商业化，一般适用于中小企业。利用外部开发组织的优缺点比较明显。优点是可以避免企业内部的各种干扰，转移开发风险，充分利用外部人才优势，弥补企业内部人才资源的不足。缺点是难以控制新产品开发的进度和创新水平，需要较高的成本、技术等，新产品信息容易泄露。

7. 合作开发

如果制造企业与其产品的上游企业（材料供应企业）或其下游企业（再加工企业或销售企业）在特定情况下，愿意共同开发产品，那么就形成了一种特殊的新组织。上游企业与下游企业配合是外部组织的一种特例，也是目前运用较多的组织形式之一。例如，应用软件开发公司为了进入机械制造、汽车等领域，与有关公司进行合作开发，使新软件产品更符合市场的需要，更快地进入市场。另外，通过授权协议，合作双方能够减少重复的开发，使新产品迅速进入市场，而且可以促进新产品的市场开拓。例如，专利技术的互相授权使用可以使双方能够互相利用对方的专利技术，避免重复开发，节省开发投资和开发时间，加快新产品的市场投放。

6.4 优化新产品开发的组织结构

6.4.1 企业组织创新的影响因素

组织创新的展开和变革的速度一般要受到两类因素的影响，一类是推动组织创新的力量，另一类是阻碍组织创新的力量。

1. 阻碍组织创新的因素

组织创新的障碍大多来自人和组织两方面。

（1）组织的惯性与保守倾向。随着组织年龄的增长，企业往往有保持其稳定性的倾向，这是因为人们习惯了现在的组织方式并对此产生惰性。与组织惯性相似的另一种制约组织创新的因素就是组织的保守倾向。根据保守主义增长定律，所有的组织除非它处于快速增长或内部动荡的时期，否则随着其年龄越长或越成熟，它就变得越加保守。

（2）组织的“沉没成本”。所谓沉没成本是指企业已经投入而无法收回的“投资”，创新学说称其为是制约组织创新的“系统障碍”。因为组织创新将可能使沉没成本不再发挥效用，从而导致企业组织追求稳当，缺乏变革的动力，甚至阻碍变革。

（3）对组织创新缺乏有效的保护。现实中，由于缺乏可保护性，一种新程序或结构一旦公开且其长处得到证实，那么其变种就极易设计，从而使组织的创新活动缺乏动力与激励。

(4) 对新生事物的恐慌。首先是安全感的需要，部分组织成员希望倒退回过去的时代，以寻求安全感。人们总是对熟悉的事物感到安全，而对陌生的新事物敬而远之。追求安全感的本性促使人们反对组织创新。

其次是造成既得利益者的恐惧，因为变革会威胁到人们为取得现状所作的投资，人们对现有体制所作的投资越多，他们反对变革的阻力就越大。这是因为他们担心失去现有的地位、收入、权势和个人便利等。

组织创新的另一种阻力是变革可能会对现有权势造成威胁。组织创新过程往往伴随着组织内部权力的重新分配以及职能的调整，在这个过程中，组织中的一些管理者往往担心自己将失去原来的权力以及职位，于是对组织创新持消极态度，甚至起来反对。

(5) 创新风险的存在。组织创新将使已知的东西变成模糊不清并具有不确定性，从而产生创新风险。组织中的人都有理性避险的倾向，因此会与组织创新活动发生抵触。

2. 推动组织创新的因素

(1) 企业经营环境的变化。任何一个组织都生存在一定的环境之中，组织要生存和发展，就必须不断地适应环境的变化，满足环境对组织提出的各种要求。足以引起企业组织创新的环境因素主要包括：

社会的发展。社会发展对人类社会各种活动的影响是显而易见的，作为人类社会重要的和基本的活动——企业管理自然也要面临着巨大的变革，理所当然地也要求组织进行创新。

技术的进步和创新。权变学派早就提出了不同的生产技术需要不同组织结构形式的基本理论。工业技术的发展促使了企业规模的扩大，从而使得企业管理职业化，产生了管理层级制，即现代企业组织形式，进而促进了组织结构的发展变革。近年来，以信息技术为先导的新技术革命对组织提出了全新的要求，使现有的企业组织理论和组织形式面临着严峻的冲击，企业组织如果不适时地加以变革，就可能被飞速发展的形势所淘汰。

市场需求的变化。当需求下降时，企业可能会采取撤退战略，或者通过促销来维持市场销量和份额，相应地，组织机构和人员都会受到影响。而需求旺盛时，同样会影响组织因素。特别是当新的市场出现时，组织的影响尤为明显。

激烈的竞争。随着市场经济的发展，企业之间的竞争将愈加激烈，这对每一个组织都形成一定的压力，企业为了应付和对抗竞争，增强活力，力争获胜，不得不对组织进行变革。

(2) 企业成长的需要。企业的成长需要一个过程，在其成长过程中往往包含着许多相对独立的阶段，而在企业不同的成长阶段有着不同的组织工作重点和不同的组织特征，如图 6-5 所示。

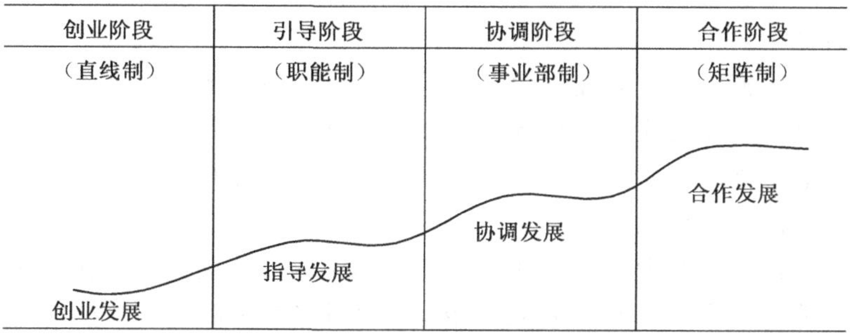

图 6-5　组织成长阶段

创业阶段。它是组织的幼年时期，人心齐，关系简单；以企业的创立者个人管理为特征，一切由管理者决策指挥，高层管理者直接设计组织结构和控制系统，企业能否发展完全取决于高层管理者的素质和能力。

引导阶段。这是企业的青年时期。企业在市场上初步站稳，人员增多，组织不断壮大，以集权、统一指导为管理特征。一般引进了有管理才能的专门人才，建立了职能专业机构，但由于具有高权威的领导者主宰一切，往往协调与信息沟通变得越来越重要，而且容易发生困难。

协调阶段。它是企业的成熟期，这一阶段建立了正式的规划和程序。为了加强对事业部的指导和控制，在企业总部与事业部之间建立了超事业部或集团，即采用了以战略事业单位为特征的组织结构。

合作阶段。它主要是以参与式的矩阵管理为特征的组织结构形式。这一阶段进一步强调管理活动的适应性并富有弹性，强调个人间的主动合作和民主参与，引入社会控制和自我约束的新观念、新机制。可见，企业成长需要在组织管理上不断进行变革，否则长期形成的组织惯性就将阻碍企业的成长。反过来，进行组织创新时，也要注意分析企业所处的成长阶段和成长方式等。

研发组织建立过程中走向不断完善的推动力还包括：信息技术的迅速发展提升了组织的自由度等级；企业研发的组织结构需要与必须掌握的技术能迅速地同步成长；组织形式能够促进企业研发能力的不断扩大，同时在全球规模上对业务的支持应能不断增长；研发组织对客户的需要建立快速响应机制等。

3. 企业内部条件的变化

许多企业内部条件的变化，也会导致企业组织的变革，包括：

(1) 企业战略。企业组织设计与变革必须要考虑企业未来的发展战略，这就是“组织必须服从企业战略”的著名论断。战略需要组织来实现，同时企业的组织结构形式又要服从于企业战略。企业战略不是一成不变的，随着企业规模的扩大、经营重心的转移、外部环境的变化，企业战略也要相应发展变化。战略的变化要求企业组织作出相应的调整，要求企业重新确立关键性职能及各职能部门之间的关系。战略变化了，而企业组织没有作相应的调整，那么组织就会成为战略实施的障碍。

(2) 企业规模。由于企业规模大小是影响组织设计的一个基本因素，特别是对专业化程度、管理层次、集权程度以及人员结构等会产生重要影响，所以企业规模的变化必将推动组织创新。在企业发展史上，企业规模的扩张正是现代企业组织结构形成的重要原因。

(3) 人员素质。企业人员素质包括各类职工的价值观念、工作作风、业务知识、工作技能等。企业人员素质的变化，必将影响到组织的集权程度、分工形式、奖惩制度等组织结构要素，从而引起组织变革。

6.4.2 企业组织创新的内容

一般地，组织创新可以通过改变组织本身来影响组织中人员的行为，或者直接改变组织中人员的行为，或者综合运用两者来进行。而改变组织本身又可以进一步划分为以组织结构为中心和以组织过程为中心两种，它们都强调组织中的非人性因素。因此，组织创新的内容可用图 6-6 表示。

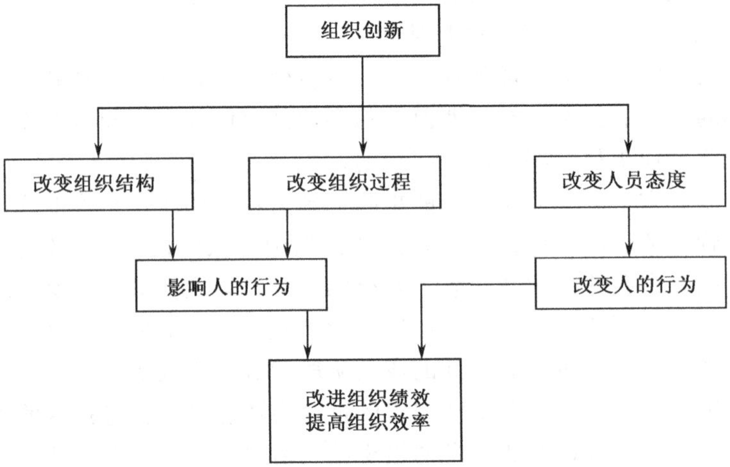

图 6-6 组织创新的内容

1. 以组织结构为中心的组织创新

以组织结构为中心的组织创新，主要通过改变组织的职位或职责，改变不同职位之间的关系，以及通过修改它们的外部变量以改变期望于各种职位上的人们的行为来实现组织创新。实施以组织结构为中心的组织创新往往涉及许多因素和领域，如表 6-3 和表 6-4 所示。

表 6-3　组织结构变革所涉及的内容

1. 规章制度	8. 矩阵组织结构	15. 工作绩效的标准
2. 程序	9. 进度安排计划	16. 正式决策的权力
3. 正式的奖酬制度	10. 信息沟通系统	17. 选择的标准
4. 汇报的要求	11. 工作班组	18. 项目群体
5. 计划	12. 组织层次的数量	19. 预算
6. 部门划分的基础	13. 委员会	20. 正规培训
7. 控制幅度	14. 直线参谋组织	21. 指挥系统

表 6-4　组织结构变革所涉及的领域

组织结构上的改革所涉及的部门	①分权程度的改革 ②管理幅度的改革 ③协作方式的改革 ④工作设计的改革 ⑤工作进度的改革
整个行政规划的改革	①行政型和系统组织规则的改革 ②简单式、机械行政式、专业行政式、部门化的改革 ③矩阵组织结构的改革
其他组织结构方面的改革	①报酬制度的改革 ②工作表现评价鉴定制度的改革 ③控制指挥系统的改革

由于管理者可以对这些因素和领域的一个或几个加以变革，从而形成众多的组织创新的方法：

（1）设立利润中心，即在现有的组织中设立以创造利润为中心的组织单位；

（2）按职能、产品或地域划分部门，即建立事业部制组织结构；

（3）增加或减少组织的管理层次，随着组织规模的变化、组织任务的变化以及组织采用的生产技术的发展，增加或减少组织的管理层级是很必要和必然的；

（4）扩大或缩小组织的管理幅度等。

以组织结构为中心的组织创新实质上是在不动摇传统科层组织根基的情况下，结合组织的历史和环境的变化，对科层组织进行修正和补充。

2. 以组织过程为中心的组织创新

以组织结构为中心的组织创新所依据的理论基础是传统的组织理论，它所关注的重点是与组织结构相关的因素。而以组织过程为中心的组织创新则是对传统的组织理论与实践的一种突破，其组织创新的结果将是构建“过程组织”。

在现有企业中，一项工作的实施过程要由许多职位和部门来分别承担共同完成，这就必然产生频繁地跨部门交流和协调的需要。尽管专业化分工确实带来了好处和优势，但交流不完全和信息不流畅已成为各大型企业组织的通病。很显然，传统分工理论造就的企业业务流程中的专业化分工优势，在今天的大型企业中，有可能完全被不断加大的内部低效的交流和协调所抵消。以传统分工理论和层级结构为基础的业务流程，已从根本上难以适应今天的新市场和新技术，环境已向企业提出了彻底改变原有模式的要求。美国管理学家哈默和钱皮提出的企业再造理论（reengineering the corporation）就给企业组织创新提供了一个新思路。他们认为，科层组织是以专业化分工为基础的结构设计的必然产物。“那些试图破除科层体制的企业，完全是本末倒置”；企业要突破科层体制，实现组织的扁平化，唯一的方式就是改造过程，使之不再支离破碎。因为“企业的问题源自过程的架构而非组织的架构”，把新组织放在旧过程上，就好比“新瓶装旧酒”，难以取得突破性的成绩。企业再造理论提出，要以首尾相接的、完整的整合性过程来取代以往的碎片式的、不易看见也难以管理的“隔裂性过程”。随之而来的是，企业组织的构成单位由专业化的职能部门转变为以任务为导向，充分发挥个人能动性和才能的过程小组。这样，对企业组织的设计和再设计就主要不是结构上的问题，而是按过程来构造组织的过程组织。以这种思路来进行组织创新，并没有直接去削减层次、部门和人员，但却同样可以带来组织结构的扁平化。

3. 以人为中心的组织创新

以人为中心的组织创新就是指通过改变人员的态度及人际间工作关系的性质来改进组织绩效，提高组织效率。实施以人为中心的组织创新，具体方法主要包括敏感性训练、调查反馈、过程咨询和团队建设等。

（1）敏感性训练法，就是通过由一位职业行为学者和若干参与者共同组成非结构化的群体，不对群体规定某种议事日程，职业学者也仅仅是为参与者创造表达自己思想和感情的机会，如此互动来改变人的行为的一种方法。

（2）调查反馈法，就是对组织成员的态度进行评价，确定其态度和认识中存在的差距，并使用反馈小组中得到的信息来帮助消除这些差距的一种方法。

（3）过程咨询法，就是依靠外部咨询者来帮助管理者对其处理的过程事件形成认识、理解和行动的能力的一种方法。

（4）团队建设法，就是通过团队目标的确定、团队成员间关系的开发及成员角色的定位等，使团队成员学会相互理解和信任。

以人为中心的组织创新的最新发展是通过内部成员的组织修炼，建成学习型组织。

6.4.3 新产品开发组织结构的评价

1. 新产品开发组织结构的评价指标

虽然很少有明确的建立新产品研发组织结构的“最好”方法，但构建新产品开发组织时需要考虑如下的要素：①必须对市场的需求反应极度灵敏；②须提供合适的人力资源与资金来源；③要能接受合理的控制；④保证具有一定的灵活性；⑤必须能部分地平衡相互矛盾的利益和目标；⑥既能支持现有业务，也能支持新业务。

以上几个要素也构成了对新产品开发组织结构的评价指标。

2. 新产品开发组织结构的评价因素

新产品开发组织结构的评价因素有：①内、外部研发资源的有效利用；②集中与分散的研发控制和资金筹集；③研发资源的集中与分散；④面向输入与面向输出；⑤生产与项目管理之间的平衡。

3. 合理使用组织内部与外部研发资源

组织决策者必须决定是用内部研发资源来开发某一专门知识、技术和产品，还是与外部合作开发。表 6-5 列举了一些利用外部研发和开展外部合作的实例。

表 6-5 "外部"或联合研发的实例

序　号	外部或者联合开发的实例
1	IBM-AT&T 联合开展超导研究
2	DSM 与 Toyobo 合作开发超强聚乙烯纤维 Dyneema
3	西门子与 IBM 合作开发 64 兆动态随机存储芯片（64MB DRAMS)
4	菲利浦、RCA 以及汤姆森联合开发高清晰度电视
5	日本公司把一基金的 1/3 付给麻省理工学院用于研发
6	20 世纪 80 年代麻省理工学院的工业研究基金翻了 1 倍
7	EC 把超过 200 亿美元的资金用于支持国际研发协会

在传统企业中，外部研发资源的利用通常都是作为最后的手段；而且实际进行时，都是基于特定的条件。但是在现代研发管理中，与外部合作伙伴一起工作不仅被认为是一种生存的选择，而且作为一种研发的积极手段被推崇，不管合作伙伴来自何方。

许多技术的和市场的力量促使企业走与外部合作之路。如产品和服务的技术内容迅速扩大；要求缩短产品开发时间和提前期；在业务、政府以及学术团体之间相互理解和利益不断增加等，随着合作研发的开展，企业积累的经验也越来越多。

在进行联合研发的决策时，企业必须根据诸如成本、时间和资源状况环境变化等因素进行合作的决策。

(1) 当组织尚不具备相应的开发能力时，就应该考虑"买"基本技术。由于基本技术是可以广泛获得的，因此组织不应该把资源浪费在重复研究上。

(2) 使用各种方法密切监视关键技术和新技术，其中包括在大学中投资、与非竞争业中的企业合作、参加研究协会以及与政府开展合作等。

(3) 在主要技术上确保控制研发投资，这是因为这些技术能够体现保护技术差异的本质。

合作开发决策的结果是各式各样的，但在近几年里已经有了重大进步。今天，市场的、技术的和金融的力量把几方合作主体紧密地结合在一起，虽然各自寻求合作开发的初衷不一，但结果大多获得了“双赢”。

4. 规划资源与资金的分散与集中

资源与资金两个因素常作为一个整体出现，它们主导着新产品开发组织的决策。事实上，良好的控制资源与资金的分散与集中，常常可以造就较佳的组织关系。

(1) 分散资源与资金的开发。这种方式使开发资源响应个别项目的需要，并使竞争条件得到迅速改变。资源、资金分散与分布的潜在优劣势比较见表 6-6。然而，企业常常发现这个过程会使优秀的技术中心的资源质量受到严重损害，在相近期间了分散资源，降低了开发组织之间的沟通与合作质量，这将造成资源的利用问题。

表 6-6 资源、资金分散与分布的潜在优势和劣势比较

研发控制	优势	劣势
分散控制开发资金	响应性好 责任性强	可能造成短期资金紧缺 稀有资源非最优利用 对计划连续性存在赢利威胁
分散控制开发资源	响应性好 责任性强	由于打破负荷平衡使经验和成本受影响 信息损失 相互优化组合减少

但由于通信和信息技术提供了新的组织自由度等级，为了达到沟通、合作和保持控制的目标不必再要求地理上的近距离。同时，全球化的不断发展推进了开发资金和资源的分散分布。企业可以以有效的方式应对控制和距离的分散性。

当选择按地理位置分散研发活动时，满足顾客的需求是每个子公司所考虑的一个普遍因素。满足顾客可能包括对本地供应商的需要，尤其是与消费品研究有关的那些供应商，这些研究要有效地反映本地消费者喜好的市场。例如，为了对某个区域供应适时产品，并与当地消费生产能力紧密结合，供应商可能就需要在一些关键消费区域附近形成自己的开发和生产能力。像日本的公司在美国建立的研发中心就超过 100 个。

另外，走近关键资源也是开发按地域分散的推动力。外资企业在中国内地建企办厂，劳动力资源价值低廉是主要吸引力之一。还有高科技公司往往都建立在技术发达的区域附近。

（2）集中资金与资源的开发。大多数情况下，基础研发和创新研发受益于集中控制方式，也受益于各业务单位的研发。

当几个部门都需要一种或多种卓越的技术时，对于这些技术集中协作和集中研究来达到资源的共享应该是一种正确的选择。

通常，新开发产品的功能是需要满足大多数、跨地域的消费者的高效化要求，这就需要集中资源和自上而下集中决策。

集中资金、资源进行开发的方式具有人、财、物得到充分利用的优势，并有利于优化使用有限的企业资源和环境资源，也有利于提高产品开发的可靠性，在一定程度上还可缩短产品的研发周期。

（3）分散与集中相结合的开发。现代企业都采用各式各样不同的开发控制资金与资源的方式，同一企业的不同时期或者在不同的项目中都有可能采用不同的控制方式，这主要取决于企业规模和企业所处的经营环境。因此，企业应结合具体的条件，以优化为原则以整体绩效为目标来确定具体的资金和资源控制方式。

➢思考题

1. 如何建立合理的新产品开发组织？
2. 为什么新产品开发有时会受到抵制？
3. 新产品开发小组要进行哪些活动？
4. 影响新产品开发组织创新的因素有哪些？
5. 新产品委员会与新产品部有什么样的区别？
6. 矩阵小组的特点及其具有哪些组织结构形式？
7. 如何进行新产品开发的职能和层次决策？

➢案例　创建新型企业模式

新技术企业模式的组织结构

这类新技术组织模式的企业大多由高素质的人员创建，需要大量资本投入，具有较高的技术风险和市场风险。

对于新技术企业的认识来源于美国的这类公司，尤其是生物技术、半导体和软件公司的成长。这些公司中很多都是源自于母公司或“孵化器”组织，以学术研究机构和知名大公司为代表。大学孵化器的例子包括斯坦福大学孕育了硅谷中的大部分企业；麻省理工学院孕育了波士顿的128号公路等。其中以麻省理工学院最为典型，除了孕育128号公路以外，其毕业生已经在加利福尼亚州北部创建了200家新技术企业，并且为硅谷提供了1/5以上的雇员。这种所谓的麻省理工学院模式已经在世界范围内被效仿，但成功的例子很有限。例如，1999年由英国政府发起，剑桥大学与麻省理工学院合资成立了一个旨在帮助实现技术成果转化的项目。但是，风险投资家赫尔曼·豪瑟却谈到：“斯坦福大学的毕业生创建的公司资产总值达到了1万亿美元，麻省理工学院的毕业生创建的公司资产总值达到了5000亿美元。如果剑桥大学能够达到200亿美元，就应该算是幸运了。”其中的一个原因就是规模不同。自动软件公司创始人麦克·林奇指出，“硅谷有60英里长，在上几个月中，70～80项的资金筹集规模在5亿～20亿美元的范围。在剑桥，或许只能达到1亿美元的水平”。

大型公司孵化器的例子包括美国的施乐公司帕洛亚托研究中心和贝尔实验室，它们共同孕育了快捷半导体公司，后者又进一步拆分出大量的公司，包括英特尔、高级记忆系统公司、泰利德公司、美国超微半导体公司等知名企业。类似地，工程研究协会孵化出了40多家新公司，如克雷公司、控制数据系统公司、斯佩理公司和尤尼瓦克公司。在许多案例中，大型公司孵化器提供了技术型的企业家，而学术研究机构则提供其他的高素质人力资源。

拆分出来的新技术企业倾向于聚集在它们所来自的孵化器组织周围，形成围绕某个专门技术领域的企业间网络结构。因为技术或人员上的原因，这些企业与其所来自孵化器的企业保持着紧密的联系。大多数的新技术企业保持这种紧密联系是为了获得资金或技术上的支持，当吸收进新的投资时，也很难打破这种家庭式的紧密联系。或许有些令人吃惊的是，新技术企业的失败概率要远远低于其他类型的新企业，过去十年中，新技术企业的失败概率为20%～30%，而其他类型的新企业则达到80%以上。

导致这种差异的一个原因是，新技术企业所处行业在资金和技术方面的进入壁垒比其他许多行业高，因此，那些克服了这些壁垒的企业更容易存活下来。新技术企业在同一个区域内聚集，可以改善企业的发展环境，进而促进企业的成功。因为聚集效应可以产生积极的反馈，产生示范效果，增加对一些支持性机构，像风险基金、法律服务机构的需求，同时增加这些机构自身的经验。此外，还可以在技术研究和产品上进行合作。当然，在这个领域里有成功也有失败，投资失败的情形是残酷无情的，因而面对不断涌现的新的投资选择，风险投资者经常会采取一个分散风险的投资组合，新技术企业投资正在借鉴好的经验，在吸取失败的教训中不断前进。

然而，20世纪70年代和80年代美国环境的独特性，使人们对硅谷或128号公路模式的普遍适应性产生了怀疑。尤其在国防工业投资角色、宽松的纳税制度和风险资金来源方面是美国所特有的。另外，还有一点很重要，就是要将这种某个区域内新技术企业聚集共生与近来在大学周围建立的科技园区区分开来。例如，20世纪90年代欧洲和亚洲一些科技园区的成功，以及其他一些效仿美国早期经验的尝试，都是有限的。一项调查表明，仅从统计指标角度看，两者在技术投入（如研究开发费用）和产出（如新的产品和专利）方面没有显著的差别。

大学孵化器

对于大学来讲，创造和共享智力财富是其核心角色，而如何管理以获得商业利益则是其面临的一个挑战。大多数签署了重要商业研究协议的大学懂得如何授权，各种角色——教师、大学本身、商业化组织的定位相对非常明晰。通常，在与某个商业组织签订了顾问协议的同时，教师的研究工作会正常进行。而成立一个独立的公司则不同了。这里，大学和科学家都必须认同衍生公司是最可行的技术成果商业化模式。这个过程可能涉及一系列问题，如股票分割问题、权利问题、教师，或大学在新事业中的投资问题、教师的借调问题、智力财产的认定和转移问题以及在启动阶段对大学资源的利用问题。由于科学研究成果和成功的商业化之间存在的断层，问题变得相当复杂。

20 世纪 80 年代中期以来，大学在技术成果商业化过程中的角色越来越重要。例如，1984～1989 年，美国大学申请的专利数量翻了一番，1989～1997 年又翻了一番。1979 年，美国大学申请的专利数量只有 264 个，1997 年这个数量增加到 2436 个。专利数量的明显增长可以从很多方面得到解释。政府基金和知识产权法的变化是一个重要原因，但是更详细的分析表明，最重要的原因是科技发展时机。例如，20 世纪 80 年代基金和知识产权法的变化明显地鼓励更多的大学建立技术转化的部门，但是影响相对较小。再如，有证据表明，20 世纪 80 年代中期，由于政策的变化，科技专利和商业专利的数量有所下降，而且专利权的主体很分散。从拥有或开发专利的数量或专利和软件许可协议所带来的收入等方面来看，技术商业化集中在积极适应基金政策变化的少数优秀的大学范围内：排名前 20 位的美国大学拥有专利总数的 70 ％。而且，在每个这些优秀的大学中，少数的重要专利构成了许可转让收入中的大部分，最重要的前 5 项专利带来了 70％～90％的总收入。这表明，少数技术的商业化是非常成功的，而大部分技术的成功商业化还需要进一步的努力。科技发展机会减少了商业化的障碍。生物技术和软件技术日益增长的重要性代表了大学从技术商业化中获利的新机会。

大学衍生公司作为通过技术许可协议开发新技术的可供选择的一条途径，是在大学发展出的技术成果的基础上投资建立一个全新的企业。作为“教授企业家”，在商业化的过程中，他们更多的是在市场进入阶段参与创建和管理。在参与过程中，他们需要作出决策。结果，当需要在学术和商业利益中作出选择时，科学家经常左右为难。个人倾向于将一个事业引领到哪个方向通常与三个因素相关——前事影响、孵化器组织和环境因素。

前事的影响经常被称为企业家的“个性”，包括基因因素、家庭影响、教育背景和以前的职业经历，即所有与企业家作出决策相关的个人因素。

孵化器组织在企业的地理位置选择、需要的知识技术类型选择、可能的投资选择、新企业的类型选择等方面具有优先的影响力。

环境因素包括经济环境、投资资金的筹集情况、企业家定位、可获得的相关支持。

1990 年关于美国大学的一项研究表明："在过去的 8 年中，我们看到了越来越多的大学-产业合作研究。"对在美国三所大型国家实验室的 237 名科学家的研究中发现，在教育水平上，国家实验室的创新者与另一项调查中来自麻省理工学院的技术型企业家有很大不同，包括对实验室以外的商业活动的参与程度，或者由于创新成果所获得的荣誉。在对英国的四家研究机构的科学家的研究中，发现了科学家对产业的态度、产业链的数量和商业化活动之间的联系。

企业家，不论是不是学术型的，都需要环境的支持。调查表明，2/3 的大学里的科学家和工程师需要将他们的技术成果商业化，一半的人需要启动阶段的帮助。大学的相关环境有两个方面：一是正式的机构准则、政策和组织结构因素；二是个人角度的"地方标准"。影响学术组织内部创业的机构因素包括：①正式的政策或管理层对内部创业的支持；②抑制企业家的因素的严重程度，如知识产权等问题；③成功的商业化项目的影响，成功的商业化展示了进行商业化的可能性，并提供了可以效仿的范例。

在对工作在美国 40 所大学的 778 名科学家的调查中发现，制定正式的政策进行支持只是提供了一个信号，更有效的则是由行动表现出来的对政策的强调。他们还发现个人的性格和非正式标准对企业家的活动也有重要影响，但只是提供"较弱的、非系统化的"影响。一旦成功，就可以产生一个良性循环，成功的衍生公司的示范效应能够鼓励更多的人去尝试。这导致衍生公司的产生在时间和空间上的集中，企业家院系、企业家大学比单独一个企业家教授的现象更普遍。作为组织规则和个人理解的中介，院系水平的非正式标准和文化将影响正式政策的作用效果。非正式标准通过在招募新人过程中的筛选，使得成员具有相似的价值观和行为方式，或者通过行为方式社会化的强化作用导致个人价值观和行为方式的集中。然而，在追求知识和商业开发之间存在着潜在冲突，存在着使研究水平下降的危险。因此，制定出明确的商业行为规定，对于大学来讲是相当重要的。

第7章 新产品开发的规划与评价

【本章学习目标】 掌握新产品规划的具体步骤；学会对新开发产品进行评价，掌握评价原则与评价程序。了解产品概念形成的原则，学会评估产品概念。学习构建筛选的评价系统，掌握筛选的评价模型。

7.1 新产品开发的规划

新产品规划的具体步骤，如图 7-1 所示。

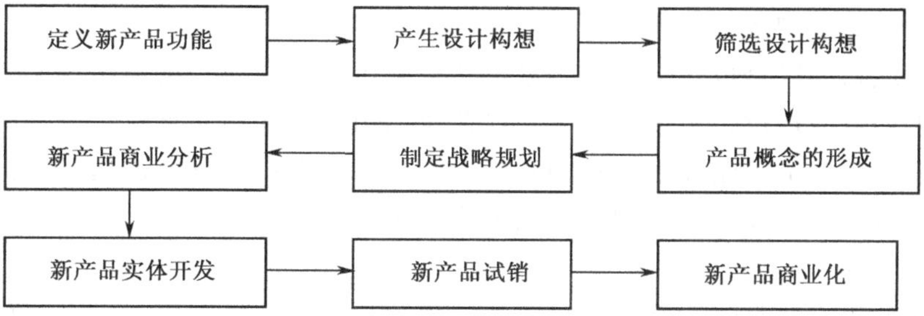

图 7-1 新产品规划示意图

1. 定义新产品功能

依照技术进步的程度、促进企业成长、增加利润、提高顾客满意度或降低成本等不同层面来定义新产品的功能需求，企业的新产品可以以原创产品、将现有产品加以改良、换代性产品或以全新品牌等不同形态出现。

同时需要分析新产品的特征，这是因为在新产品开发初期，可能会面临利润极低或亏损的情况，竞争对手虽然较少，但企业也仅有少数的渠道据点，面对的也是新的顾客群，此时可从销售额、利润、顾客群、竞争对手、价格和渠道等不同考虑事项来分析应该着重于哪些产品特征才能成功，进而发展可能的新产品构想，采用可行的营销策略。

2. 产生设计构想

产品设计始于研发动机，新的设计构想产生于不同的来源，它是对新产品功能定义的诠释。产生的设计构想要对当时的技术发展程度、市场需求状态、企业生产能力等作一系统考虑。

3. 筛选设计构想

筛选设计构想是根据经济上赢利、技术上可行的原则，采用适当的评价系统与评价方法，对各种构思进行分析比较，从中把最有希望的设想挑选出来的过滤过程。筛选通常可从工程与管理两方面加以考虑：在“工程”方面，所选构想的技术是否符合工程设计原理；在“管理”方面，则须考虑是否与企业目标和策略相契合以及执行设计构想后所需具备的营销技术和分销渠道等。通常在筛选设计构想的过程中，厂商要面对两种风险：一是忽略了有利的产品，以致丧失获利机会；二是留下了不良的产品，浪费了宝贵的投资和时间。为避免这两种风险，应建立一套完善的新产品构想评价系统，对众多的构想进行评价筛选，以提高新产品开发的效率。

4. 新产品概念的形成

新产品概念的形成过程就是把粗略的产品构思转化为详细的产品概念。一个完整的新产品概念是对选择的预期产品特性的陈述，这些特性表明，相对于其他产品或可行的解决问题的办法，它将如何产生特定的利益。只有包括了产品的品质和效益，才有可能是完整的新产品概念。

5. 制定新产品的战略规划

战略规划可以分成三部分：一是描述目标市场的规模、结构和行为，新产品在目标市场上的定位，市场占有率及前几年的销售额和利润目标；二是对新产品的价格策略、分销策略和第一年的营销预算进行规划；三是描述预期的长期销售量和利润目标，以及不同时期的营销组合策略。

6. 新产品的商业分析

商业分析主要是进行新产品概念的财务分析，估计销售量、成本和利润。此时通常可以获得财务部门的拨列预算配合，研究发展部门也会指派专人负责，形成开发小组。这个阶段所要完成的工作是赋予产品构想的有形性，包括品牌、包装等方面的特征。

7. 新产品实体开发

这是产品概念转化为新产品实体的过程，主要解决产品构思能否转化为技术上和商业上可行的产品的问题。它是通过对新产品实体的设计、试制、测试和鉴定来完成的。新产品开发是对企业技术实力的考验，能否在规定时间内、用既定的预算开发出预期的产品，是整个新产品开发过程中最关键的环节。

8. 新产品试销

新产品的样品经过鉴定以后，企业可进行小批量试生产，在所选择的有代表性的目标市场中作检验性试销。市场试销是对新产品的全面检验，可为新产品是否全面上市提供全面、系统的决策依据，也能增加对新产品销售潜力的了解和对新产品改进的启示，完善市场营销的策略。

9. 新产品商业化

如果新产品试销达到了预期的结果，企业就会决定对新产品进行商业性的投放。在新产品商品化的过程中，市场是新产品开发的落脚点，也是新产品开发是否成功的最关键一步。

7.2 新开发产品的评价

新产品规划的每一步都需要评价，评价是对前一步的反思、对后一步的指导。如果一个企业为评价新产品而要开发一个适宜的系统，那么就必须明确这个系统要达到的目的，从而确定相应的评价原则。

7.2.1 评价的目的

(1) 剔除亏损的产品。对任何一个新产品设想进行评价的主要目的，就是要对新产品投入市场后可能的赢利能力和赢利状况进行分析和评价，对那些可能给企业造成严重财务负担、重大亏损和肯定不能给企业带来赢利的新产品设想就应该毫无保留地剔除掉。否则，所谓的开发只能是一场灾难。

(2) 找出有潜在市场的、赢利大的产品。企业对新产品设想的评价不仅仅是剔除不良的产品，而且更重要的是发现那些具有较大市场潜力的产品设想。这样的设想，能够满足市场需求的发展趋势，能够给企业带来巨额的利润。因此，在对产品设想进行评价时，要用发展的眼光来看待问题，尤其对那些潜在利益大的产品要特别地重视和关注。

(3) 提高整个产品创新工作的效率。剔除亏损产品和发现具有潜力的赢利产品是企业评价活动的主要目的，但不是全部目的，提高企业产品创新活动的效率也是目的之一。产品创新获得的效率表现在两个方面：第一，企业为了迎接市场的挑战，必须提高整体的产品创新效率，提高企业产品创新的成功率；第二，从个别产品来看，通过评价能够及时发现有潜力的测评，或者及时淘汰那些对企业毫无吸引力的产品设想，无疑也能提高企业产品创新的效率和成功率。

(4) 指导后续工作。新产品构思筛选的重要性日益受到人们的重视，在筛选过程中，可以将市场调查和产品开发的下游工作结合在一起，使筛选和预测进一步的开发和营销活动成为可能。同时，通过运用消费者偏好研究、品质分析、感觉描述和因素分析等方法，不仅有利于产品构思的筛选，而且可对未来活动方向、市场目标、市场定位提出具体建议，为新产品的后续工作提供指导。

(5) 维持新产品开发活动的平衡。新产品构思评价对企业来讲是一项综合性的工作。在企业中，多个构思的评价是同时进行的，因此在评价一个新产品构思时，必须综合考虑所有其他项目，必须考虑它在赢利组合、风险组合、设想组合、时间组合和多样化组合中的位置。

7.2.2 新产品评价的问题和困难

对任何企业来讲，新产品设想的评价都是一项艰巨的任务，因为新产品的评价要受到各种因素的影响，包括如何处理各种因素之间的关系，如何考虑各种因素的影响程度等，由此产生了评价过程中的问题和困难。

(1) 要素的不可预测性。在新产品开发中，所有有关新产品的决策都是基于一定的市场预测而作出的。直到新产品被开发出来，开发人员才确切知道产品的物理性能、成分、分销状况、价格水平、促销的规模、潜在用户的反应和消费者的使用类型，这些对开发者来说，都是不可预测的因素。

(2) 人的因素。产品开发的主体是经济社会中的人，由于人的社会性、复杂性，他的未来行为不是完全按照预期的直线轨迹运行的。有时，一个人身上产生对产品希望而又排斥、寻觅而又抵制、赞扬而又批评等相互矛盾的想法，而这些矛盾又渗透到企业的经营决策中，使新产品开发成为决策体系的薄弱环节。

(3) 外部因素的影响。对新产品的开发者来说，外部因素常是一些不可控因素，企业只有适应而无法改变它。通货膨胀妨碍成本预测的准确性；需求的波动束缚了研究与开发的进程；生产工艺完善的速度日益难以预测；竞争者反应更加迅速，等等。这些因素都加大了产品开发者的压力，制约了开发的速度。

(4) 资料的时效性。资料的时效性包括资料的时间有效与资料选取的准确性。尽管人们在收集资料时数据是准确的，但随着评价和技术开发的展开，它们随时可能失去其准确性和有效性。由于评价是一个过程，决策相对于数据存在着滞后性，滞后时间长短又因产品、人员、评价程序、组织等的不同而不同，所以很难保证收集的资料经过一个过程后仍然有效。

(5) 新技术的复杂性。新技术的复杂性涉及两种情况：第一，新技术的科技含量日益增多，也日益出新，这就包含了大量的因技术本身不够成熟而造就的不确定因素，以及如何将定性因素科学地转换为定量因素，也导致技术转换成产品过程中的不确定，这些都直接影响着新产品的开发成效；第二，新技术要求开发者和使用者掌握更多方面的知识和技能，这种要求一定程度上限制了新技术的推广和普及，也增加了新产品评价的困难。

7.2.3 新开发产品的评价原则

处在社会进步、技术日新月异发展的时代，技术开发信息、新产品开发信息扑面而来，企业在拟定开发之前，必须对这些信息作出评估，也就是对信息要进行鉴定，去粗取精，去伪存真。通过评估，找出对企业效益有促进的项目进行投入，实施开发。

新产品开发，按其技术性质可分为产品技术创造型、高度复合型和应用型。虽然最终的结果都是对企业的销售额、利润有所贡献，但若从开发效率来看，创造型、高度复合型要达到其目标需要花很长时间，而应用型由于是位于其技术射程范围内的，它可能会在短期内就见效。所以，应用型往往只是停留在战术性的开发上，它并不能承担企业将来的开发形态。如果把这两类模式的开发结合起来以等值方式加以评估的话，就形成了如表 7-1 所示的评估原则。

表 7-1　技术信息的评估要领

评估项目	评价分值
1. 开发时的创造度	3 分：从零着手的创造型开发 2 分：虽然已具技术模型，但要投入相当的创意巧思 1 分：完全属于应用开发
2. 对技术进步的影响度	3 分：影响极大（技术进步向前提高 2 年以上） 2 分：有某些进步（技术进步向前提高 1～2 年） 1 分：不太有影响
3. 对商品化的接近度	3 分：在 1 年以内商品化（处于产品化阶段） 2 分：在 2 年以内商品化（处于试制阶段） 1 分：需花 3～5 年才能商品化（处于技术模型阶段）
4. 市场形成力 （商品化后 2 年）	3 分：大规模的销售额 2 分：中规模的销售额 1 分：小规模的销售额
总评分值	10～12 分：划时代的开发 8～9 分：优秀的开发 6～7 分：尚可的开发 5 分以下：有疑问的开发

采用这种方法评估时，虽然创造型开发、高度复合型开发在第 3 项被扣分，但却能在第 1、2、4 项中得高分；而单纯的应用型开发即使在第 3、4 项中得高分，却会在第 1、2 项中得分较低。这就说明，以高新技术开发的产品虽然离达到商品化需要一段时间，但却是有力地表现着企业将来技术与产品开发的前景；后者虽然可为目前创造效益，但却是一种周期很短的商品。

7.2.4 新开发产品的评估

评估可分为从诸多构想提案中加以筛选的初级评估和将通过筛选的、有价值的提案再深入透彻地辨析其可否的二级评估。

1. 新开发产品的初级评估

通常，对新开发产品的构想提案，必须实施取舍选择的评估，这种评估不能掺杂个人的意志，而必须依据客观、科学、公正的准则，对开发产品的市场条件、企业的开发能力加以评估，并且应判断其开发风险是否最低。一般来说，一个企业的产品假如不能形成自己的特色，而总是与其他企业的产品雷同，就必然会卷入一场成本竞争，无法获得期望收益。而摆脱成本竞争有两条途径：其一是依靠本企业的技术力量，制造出同行业其他企业以相同成本无法生产的高价值商品；其二是从多样化的市场中尽快而准确地查清市场的需求（现实需求和潜在需求），并有针对性地开发独特新颖的商品系列。

新产品的开发是由市场需求和开发技术共同完成的。比如，从技术革新中产生的电子计算机、录像机，还有通过挖掘市场新需求所产生的棉被干燥机。前者是具有划时代性能的技术商品化，后者就技术而言并非新颖，但却具有新创意，对消费者有实用价值，故也同样受到欢迎。因此，初级评估的重要准则大致分为产品的市场性和企业的开发能力。

1）新产品市场性评估

这是根据判断产品的新颖性、预测未来市场规模和推测新产品上市后的年增长率三个方面的要素来进行评估的，参见表 7-2。

表 7-2　市场要素评估表

评估要素	基　准	评分	比重/%
新颖性	完全领先	5	25
	类似品有一家研发	4	
	类似品有三家研发	3	
	温和竞争	2	
	激烈竞争	1	
未来市场规模	大市场	5	25
	中上市场	4	
	中市场	3	
	中下市场	2	
	小市场	1	
增长率	年 20%以上	5	50
	年>15%～19%	4	
	年>10%～15%	3	
	年>5%～10%	2	
	年>0～5%。	1	

产品的新颖性在开发新产品方面是最为重要的信息，而且也是评估时较容易掌握到的。一般来说，评估中的竞争状况，多属于后起或者改良的产品。

关于“未来市场规模”，如果还没有类似产品推出市场，可能不容易加以预测，但依据销售信息或参考后论及的关键数据法，至少可列出大小次序。这种市场规模，可以用金额表示，也可以根据企业的实际情况，依据企业的年度销售额作为基准适当决定。

如果是完全领先的产品，要想推测产品的“增长率”，也许不易，但若从该新产品所属产业领域的增长率来分析，大致就可以预估出来。

虽然可以从上面三个方面来评估新产品的“市场性”，但各要素所占的比重并不相同，一般可视“增长率”为50%，其他两个要素分别定为25%。这是因为即使“新颖性”和“未来市场规模”的分值落入第二位、第三位，但如果其市场增长率高的话，市场也不会很快就达到饱和状态。换句话说，市场上仍留有抢占一席之地的可能性。因此，在分配评估的重要性中，给予“市场增长率”以最重要的位置。例如，房地产产业在某些阶段、某些区域的需求量和需求种类呈现出不断增长的趋势，有时就会产生供需不平衡的良机，新参与企业在这个机会中就可能挤入并占领部分市场。

2） 企业的开发能力评估

这是指企业对所构想的新产品项目的综合性开发能力的评估，主要依据财务层面、技术层面、销售层面进行综合评估，参见表7-3。

表 7-3　企业的开发能力评估

项　　目	基　　准	评　　分
财务层面	融资容易	5
	融资一般	3
	融资困难	1
技术层面	现有技术 & 现有设备	5
	应用技术 & 设备改造	4
	应用技术 & 新颖设备	3
	新颖技术 & 承制厂设备	2
	新颖技术 & 新颖设备	1
销售层面	完全可用现有渠道	5
	扩大、强化现有渠道	4
	现有渠道＋新设渠道	3
	新设渠道	2
	新设渠道＋广告宣传	1

注：应用技术：现有技术的应用开发；设备改造：对现有设备进行改造；承制厂设备：能够利用外包厂家的设备。

技术层面的分值越高，说明充分应用现有技术、现有设备的效果越好。当企业已有的技术、设备都不能适应新开发产品而需要作重新投资时，分值最低。

销售层面因包含了市场开发费用，所以，当必须开辟新销售渠道及实施广告宣传时的分值最小；如果是可扩大现有渠道，则分值较高；当然分值最高是可以完全利用现有销售渠道的新产品开发方案。

技术层面与销售层面的重要性比例是依企业大小规模的不同而不同的。一般地，企业规模越大（综合性强），其技术基础越重要；而企业规模小，则其销售基础就显得尤为重要了。这是因为综合性强的企业，往往是从事经营多种领域的企业，其销售渠道分布广泛，销售网络固定而完善，在这种情况下，企业的主要经营活动是不断往其销售层面添加新产品。

对于中小型企业而言，其销售渠道往往由于不全面而受到限制，若开发的新产品项目属于以往的销售渠道用户，或许可以获得市场信息、可用的情报。倘若是进入了一个较为陌生的技术领域，只靠投入有限的资金一般很难见效。因此，在这种情况下，与其开发新技术，不如开发新市场，即在市场条件还不完善的情况下，技术开发优先应转变为市场需求优先。这就是为什么有些中小企业或者新开办企业都非常重视“短、平、快”（生产周期短、销售过程畅通、资金回收快）项目的道理。我们熟悉的“随身听”（walkman）就是一个完全掌握顾客潜在需求，从企业技术和销售两个层面充分体现企业自身的开发能力而获得成功的产品。可见，企业开发能力的大小充分体现了企业技术力量的强弱，而技术力量对市场的适应能力也是新产品开发成功的关键。

财务上融资的难易同时影响技术基础和销售基础。

对构想的第一次评估主要是了解开发产品的风险大小，这就意味着分值越高，风险就越小；反之，分值越低，风险就越大。虽然，这里并没有对收益性特别加以评价，但一般销售增长率高者，其收益性也高。

初级评估的实施，既有定性分析，也有数量化评估，最后依分值大小进行筛选，淘汰低分值的、难以有进展的项目。

2. 二级评估

一般而言，项目一旦决定进行，不论是错误的还是正确的开发目标，其开发费用都会随着时间的推移而增加。一旦开发已见框架结构再意识到开发有错，往往为时过晚。因此，第二次评估就显得尤为重要。

经过第一次评估筛选得到的项目称为“准开发项目”。在决策时，还必须实施更彻底的第二次评估。这次评估专业性更强，涉及产品可持续发展的前瞻性。评估方面主要涉及新产品市场前景评估、技术可行性评估和新产品开发风险评估。

1）市场评估

新产品二次市场评估是在初级市场评估基础上目标更准确、方向更明确、方法更细致可靠的市场评估。评估中，要对市场作技术预测。在衡量市场时，既要考虑社会经济性，又要用技术发展眼光科学地预测产品市场的走向。比如，在对产品的最终制品作市场预测的同时，也对产品的备品备件及材料、产品承载的技术作市场预测。

2）技术评估

通常，选择开发项目一定要重视其技术可行性。曾经有人提出过这样的新产品开发项目：在汽车顶部铺设太阳能电池，用所产生的电力来驱动汽车。实验证明，每平方米虽然可得到一定的太阳能，但经过光电转换，效能被大大削弱。这样，以汽车顶部的面积，在目前的科技水平条件下，能得到的瓦数根本不足以驱动汽车。若把转换来的电力用作它用，也会因成本太高而得不偿失。由此可见，开发产品的技术是否可行关系到产品能否开发成功，而成功就意味着产品经济性好，有可观的赢利。

3）风险评估

任何项目的开发必然有风险，这种风险是由未来投资活动的不确定性造成的。这种不确定性来源于对未来投资预测、销售量预测、单位产品经营成本预测和未来市场价格预测的不确定，而这些预测会有多种可能性并且各自具有不同的发生概率，因而也就决定了方案未来的现金流量的不确定。这也是造成新产品开发的失败率居高不下的原因。因此，对要开发的项目或产品，必须事先弄清楚会有哪些风险，会在什么地方出现，风险程度如何。如果与可获得的成果相比，其风险太大时，就应该理智地放弃开发。

从产品生命周期的经济性出发，项目的开发风险主要是由市场开发费和企业创业积累亏损两方面造成的。当然，新产品的开发费用也是风险的一个衡量尺度，如在一定的市场条件下，花费 100 万开发较花费 10 万开发的风险就要大。

所以，项目的总开发费为新产品的开发费、产品市场开发费和创业积累亏损的合成。

（1）产品开发费与开发风险。这里我们利用损益平衡图来分析产品的开发风险。在现代工业生产中，成本是生产规模的函数，通常，单位总成本会随着生产规模的扩大而逐渐降低。如图 7-2 所示，随着生产规模的扩大，逐渐增大的总成本中固定成本并不发生变化，所以单位产品所负担的固定成本就减少了，这意味着产品的规模越大，其开发风险越小。但是在今天，多样少量的市场需求本身就是一种开发风险。

（2）赤字是企业开发新产品的最主要风险。如图 7-3 所示，横轴为时间（时间单位是年度或期数），纵轴为销售额。所有的新产品，其销售额都是从零开始的。虽然预测销售额有点困难，但可以将在当前能够考虑到的市场条件下取得的一定销售额作为第 1 期的销售额预测值，再采用同样方法预测第 2 期、第 3 期……绘出各期销售额曲线。然后，把根据企业资料所测算出来的实现利益的销

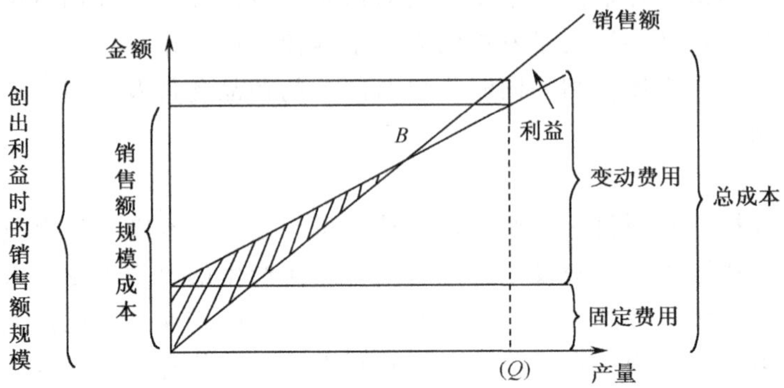

图 7-2　可创出利润的销售金额分析图

售额在图中标出，二者相交的期数 t 就表示要完成能实现收益的销售额所需的时间。t 的长短表示的就是该项目风险度的大小。

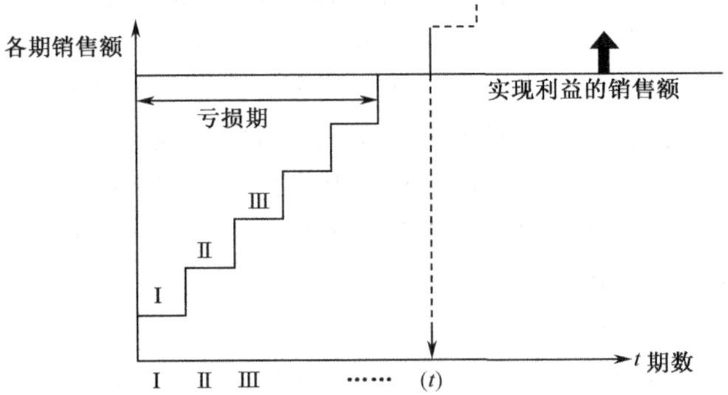

图 7-3　达到可实现利益的销售额的时间

另外，再从图 7-4 的盈亏平衡图中可以看到，在平衡点 B_1 之前的销售都是在亏损状态下进行的，只有到了损益平衡点 $B_1 \sim B_2$ 之间的规模时才有利益。项目前期亏损累积起来就形成了创业累积赤字。到达 t 为止所积累的赤字为

$$\int_0^t (F + C_v Q - PQ)\,\mathrm{d}t$$

创业累积赤字存在的时间越长，对企业构成的负担越重，所以它应该是企业最主要的风险。况且，这一创业累积赤字又是与变动费中的市场开发费连动的，t 的时间长，不但赤字增大，市场开发费也会增大，从而导致损益平衡点 B_1 也相应后移的恶性循环。尤其是在遇到推销困难的局面时，更容易陷入某种恶劣境地。类似这种被赤字拖垮而无法继续经营下去的事例并不少见。所以，归根到底一句话，只有回收所有的创业累积赤字后，才能有真正意义上的收益（利润）。损益平衡点 B_2 是项目退出市场的时间。

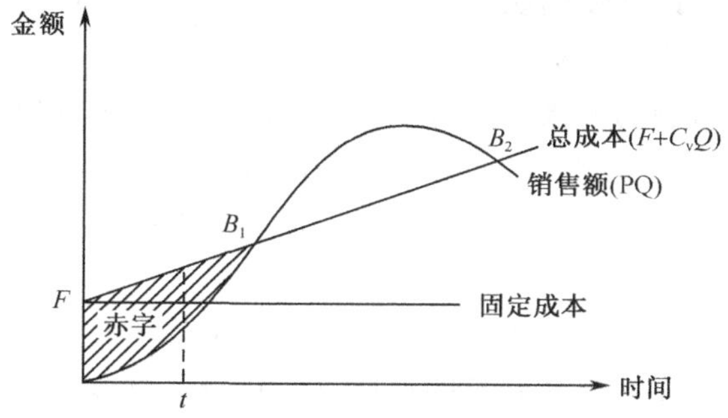

图 7-4　损益平衡点下的赤字

因此，实施风险评估，目的是要设法以最低的风险进行开发，这就要求企业必须把创业累积赤字、市场开发费降到最低。当然，新产品的开发费在可能的情况下也应降低。人们通常要求投资方案的期望收益与其风险相适应，即在收益相同的情况下，选择风险小的投资方案；而在风险相同的条件下，则选择投资收益高的方案。

7.3　产品概念

7.3.1　产品概念

1. 产品概念的内容

产品概念就是使构想和技术理念具有形状、功能、结构和可明确收益的一个综合体，它是用技术的理念来演示消费者的需求和愿望。产品概念是新产品开发过程中至关重要的一个阶段。

产品概念可以描述为：

(1) 这个产品要做什么？从产品表现、产品怎样满足客户需求、方便性、安全性、适用性、可处理性以及环境保护等方面定义产品。

(2) 这个产品是什么？从它的轮廓和主要技术来描述产品的组成形式。

(3) 这个产品是为谁服务的？产品的目标客户。

(4) 这个产品对客户意味着什么？从产品特性、人格化、形象、感觉和外观——产品的柔性化设计等方面强调产品对客户带来的感官愉悦。

产品概念可以总结为产品优越性加技术或形式。通过这个定义，向潜在的客户传输新开发的产品将比市场上已有产品更能满足客户需求的信息。从产品开发者的观点来看，产品概念还包括对生产和组装能力、产品测试、将来的革新、快速的市场容纳、拆卸、处理、环境保护、市场份额、利润率等的思考。

2. 产品概念的重要性

(1) 为决策提供框架。强有力的产品概念对于产品开发团队来说，其重要性是不言而喻的，它可以促使团队成员集中精力，行为有依可据，通过将形象转变为可触摸的产品品质为企业提供可取得的目标。

(2) 早期计划编制的回报。在对新产品管理的研究中发现，有着良好的新产品市场纪录的企业更有可能发展明确的新产品策略。企业在策略早期要进行更多的分析，强调创意和概念的产生。另外，需对产生的创意进行严格的筛选和评价。

有国外资料表明，在对调查的美国公司与日本公司的产品开发进行比较后发现，很明显日本公司在新产品开发的早期阶段花费了更多的时间和投入了更多的注意力。结果，日本公司所采取的这种方式得到了很好的市场回报，如表 7-4 所示。它们对于顾客的需要反应更有效，在事后调试中浪费的时间也更少，从新产品设计中得到的回报也就更多。

表 7-4 新产品设计的工作量分配和结果（单位：%）

比较内容	日本	美国
发生在筛选、评价和计划阶段的工作量占总工作量的比例	40	25
遇到开发挫折的工作量占新产品设计工作量的比例	28	49
浪费在事后调试的工作量占总工作量的比例	5	15
新产品开发最后三年的利润贡献率	42	22

(3) 成本产生与成本约束。另一个应重视开发有竞争力的产品概念和早期新产品开发的重要原因是新产品开发的早期阶段所发生的成本较小，而所作出的决定则可能被锁定在随后的花费中。根据国外的研究显示，就企业推出一项新产品而言，生产过程中投入的料、工、费大约占总产品成本的 85%，设计、开发与测试等产品开发投入的人力成本，只占全部成本的 10%。然而，一种产品的成本高低主要是由产品开发决定的，生产一项产品需投入哪些材料、人工，其 90%是在研发过程中就已经决定了的，如图 7-5 所示。由此可知，研发费用虽然不是产品成本的主要项目，但产品开发的良莠却决定了产品成本的高低。

7.3.2 产品概念形成的原则

1. 基于顾客喜好的设计

在一个技术高速发展并快速扩散的竞争市场中，仅靠技术规格来进行产品竞争正变得越来越艰难。产品功能的大众化、产品外观的相似性，都使得产品与产品之间的差异越来越小。而现今的顾客对于他们所购买的产品也不仅仅是实用上的要求，他们对产品的体验必须是感觉恰当、看起来完美、工效上正确并且是清洁和引人入胜的。

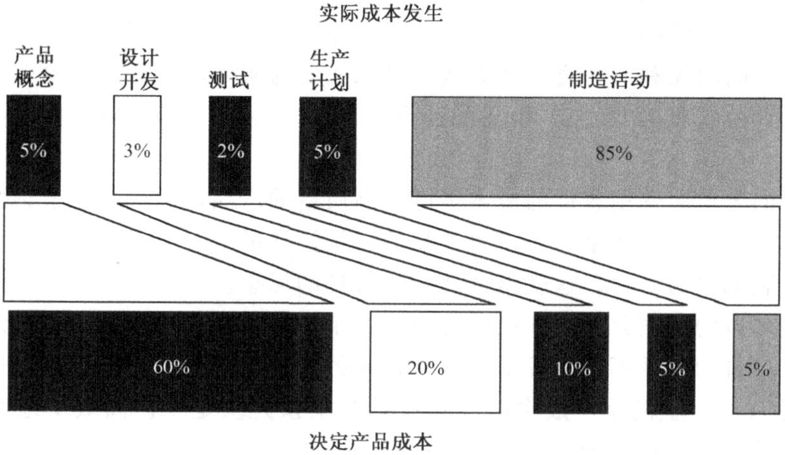

图 7-5 产品开发对产品成本的影响

例如，日本人研制一种能给人以美感的汽车。这种车仅仅通过开车门，倾听声音和踩加速器就能给乘客提供愉悦和惊奇的感受，这种汽车的设计首先从情感上俘虏了顾客。由此可见，产品开发概念应该是工程学、人类工程学和美学的有机结合。一个好的设计是要抓住产品的无形之处，一个有竞争力的产品概念必须为顾客提供功能和那些无形的东西。

2. 基于环境的设计

基于环境的设计不再是选择，而是必须。环境保护的考虑成为新产品概念的必要内容。产品生产时占用更少的资源，使用时也消耗更少的资源，产品尽可能由无害且易于逆向物流的原材料生成，这也就是绿色产品概念。

开发环保产品概念的工具是进行产品的全过程分析。这个分析包括对一个产品从生产、使用到报废全过程所消耗的材料、能源和所释放的污染物的记录。进行产品的全过程分析是一个复杂但有用的实践。

宝洁公司（Procter & Gamble）浓缩的 Downy 织物软化剂就是一个通过产品全过程分析节约原材料的例子。为了开发环保产品概念，宝洁塑料正把注意力集中在能使产品更有效地得到维修和回收的拆卸设计上，为开发的这个产品概念使用了标准化设计、相容的材料和拆卸设计以生产出更容易维修和回收的产品。为了顺利实现这个程序，设计者考虑到以下几点：①使用易于回收与相容的材料；②识别材料的性质；③使用双向配合部件和断点；④减小产品组件体积以便于操纵；⑤避免使用标签和不能回收的油漆、涂料和装饰物。

美国的公司每年要花费 1150 亿美元来达到联邦环境法规的要求。许多公司现在已经意识到，避免空气、水和土地污染的最佳办法就是在产品生产和消费的第一地点避免产生污染。

3. 基于生产能力和装配的设计

产品概念要能够满足客户的需求，同时还要达成企业的利润目标。如果因为生产成本过高而无利润可言，产品概念是无法变为实体产品的。一般地，通过在最初的设计公式里考虑生产和装配步骤，设计者就可以同时设计概念和生产程序。

日本的公司能够用较低的成本生产出高质量的产品，关键就在于它们将设计功能和生产功能同步起来。公司将产品的质量设计进入生产程序而不是单纯依赖对生产、装配线的质检。这就是全面质量管理的思想。

绝大多数的美国公司现在已经意识到，单纯强调工厂的自动化程度没有什么意义，工厂自动化并不能弥补低劣设计带来的损失。因为在蓝图还远没有设计之前，起码50%以上的生产成本已经被设计决策预先决定了。高效率地生产设计拙劣的产品是毫无意义的。

那么，究竟进行怎样的设计才能既满足客户要求又使公司有利可图呢？一般常见的做法是进行协同设计或团队工作，实施组织结构改革，与客户交流，采用标准化设计，分析设计，尽早考虑装配的要求，更新生产技术和将供应商视为合伙人等，以此来提高设计质量，降低产品成本。

7.3.3 评估产品概念

了解消费者的喜好和感受是创造强大产品概念的关键。消费者对产品概念的认同决定了他们的购买意图，购买意图又影响了购买行为。所以，产品概念被消费者接受的程度是评估产品概念的关键。

1. 评估产品概念涉及的问题

(1) 消费者对根据他们的购买意图、产品的重要性、满足需求、与其他产品相比更有优越性和产品质量等概念有什么样的反应？

(2) 能通过怎样的方式来完善概念？

(3) 如果产品被推向一个正像概念描述的那样的预期市场，那么应该怎样运作这种产品？

(4) 产品怎样战胜竞争品牌而在市场中立足？

在进行消费者对概念反应的测试中，有两个关键问题需要考虑：①应该怎样将概念介绍给使用者？是应该依赖文字描述还是依赖形象化描述，抑或是两者结合共同描述？②应该向使用者询问哪些问题来测试他们的反应？

2. 评估产品概念的步骤

1) 介绍概念

一个产品概念可以通过一种事实求是的、不带感情色彩的方式被介绍。或者它也可以在一种有说服力的交流中被介绍，好像产品正处在一种典型的市场环境中。这里给出一个例子来形象地说明这两种概念介绍风格的不同。

介绍一：浅色花生酱，一种低卡路里的天然花生酱，能给大多数食物增加美味（也称为“核心概念”）。

介绍二：General Mill的科学家们已经发现了一个从你的食谱中去除多余营养成分的惊人的新办法——一种永远流行的低卡路里花生酱。我们的新浅色花生酱味道鲜美一如既往，取自天然，适合绝大多数现在使用的控制体重的食谱（也称为“位置概念”）。

这些介绍方法没有什么重要的区别，但是消费者对它们的反应不同。消费者在市场中更可能倾向介绍二，因此，消费者对介绍方法二的反应将更现实，并给予更好的行为预期。

2）概念测试

通常，在概念测试阶段有四种数据将被收集：购买测度、对产品概念的反应、对产品品质的分析和了解回答者的大致情况。

第一种数据是购买测度，包括购买意向和预期的购买频率。这两组数据可以给根据被测试概念而生产产品的销售潜力一个大致的意见。

购买意向一般通过询问“根据对这个产品的描述，你去购买这种产品的可能性有多大?”的问题进行了解，备选答案通常包括：①肯定会购买；②很可能购买；③可买可不买；④可能不会买；⑤肯定不会买。

购买频率一般通过询问“如果可以买到这种产品，你隔多长时间会购买一次?”进行测量，以及每次购买的数量。通常备选答案包括：①一个星期一次或者更经常；②一个月一次；③一年三四次；④更少；⑤从不购买。

第二种数据是在观察对产品概念的反应时得到的，通常会询问下列问题：

（1）这种产品能提供给消费者的效用是否清楚和可信？如果消费者不清楚这种产品能带来什么效用或者不相信这种产品的核心效用，那么这个产品创意必须修改。

（2）这种新产品对于解决消费者的问题的重要性如何？这是一个对需求水平的测试。需求越强烈，消费者对该概念的兴趣越大。

（3）新产品相对于现有产品怎样来满足消费者的需求？这是一个消费者对新产品和对现有产品满意度差距的测试。这个差距越大，表明消费者对新产品的兴趣越大。需求-差距得分可以通过需求水平与需求差距的乘积得出。一个高的需求-差距得分表明新产品能够满足现有产品所不能满足的需求。

（4）新产品的性价比如何？产品的性价比越高，消费者购买意向就越高。

第三组数据是对产品品质的分析中试图回答“产品的品质或效用是如何提高产品购买意向的?”得到的。表7-5就是对产品的每个品质及其重要性的评价。例如，消费者可能被请求对电动车概念各个品质的感受和相应的重要性进行评价。

表 7-5 对产品品质的感受和相应重要性的评价

项目	对产品品质的感受					对产品品质重要性的评价				
	极佳			差		非常重要			不重要	
环保效果	5	4	3	2	1	5	4	3	2	1
易于维护	5	4	3	2	1	5	4	3	2	1
安全性	5	4	3	2	1	5	4	3	2	1

第四组数据显示的是回答者的大致情境。了解回答者的大致情况对进行市场细分和开发目标市场策略是有帮助的。从收集消费者统计数据、消费者心理数据、现在品牌的购买情况、试图发现的效用等来寻找这些购买意图不同的人群是否有一些共同点。

概念测试为企业提供了改善概念的分析信息和新产品的销售情况预测。

企业需要开发强有力的新产品概念，从客户的角度看，强有力的产品概念提供了比其他可选产品概念更多的有形和无形的价值；从产品开发商的角度看，在概念开发中还应该包括另外一些事项，如对生产和组装能力、产品测试、将来的创新、快速的市场采纳、拆卸、处理、环境保护、利润率和市场竞争的考虑。产品概念必须符合企业战略和新产品开发的目标或者产品创新策略，这可以确保由概念产生的产品能够充分利用和体现企业的核心能力，能够满足企业风险和利润的目标，能够为客户提供价值并且能够防御竞争威胁。

7.4 筛选的评价系统

7.4.1 构建筛选系统

1. 筛选系统的思想

一般地，新产品构想筛选系统的思想是：

(1) 是否具有足够的市场需求。任何产品必须先能对此问题提供满意答复，才继续考虑是否适合其他标准。市场需求包括现实需求和潜在需求，但新产品的市场需求主要是指市场的潜在需求。

(2) 是否适合企业现有营销结构及生产能力。除了考虑产品本身的优点外，新产品如能利用企业的原有优越条件，如营销结构及生产能力，则更可以增加其成功的概率。

(3) 是否适合企业目前的财务状况及结构。选择新产品时，应考虑所需增加的资金数量、衡量企业财力以及有无适当财源。

(4) 所需管理人才是否足够。由于产品性质不同，在营销或生产方面的管理人才也不同，故企业须考虑内部是否具有可胜任的管理人才，或需向外延揽。

(5) 有关专利、版权和商标等法律因素的考虑。新产品有无侵犯他人专利，或本身是否获专利保障，法律对此项产品的包装标签等有无特殊规定。

（6）考虑对企业形象的影响。企业形象存在于消费者心中，对于消费者的购买意向具有重大影响力。企业形象的构成因素甚为复杂，它可以是在多年经营中自然发展出来的，也可以是企业利用人为方法创造一种有利的招徕特定类型顾客的形象。在影响企业形象的各因素中，“产品组合”的构成占有重要地位，例如，某一家素以产品质量超越同业的著名厂商，可能因推出一种低价位、低质量产品而损害其原有声誉，而另一家专门销售廉价产品的厂商，却可通过增加一项高品质档次的产品而提升其原有形象。

2. 筛选的目的

新产品构想筛选是运用一系列评价标准，对各种构想进行比较判断，从中找出最有希望成功的构想的一种“过滤”工程。进行构想筛选有以下目的：

（1）权衡各创新项目的费用、潜在效益与风险，尽早发现和放弃不良构思，找出可能成功的构想。

（2）筛选的过程有助于对原有构想作出修改与完善。

（3）筛选可促进跨职能的联系与交流。对不同构想进行评分时，评分者往往需要讲述自己判分的理由，这是吸取他人经验并增长才干的大好机会。

7.4.2 筛选的评价模型

在筛选过程中，除去亏损和必定亏损的构想，选出潜在的、赢利大的构想。这个过程一般有两个方面：首先要确定筛选标准，如设定指标或要素；然后确定筛选方法。方法主要是建立一系列的评分模型。评分模型由评价因素（如企业的研发能力、财务能力、生产能力、营销能力、原材料的采购能力、市场潜力、竞争状况、公司形象等）、评分等级（即对各评价因素进行量化，如对企业研究能力的评价可采用等级分数来描述）、权数和评价部分构成。其中，确定合理的评价因素和适当的权数是评分模型是否科学的关键。

在运用评价模型方法时，每个评分者通过定性分析对每个因素评分并赋予权值，将所有因素加权以后的分数相加，就得到评分者对该构想的总分数。然后，按某种方式（加权或不加权）累计所有评分者的评分，则得到所有评价者对该设想最终的小组评分。

评价模型中的评分因素规定从哪些方面对新产品概念进行评价，这是评价模型的基础。企业的新产品开发必须围绕实现企业的战略目标进行，所以新产品概念的评分因素应以辅助企业战略目标的思路展开和确定。

运用新产品概念评价模型一般需要两种加权方式，即对评分因素加权和对评价者加权。因素加权指根据不同评分因素影响决策的重要性，赋予相应权数。例如，对全新产品而言，潜在需求的大小是决策的主要注视点，其权数相应要大些；对竞争性新产品来说，产品优势（性能、成本等）一般是制胜的关键，这项评分因素在评价过程时，也应有较大的权数。

给评价者加权是要消除不同评价者的背景和主观意愿的影响。它是促进评价趋于客观、公正的有效办法。按一定的原则给参与新产品概念评价的人划分类型，并分别赋予其合理的权数。当然，这是在严格保密的前提下进行的，以免挫伤评判者的积极性。

评价筛选新产品概念的方法很多，每一个企业都可以从过去的经验教训中总结出特有的方法。这里介绍两种通用性较强的模型。

1. 相对指数评分法

这种模型以直观判断为基础，根据经验确定一些评价因素与评分等级来对构想进行筛选。通常确立的项目包括产品质量目标、企业的技术能力、生产能力、销售能力、竞争状况、市场潜力、利润率等，然后根据各评价因素重要程度的不同对各评价因素赋予不同权重，再将各因素的评分与权重相乘，最后将这些乘积相加得到构思的总分。各企业可根据产品类型、企业规模等的差别确定不同的评价因素，评价因素可多可少，应视具体情况而定。模型中的相对适应能力是指通过构想评价者的经验，来评定该构想对各评价因素的相对适应能力，适应能力强则开发风险小。相对指数评分法的评分模型见表 7-6。

表 7-6 相对指数评分法模型

评价因素	因素重要程度	相对适应能力					得分数
		很好(5)	好(4)	一般(3)	差(2)	很差(1)	
市场规模	0.15	√					0.75
市场占有能力	0.15			√			0.45
设计的独特性	0.10		√				0.40
与现有渠道的关系	0.10				√		0.20
与现有产品系列的关系	0.10	√					0.50
质量与价格关系	0.05			√			0.15
是否方便运输	0.05				√		0.10
是否影响现有产品销售	0.05						0.15
可靠性	0.05		√				0.20
适应市场周期波动能力	0.03				√		0.06
适应季节波动能力	0.02		√				0.08
现有设备的利用	0.02	√					0.10
现有人员的利用	0.02			√			0.06
原材料的可获性	0.01		√				0.04
附加价值	0.05		√				0.20
用户增长的可能性	0.05		r				0.20
总　计	1.00	产品相对系数					3.64

2. 市场营销系数评价模型

市场营销系数法是一种多因素、较全面的评价方法。它的实施步骤是首先将影响新产品成功的各主要因素（要素）分别简化为具体要素，然后用概率加权的方法还原成复合系数，即为市场营销系数。以此系数的大小来判断新开发产品成功的可能性。表 7-7 就是一份新产品市场营销系数评价表。

表 7-7　新产品市场营销系数评价表

要因（ρ_i）	等级（α_n） 要素（k_{ij}）	很好	良	一般	差	很差
可销售性	1. 销售能力 2. 对现有产品销售的影响 3. 与现有产品系列的关系 4. 与现有产品销售渠道的关系					
生产能力	1. 生产技术专长 2. 必需的生产知识和人员 3. 原料来源					
市场吸引力	1. 市场容量 2. 市场占有率 3. 今后 5 年的市场增长率 4. 竞争者的威胁 5. 进入市场的容易程度 6. 预计用户规模					
获利能力	1. 投资回收的可能性 2. 今后 5 年的赢利可能性					

根据表 7-7，通过定性分析首先将影响新产品开发成败的要因确定为产品的可销售性、企业的生产能力、市场的增长潜力和产品的获利能力四大类。再进一步为各要因确定若干要素，如将产品的可销售性划分为四个要素：与企业现有销售渠道的关系、与企业产品系列的关系、对现有产品销售的影响、销售能力。再进一步将每一要素的适应状况分为很好、好、一般、差、很差五等，各要素以及对应的等级确定后，再由构想筛选人员判定各构想中不同要因的等级，用表格的方式列出各要因、各要素、各等级的权重。然后设

要因权值为 ρ_i，要因数 $i = 1,2,3,4$；

要素权值为 k_{ij}，要素数 $j = 1,2,3,4,5,6$；

等级权重为 α_n，等级数 $n = 1,2,3,4,5$；

则

$$各要素系数 = \alpha_n \cdot k_{ij}$$

而

$$各要因系数 = \sum_{j=1}^{6} \alpha_n \cdot k_{ij}$$

那么

$$新产品的市场营销系数 = \sum_{i=1}^{4} \left(\sum_{j=1}^{6} \alpha_n \cdot k_{ij} \right) \cdot \rho_i$$

新产品市场营销系数评价表中的要因与要素可以根据具体情况设定。

产品构想在经过筛选后，得到一个较适合企业需要的构想。

➢思考题

1. 为什么要对新产品进行评价？
2. 对新产品进行评价的原则是什么？
3. 简述新产品开发的规划。
4. 描述对新开发产品初级评估的内容。
5. 什么是产品概念？如何评估产品概念？
6. 新产品筛选模型包括哪几项因素？
7. 简述两个有代表性的新产品筛选模型。

➢案例 德国放弃首条商用磁悬浮列车项目

2008 年 3 月 27 日，德国运输部决定放弃建造慕尼黑火车站至机场的磁悬浮列车项目，原因是项目所需成本暴涨至预算的两倍，已大大超出各方的承受能力。德国政府承诺投资预算成本的一半约 9.25 亿欧元，巴伐利亚州政府承担约 5 亿欧元，剩余 4 亿多欧元缺口由德国铁路公司、慕尼黑机场、西门子和蒂森克虏伯公司分摊。

成本暴涨

德新社报道，德国运输部长沃尔夫冈·蒂芬泽当天宣布，“成本暴涨”迫使相关各方决定，放弃建造原定于今年夏天开工的德国首条商用磁悬浮列车线路。

德国去年 9 月启动在巴伐利亚州修建德国首条商用磁悬浮线路的项目。这条磁悬浮线路计划连接慕尼黑火车站和慕尼黑机场，全长 37 公里。完工后，从慕尼黑火车站到机场所需时间将缩短至 10 分钟。目前，从慕尼黑火车站乘坐城铁到机场大约需要 40 分钟。

蒂芬泽在新闻发布会上说，项目原先预算为 18.5 亿欧元（约合 29 亿美元），但眼下根据项目承建方的核算，完成这一磁悬浮项目需要投入 34 亿欧元（约合 53.4 亿美元），几乎是预算的两倍。

此前，德国政府承诺投资预算成本的一半约 9.25 亿欧元，巴伐利亚州政府承担约 5 亿欧元，剩余 4 亿多欧元缺口由德国铁路公司、慕尼黑机场、西门子和蒂森克虏伯公司分摊。

但如今，成本大幅上涨，已突破各方承受能力。“（德国）联邦政府不准备继续追加投资，负担这一项目经费已变得不可能。”蒂芬泽说。

他还说，政府在与项目所在地巴伐利亚州及相关工业界代表商讨后，作出放弃项目的决定。“我们不得不作出结论：在巴伐利亚州修建磁悬浮线路的计划已无法完成。”

项目搁置

实际上，德国磁悬浮项目的资金瓶颈问题由来已久。德国财政部长佩尔·施泰因布吕克在去年项目启动时就警告说，18.5 亿欧元的预算基于 5 年前的数据，如今“完成整项工程要贵得多”，因此，“在 18.5 亿欧元以内实现已不可能”。

德国《明镜》周刊网络版 27 日说，类似项目因资金问题而搁置并非首次。德国曾多次筹建磁悬浮工程，但全都因为建造成本过高而被迫放弃。其中，“走得最远”的一次是 20 世纪 90 年代中期德国政府筹备修建汉堡到柏林的磁悬浮线路，但这一计划最终也因遭遇包括造价过高在内的种种困难而终止。

高速磁悬浮列车是用电磁力将列车浮起，并采用特殊供电方法，实现列车不带燃料、与铁轨无接触的“地面飞行”，速度可达每小时 500 公里以上，运行平稳，无噪声，不排放有害气体，耗能费用低。

由于建造成本和运行费用非常昂贵，德国迄今没有将磁悬浮技术投入商业运营。德国境内只在西北部乡村地区有一条供试验用的磁悬浮线路。

此外，公众的反对也是阻力之一。在德国一项民意调查中，58%的德国公众认为磁悬浮项目对德国经济而言太超前，39%的受访者则认为磁悬浮“没必要”且太贵。有一些专家认为，德国现有的常规铁路系统已经很完善，且磁悬浮运行费用昂贵，上马磁悬浮项目的确没有必要。

命运多舛

德国是磁悬浮技术的发源地。1922 年，德国人赫尔曼·肯佩尔提出电磁悬浮构想；1934 年，他申请并获得了制造磁悬浮铁路的基本专利。

德国也是目前世界上唯一掌握较成熟磁悬浮列车技术的国家。然而，这项被德国人引以为自豪的技术自从其诞生以来就没有摆脱悬而不浮的尴尬命运。

20 世纪 90 年代，德国西部的北威州就曾试图在城市密集的鲁尔区建设一条从杜塞尔多夫机场到多特蒙德市的商业运营线，最后因为融不到资金而不了了之。现任德国联邦财政部长施泰因布吕克当时还是北威州州长，他就曾讥讽说：“谁会为了能快 10 分钟而用两倍于传统轮轨高速列车的钱去投资磁悬浮线。”这也难怪当他担任德国财政部长后，对慕尼黑磁悬浮线需要联邦政府增加投资表示坚决反对。

1997 年，德国也曾计划兴建一条从柏林到汉堡的磁悬浮线，全长 292 公里，投入后从柏林到汉堡可在一个小时内到达。这个曾轰动一时的项目功亏一篑的原因也是钱的问题。据专家计算，即使对往返于柏林与汉堡的磁悬浮列车乘客数量最乐观的估计，磁悬浮列车运营后，每年也将亏损 1 亿马克。2000 年初，由于谁也不愿增加投资，更没有人愿意为未来的亏损埋单，这一项目在争吵中正式下马了。

继续开发

在政府宣布放弃磁悬浮项目后，巴伐利亚州州长京特·贝克施泰因说，27 日是“糟糕的一天”，不利于德国保持“高科技国家的形象”。

德国国内支持磁悬浮项目的人认为，成功修建一条商用磁悬浮线路，有助于德国向全世界展示和推广其先进的磁悬浮技术。

尽管德国放弃了在巴伐利亚州建磁悬浮线路的项目，但运输部长蒂芬泽说，德国不会停止开发磁悬浮技术。

蒂森克虏伯公司发言人安雅·格贝尔说：“我们将继续开发磁悬浮技术，我们对它有信心。”

西门子公司首席执行官彼得勒舍尔说：“磁悬浮技术是德国科技的‘信号灯’。我们把它视为德国最主要的出口技术之一。”他说，已有来自卡塔尔和美国的客户表示有意引进磁悬浮技术。

资料来源：中国铁路网站．2008-03-29

第8章

新产品商业化规划

【本章学习目标】 了解新产品进入市场的战略，学习试销的方法。掌握新产品商业化的相关策略。理解新产品投放跟踪的重要性以及跟踪的程序。了解建立产品逆向物流系统的作用。

在新产品开发过程的所有步骤中，产品投放市场和商业化的过程需要投入的时间、资金和相关资源最多。新产品投放市场成功与否对利润目标的实现形成了最大的风险。在配送、销售和广告活动中，大规模资源投入造成的失败风险的可能性，远远大于开发过程中的任一风险。所以，在新产品投放市场的过程中，方方面面的协调与协作是一个关键因素，主要是与销售商、物流等的良性合作和市场投放时机的选择。在这个阶段必须进行监控以确保新开发产品及利润不受威胁。试销就是一个保护产品、保护利润的好方法。

8.1 新产品进入市场

8.1.1 试销

新产品及其市场营销计划实施的第一步，就是要试一试它在潜在购买者及其他主要利益相关者中间的反应。通过试销，检验产品工艺的适应性；了解产品的使用情况和用户意愿；找到产品存在的问题，然后采取对策，为产品全面进入市场做好准备。

通常，试销要选择有代表性的市场、合适的地区和季节，同时拟定试销时间长短及搜集销售情报。搜集销售情报，包括消费者对试销新产品的印象（对产品的满意程度，对产品的改进意见)，第一次购买率与重复购买率的大小，不同市场销售结果及影响因素、预测销售量等。上述因素从不同侧面直接或间接地反映了产品研发的成功与否，企业也可据此拟订下一步的行动方案。

1. 试销的目的

新产品正式批量生产出来以后，如果企业决策层感到满意就可以将其投入市场，进行销售。在新产品正式销售之前进行试销，可以了解目标市场上的消费者、经销商对新产品的反应，以及市场究竟有多大，为优化新产品营销方案提供客观依据。

(1) 掌握目标市场上需要新产品的安全数量。通过新产品试销，企业营销部门可以预测目标市场需要新产品的准确数量，即新产品的市场规模，为新产品的大规模生产和市场营销决策提供依据。这方面的资料不同于那些指导早期产品开发的计划决策的一般市场数据和预测的市场份额。这是一种更近一步或更具体的资料，是一个比较确切的数据。此时新产品营销人员要作一个有关新产品市场需求量的调查报告，系统阐述新产品面对的市场机遇和可能遇到的挑战。

(2) 掌握有益于修订和完善市场营销计划的诊断性信息。企业在为新产品制定营销计划时，通过新产品试销，可以了解诸如产品包装、价格、促销手段的运用、试销的目标市场等信息，针对目标市场上消费者的特点，及时调整和完善营销计划，为新产品的上市赢得竞争优势。

2. 决策试销

虽然新产品试销的优点很明显，但也不能忽视它的缺陷，如试销成本的存在，试销可能给竞争者提供发现新产品商业秘密的机会，试销需要足够的时间，而且试销的成功与否并不完全等同于以后的规模销售。因此，不是所有企业都愿意这么做，也不是所有新产品都需经过试销这一阶段，新产品是否进行试销应根据具体产品、具体环境而定。事实上，确有一些新产品在样品开发完成后，直接正式上市也取得了成功。所以，需要对新产品是否试销作一决策。

试销与否的影响因素主要是投资、风险以及试销的时间和成本等。一般而言，以下几种情况宜进行试销：

(1) 高投资、高风险的新产品值得进行市场试销，以防不问青红皂白，一头撞入市场，却不被接受而铸成大错。一般应当就新产品可能失败而造成的风险及耗费与成功的赢利能力和目标利润两方面进行比较。

(2) 当新产品大量涌入市场时，需要相应到位的管理与控制技术，为此付出的投资会远远超过试销的投资，此时就应进行试销。

(3) 对尚无直接替代的产品门类，尤其是工业品，市场试销特别重要，因为顾客无从比较，不易认识产品的优越性。

(4) 对高、新技术商品的首次面世，由于技术的专业性，而消费者是非专业性使用，所以试销可以让大家认识技术，在普及技术的同时普及用户规模。

3. 试销达成目标的关键

试销要达到预期目标的关键是选择一个合适的试销市场和科学的试销方法。

市场试销是通过真实市场对真实的新产品或新服务及它们的市场营销计划所作反应的评价。一方面，新产品可以在一种真实的市场环境中，用一个真实的市场营销计划（或它的一个或多个变型）进行试验。另一方面，它也可以在一个模拟的市场环境中（利用真实的潜在购买者），用一个假设的市场营销计划来试验。选择试销市场的原则是，所选择的试销市场与目标市场的条件尽可能接近。实践中，许多企业一般先拟订自己的全面投放阶段所需的营销计划，然后按缩小的规模来设计试销计划。

随着经济的发展，市场营销专家已创造性地提出了许多用于新产品试销的方法，其中最为常用的主要有销售波动测试、模拟试销法、控制销售法以及测试市场法等四种方法。

1）销售波动测试

波动测试是普通家庭使用新产品情况测试的延伸，使用这种方法时，免费给消费者提供某品牌产品以供他们试用，然后以低价再次提供该产品或竞争产品。这样，重复提供该产品 3～5 次（销售波），营销人员密切注意有多少消费者再次选择该品牌产品以及他们对该品牌产品的满意程度。

销售波动测试的优点是：确实能够使消费者看到一种或几种粗略的广告创意、广告诉求点以及广告形式，使营销人员观察到广告宣传对消费者重复购买的影响程度。同时，它可以使产品开发企业估计消费者在使用自己稀缺的资源，即金钱和有机会挑选竞争产品条件下的重复购买幅度。此外，销售波动测试简便易行，实施迅速，即使是在新产品没有被完全包装、广告宣传还没有全面展开时也可以运用这一方法。

销售波动测试的缺点是：由于消费者是预先被选出进行新产品试销工作的，因此，他不能表明不同的促销活动能实现的试用率。此外，销售波动测试也不能表明从中间商那里得到的分销和有利的货架位置的品牌作用。

2）模拟试销法

模拟试销法是一种方便度量市场对新产品及其营销计划的反应，在一个虚拟的市场环境中，针对潜在购买者测量其购买行为而进行的一种研究方法。它既可以在实验室环境、在家庭或潜在购买者的业务场所，以及在购物中心进行，也可以在尽可能接近真实的模拟购物过程的其他场所进行。对于新的重复购买的消费品，由此获得的关于试用和重购意向的估计，有助于市场进入的决策，同时也可用来修正销售预测模型中的估计值。对于新的耐用产品，模拟购买过程的各个阶段（如通过商店购物或其他途径的信息搜索、产品试用、购买意向陈述等）也有助于改进决策和销售预测。

模拟市场试销法和用来对其进行评价的预先试销模型的价值在于其相对的低

成本，较快的实行速度，以及对竞争者的保密性。在许多情况下，它们被用来决定进行一次市场试销是否可行。当然，很多时候它们则直接绕过市场试销阶段而直接进入市场投放。在国外，有的商业性的市场营销调研公司都将模拟市场试销作为它们新产品服务的一部分。只要设计得当，此法可以用来改进新产品的决策，也可用来修正销售预测模型。

3）控制试销法

模拟试销法控制了新产品的购买，而消费者的重复购买行为则由销售波动来控制，两种购买行为都是在假设的条件下进行的，缺乏现实生活中的真实性。而控制试销则是在客观条件下进行的一种新产品试销方法。有些产品开发企业安排了一些在其控制下的商店，在给予一定费用的条件下，这些商店同意经销该新产品。产品开发企业可以根据测试的规模确定商店的数量和希望销售该产品的地点。企业按照预定计划，将新产品交给选定的商店，并且负责安排货架的位置、POP广告以及该产品的定价等。新产品的销售结果能从货架的动态反应上体现出来。在新产品的试销期，企业可以在地方媒体上实验小型广告的效果。

控制销售的优点是：该技术中运用了真正的消费者购买行为，消费者在这类"市场"中可按正常的价格购买他们所要的真实产品，在这种情形下，收集的购买和重复购买及消费者对产品态度方面的数据的可靠性较高。据此能较客观地估计新产品的销售量，测试各种促销活动及广告对消费者购买行为的影响，而且这一切都不需动用自己的销售队伍，不需要给予商业折让，或者花大量时间去建立自己的分销网络。其缺点是：将新产品直接暴露在竞争对手面前，同时不能为产品开发企业提供将新产品推销给经销商的经验。

4）测试市场法

测试市场法是在全面推出一个新产品时可能面临的类似市场场面中，测试这种新产品的最后方法。它是在一个假定的具有代表性的分片市场中进行的销售预演。测试市场是一个整体市场的缩小版，并使之对市场营销整体规划进行测试，因此它不同于新产品试销的其他早期形式，必须对市场上的所有变量予以考虑。通常，产品开发企业需要与外界的市场调查公司合作，以选定少数有代表性的测试城市，企业的销售队伍努力将新产品推销给经销商，并为新产品取得好的货架位置。在这个市场里，产品开发企业将采用类似向全国推销那样的方法，展开全面的广告和促销活动。企业产品的市场测试计划内容有：

选择有代表性的城市测试。这是保证试销有效性的前提。各区域市场的市场特征差异较大，因此应该选择在消费者特征、市场特征、广告、分销、竞争等方面接近新产品最终要进入的市场作为目标市场。

确定测试的时间期限。测试的期限主要依据用户使用产品的重购期，一般为一到两个周期，以及竞争者涌入市场的速度。测试期限的长短与进入速度的快慢成反比。

收集信息。通常要收集的信息包括：新产品的销售量、市场占有率、试用率和重购率；不同类型消费者的购买频率；消费者对新产品的不同价格的反应；广告和各种促销活动对消费者行为的影响；消费者对产品及服务的反应等。

最后是对试销结果决策。相比较而言，在产品研发成功与否的因素中，试用率与重复购买率的高低对企业决策更具有重要意义，重购率表示一种满意程度。根据试销反馈的信息，以试用率和重购率为坐标，对新产品是否上市作出如图 8-1所示的决策。当产品处于象限Ⅰ时，表明消费者对新产品满意，则可决策正式大批量投产；当产品处于象限Ⅱ时，企业要做的是加强新产品的宣传和促销；当产品处于象限Ⅲ时，则该新产品要么重新规划要么就该放弃；当产品处于象限Ⅳ时，说明新产品概念受欢迎，但产品实体还需要改进。

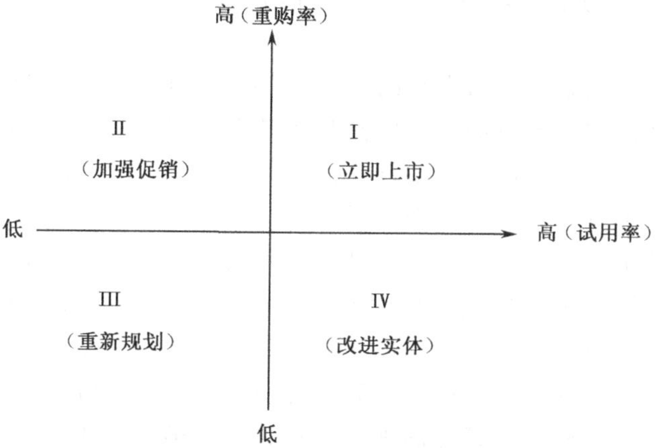

图 8-1　试销结果决策图

但在实际运作中，当企业将新产品开发到试销阶段后，决定其上市还是舍弃是一个十分艰难的抉择。况且，试销与正式上市无论是规模还是市场环境都会有一定的差异，这就意味着有时候不可过分依赖试销的结果。对于不理想的试销结果，可采用再次试销或改进产品的方法。

市场测试的优点是显而易见的：从市场测试中得到的信息对未来销售量的预测，准确度相对要高；可测试不同的营销计划对新产品商品化的可行性；从消费者的角度感受到的新产品缺陷等。缺点是时间长、测试费用大，给竞争者可乘之机。有时富于进攻性的竞争者会采取措施扰乱测试市场，使测试结果不一定可靠。市场试销代表了第一个真正的机会来实施新产品的市场营销计划及评价市场对新产品的反应。至于要决定采用何种方式的市场试销，或者决定是否进行市场试销，需要根据产品和市场的具体特征来决定。

8.1.2 新产品市场进入的战略

如果一个新产品通过了关键的市场测试，而且对其预测结果也看好的话，那么市场进入的决策往往就是顺理成章的。市场进入是作为走向实施的重要一步来看待的，它的决策对于竞争战略会产生重大影响。下面通过对市场进入的分析来讨论新产品市场进入的战略。

1. 市场进入的分析

一项新产品战略正式实施的启动点就是预期的市场进入时间，这个时间不仅取决于产品开发的周期，同时还取决于预期的环境动荡程度和市场摩擦。另外，潜在购买者和其他利益相关者是否愿意购买新产品，有多少人会将它作为已开发成功的产品来购买，这也将决定它的市场进入时间。因此，市场进入的时机在很大程度上取决于市场情势，所以需要对市场环境进行分析研究以作为决策的根据。

(1) 新产品营销策略。新产品的基本营销策略随着项目的进入阶段而发展。下一步将为营销计划各组成部分发展到尽可能新的阶段，而提高战术计划水平。营销计划应该阐明三件事：①营销目标；②营销战略；③为达到这些目标和战略的具体程序。这个营销计划是新产品引入的行动计划。

(2) 市场分析。市场分析的目的是发现什么对于消费者来说是重要的。营销计划过程始于环境调查。环境分析通常由产品分析和市场分析两个主要因素构成。产品分析包括对产品在外观、性能以及验证性能和功能特征的相对测试数据方面的详细描述。产品进入市场前的分析主要由消费者分析、竞争者分析、对外部因素的分析、对新产品市场份额预测、对关键市场机会和威胁的分析五部分内容组成。消费者分析、竞争者分析和对外部因素的分析已在第3章讨论过。

新产品市场份额预测即对新产品市场占有率包括销售额、利润和最终成本作预算。

通过对新产品关键市场机会的分析去发现市场机会，机会的重要潜在资源是市场容量大小和趋势。威胁的分析必须包括预期的或者实际的投放活动以及新产品可能遇到的其他问题。

对竞争产品严格而密切的观察，是市场机会和威胁分析的一个非常重要的问题。了解竞争产品的动态、掌握它们的去向比市场实践可能更重要，其结果可作为产品提高或者降低性能的识别，这一点又成为市场机会。能够作为市场机会信号的还有对其他区域市场弱点的考虑。例如，可能其竞争相当弱或慢，或者会有社会整体消费趋势的变化，或者是政治上或生态上的影响，这些外部市场的动荡都可能创造出特别的机会。新需求、替代需求及其变化也能带来新的趋势和新的方向。机会多多，每一个机会都需要更多的研究来证实它是企业新产品的机会。

每一个机会来源都有可能是潜在的威胁。市场分析能否提供一个新产品投放的明确而现实的市场进入时机是很关键的。

2. 市场进入的时机

决定市场进入的最佳时间，需要人们对市场投放后的潜在实施问题作出考虑，而且还有可能对建立和捍卫长期的竞争优势产生预料不到的战略影响。由于早期进入而可能积累起来的潜在优势是会逐渐消散的，除非对于至关重要的营销计划和市场因素都加以仔细控制。为了说明市场进入的时机和长期的竞争优势之间的联系，以下将讨论三种一般以时间划分的行动：早期进入、对等进入和延时进入。

1）早期进入时机战略

有证据表明，早期进入市场可以抢占竞争的优势，理由是，市场中的首先行动者有机会去建立防止竞争者进入的壁垒。早期进入者的新产品和投放营销计划，在潜在购买者中间应能提供一种明显的令人满意和持久的竞争优势。如果开发新产品是为了满足某种尚未得到满足的需要，那么只要新产品明显地满足了这种需要，潜在购买者就会非常乐意接受有关该新产品的信息，很快就会试用该新产品，并培养起对该新产品的忠诚感。早期建立起一个忠诚的客户基础，通过这些客户又可能对其他潜在购买者产生有利的影响，这是建立强大的市场地位的关键一步。

不管新产品和它所满足的需要是否基于价格（较低成本）或其他特点（产品所反映的技术，不论是专有的还是非专有的），早期进入者总是有机会建立进入壁垒的。这些壁垒可以建立在规模经济，经验效应，投放后市场营销计划的修正（降价、增加交流、强化分销等），产品、生产和技术的继续改进，以及在其他领域中日益改进的有效资源配置上。例如，人们对历史悠久的企业的产品（如百年老店的食品、宫廷配方的保健品）总是怀有一份说不清道不明的情感。

2）对等进入时机战略

对等进入的时机掌握是指在重要竞争对手预期进入市场的同时，或十分接近的时间，将新产品推出。对等进入时机是指这样一种时间概念，在这段时间内，当不当第一对于市场和其他利益相关者来说没有多大差别。支持这种对等进入逻辑的市场行为基础是，在潜在购买者有机会了解、试用并培养起对一种新品牌的偏好之前，第二个进入的新品牌将分享这种注意，因此将会使市场回归到竞争平衡状态。在市场上经常可以看到两家公司前后推出同类技术新产品的现象，一个原因当然是二者同时进行了新品研发，也有可能是后推出产品的公司采用了对等进入时机战略。

对等进入的时间区域长度可能按产品和市场情势的不同而不同，但是，在高度竞争及混乱的市场状态下，找出这一长度是重要的。

对等进入在那些以品牌繁殖为特点的市场中，以及当主要竞争对手的有关产品开发计划的信息和预计数现成可得或可以发现时可能是有用的。对等进入时机战略通常来说往往是防御性的，以此来抵消竞争对手的产品开发可能造成的潜在优势。但在多元产品市场的情况下，它也可被用作一种进攻战略。如果知道竞争对手善于迅速仿效，则可因势利导地将竞争者的注意力从较重要的市场吸引到较小的市场去。

例如，啤酒市场的竞争高度激烈，安豪泽-布什（Anheuser-Busch）公司仅经一个月的市场试销，就将其低酒精啤酒（LA）引进市场。至 1984 年 6 月初这种啤酒已被引进到全美国 65%的地区，到同年秋季在全美各地已经都可买到。作为一种对等进入的行动，米勒酿造公司（Miller Brewing Co.）在 1984 年 8 月底将其低酒精啤酒（Sharp's LA）投入市场，到秋天时全美各地也都有售了。这样，由于潜在的时间调控作用，米勒公司排除了早期进入的安豪泽-布什公司在建立市场占有率方面的任何重大优势。米勒公司在这种情势下明显地采取了迅速防御的行动。但对这一系列事件作为一种可能是进攻性行动的解释是，安豪泽-布什公司在极力促进其淡啤酒 Bud Lite 的营销努力中，切望在淡啤酒市场上将米勒公司的注意力从它占据的有利地位上引开，以便与该公司的 Miller Lite 淡啤酒一争高低。

3）延时进入时机战略

延时进入的时机意味着推迟新产品的市场投放日期，以达到取得长期竞争优势的目的。既然早期进入有许多明显的优势，为什么还要研究延时进入呢？延时进入的一个主要优点是可以等待市场机会发展到足够的规模。例如，在一些地方，企业投入大笔资金圈地，由于市场规模的不确定性，后又搁置了开发的计划。

延时进入也还可以让竞争者去担当第一个启动者，承受因市场动因的不确定而出现的风险。跟在竞争者之后进入市场的主要优点是，有可能从先进入者的市场经验中获得教益。捕捉和利用好这一信息，几乎能影响新产品开发过程的每一个方面。这样的学习可以转化为创新、设计、市场调研和生产的较低成本。最为重要的是，购买者的偏好也将因此显露无遗。这样，后进入者在向市场投放产品时就能据此改进产品性能，并修正其市场定位，进而可以转化成较低的风险，即通过了解其他人所犯的错误，就足以减少自己在决策时不可靠的选择方案数量，或缩小对所有可能结果都进行预测的决策树的规模。

作为一种延时进入的成功范例，这里来看一下杜克特尔（Docutel）公司在 1970 年率先进入的自动柜员机（ATM）市场。在 20 世纪 70 年代早期和中期，当杜克特尔公司垄断了市场时，迪博特（Diebold）公司正在酝酿进入市场。当 1975 年末迪博特公司最终进入市场时，它的产品已经有了改进，具有竞争性的性能，因此能稳步地提升其市场占有率。到 1982 年，迪博特公司已经达到 47%的市场占有率，IBM 公司占有 25%，而杜克特尔公司仅占有 19%，只能尾随其后了。

3. 市场进入规模

市场进入规模认为，新产品投放战略的实施，可以针对目标细分市场全面展开，也能以较小的规模展开。它将若干数目或种类的细分市场计划与一个滚动顺序结合起来，以便最好地实现设定的经营战略目标。一般来说，新产品市场营销计划的基础都是选择一个或更多的目标细分市场。这些细分市场常常又能被分解成若干个单元或亚市场，以便更有效地为市场进入配置资源。典型的细分市场包括那些以新产品的采用范畴、地理区域、分销渠道、销售队伍、广告媒介以及某些其他有用的变量界定的市场细分。该目标细分市场可以通过这些亚市场中的任何一个达到，但市场进入的方法可以是顺序式的滚动，或者是全面铺开式的市场投放，以体现基本经营战略的某个方面。

例如，依靠人们口头宣传的影响取得成功的新产品，如果采取滚动式的市场进入，并在初期将重点集中在勇于创新的用户这一细分市场，定能受益匪浅。如果这些有影响的买主被说服，早期购买了该新产品，那么他们能通过对模仿者的影响，加速新产品的扩散过程，所以据此推断，这就有助于实现现金流量以及相关的财务和市场营销方面的目标。对于其他产品，按地理位置划分的细分市场，可能是市场进入的最佳基础。一些企业首先进入地理上接近的细分市场，然后才扩展到地区、全国，并最终扩展到全球去的。前面曾经提到的四川长虹集团的发展走的就是这样的道路。

市场进入也可以通过跨越不同分销渠道的市场细分滚动方式进行。例如，一种新的香水产品的目标市场界定为妇女晚间使用。这样它可以首先在高价的百货店和精品专卖店销售，然后滚动到其他百货店和杂货店销售，最后再进入到杂货铺和折扣商店销售。同样，市场营销计划也能通过特定的媒介载体（广播与印刷品），或销售队伍（对于按细分市场划分销售队伍的公司）向各个细分市场滚动展开。当然向整个市场全面铺开式的市场投放方式始终是一种可供选择的方案。

通过市场细分用滚动方式进入市场，在高风险和对市场反应高度不确定性的情况下是一种很有用的方式。在严格控制的条件下，向一个细分市场投放一种新产品，可以在早期就提供宝贵的市场反应信息，以便作出必要的调整。从第一个细分市场学到的经验教训可以转移给第二个细分市场，这样可以一直滚动下去，直至积累足够的信息，实施全面的市场投放。如果有足够多的前导期，顺序滚动式的市场进入甚至能够使市场投放前的额外市场调研不再必要。这里的原理是尽早将产品投入市场，进行调整并继续滚动，直至达到理想的产品开发和市场投放营销计划决策。

4. 市场进入共鸣

共鸣的概念被用于描述在一次广告活动中，给予该广告一种独特的风格或吸引力的那种回响和倍增效应。对这种意义作某些修改，共鸣的概念也适用于一般的市场营销计划，特别是新产品的市场投放计划。共鸣或许可以看做是一个由高至低的连续体。从某种物理意义上说，共鸣是一个音的强化和丰富。在市场投放计划的背景中，它可以表示使那些与顾客产生交流的要素或符号（产品特性、价格、广告、促销、展示等）互为回响的那种结构配置。由于这种回响，在市场进入时该计划具有一种使市场产生共鸣的冲击力。

对于一次高共鸣的市场投放，其目标是设计一套针对有关利益相关者的市场营销计划，来产生一种信息的倍增或几乎为振动的效应，来感染这些利益相关者并加快关于该新产品信息的扩散。在新产品的背景中，实现这一目标的工具被称作“销售宣传”，即导致有利于接受新产品的营销环境产生的投放前活动。新产品的市场营销宣传计划应该是：①目标针对有关利益相关者的细分市场；②具有很大的强度和冲击力；③时机掌握正确；④向利益相关者传递一种协调一致的，然而又使企业有别于竞争对手的信息。

高共鸣市场投放计划虽然从直觉上来说是吸引人的，但是它们也会使人产生对新产品的过高期望，或者在其他方面造成不曾预料的后果。例如，过早地引起竞争对手的警觉，未能在明确或暗示的投放日期将产品投放市场，或者在投放之前就造成了不良的负面宣传效果，特别是当用来产生共鸣的、隐含在宣传信息中的双重含义被错误理解时。

市场进入的投放计划的另一个极端是低共鸣进入，这实际上是一种秘密的市场进入。其目的是尽可能悄悄地进入市场，不要任何形式的、会造成任何反响的炫耀和宣传。根据战略性市场细分计划，同时向市场投放多个新产品的企业，就可能希望悄悄地进入各细分市场，而不暴露其总体战略。在高敏感度市场上投放新产品的企业可能也愿意选择低共鸣进入。例如，向净值 2000 万美元资产以上的私人客户推销一种新的资产管理业务的银行，就可能选择一种静悄悄地进入市场的方法。通常情况下，以一种文化上属于禁忌然而又为某些潜在购买者需要的产品进入市场的企业，也许会作这样的处理。

市场进入的共鸣程度可以介于上述两个极端之间的任意一点。考虑市场进入共鸣的主要好处或许就是，要决定这个合适的程度，就必须事先仔细规定清楚新产品的市场投放目标。

8.2 新产品商业化策略

产品商业化和投放市场使新产品有了可操作性，并使它适应实际的营销目标。营销和生产是同时同比例增长的。市场投放过程的目的，在于达到产品或服务的满意的分销，提供所有需要的辅助服务的足够条件，确定适合市场需求条件的价格补偿成本并且达到利润目标。在产品商业化过程中，建立相应的产品营销策略，促进产品更多更快地销售，可以使得投资早日回收、利润早日生成。

8.2.1 新产品定位策划

在市场上顾客对商品的需求是多方面和多样化的，因此，不论一个企业的经营规模多么巨大，也不可能满足所有顾客的所有需求，而只能满足市场上某一部分顾客的某些需求。因而，每个企业开发的每一个新产品都必须确定是满足哪一类顾客的哪一种需求，这就是选择“目标市场”。

选择目标市场是建立在市场细分基础上的。所谓市场细分，是根据顾客的需求特点、购买行为和购买习惯等不同特征，把总体市场分割为基本相类似的顾客群，其中每一个顾客群就是一个细分市场或子市场。市场细分的目的是为了正确地选择目标市场，也就是说，新产品目标市场就是企业开发的新产品要进入并占领的细分市场。

细分市场有一定的标准。确定细分标准就成为制定市场细分化策略的重要条件。为了保证制定的细分标准能符合市场实际和企业确定新产品目标市场的要求，在确定细分标准时应遵循以下原则：

（1）可衡量性。各细分市场要有明显的差异性，各有其容易识别的顾客群，他们具有共同特征和表现出相似的行为。凡是企业难以识别、难以测量的因素或特征，都不能据以细分市场。

（2）可占领性。进行市场细分，是为了使企业更好地去占领目标市场。因此，确定细分标准的因素，一定要从本企业的实际出发，以保证经过市场细分确定的目标市场，企业可以利用现有的人力、物力、财力去占领。

（3）可赢利性。细分市场的规模和范围必须适当，应当使企业获得一定的利润，取得良好的经济效益，并且有一定的发展潜力。企业要适应细分市场的要求，就要付出一定的代价，如需要设计独特的产品，制定特定的市场营销战略。如果细分市场过小，则企业无利可图，入不敷出，也没有发展的潜力，那么这种细分市场是没有意义的。

1. 目标市场选择

企业在细分市场的基础上选定新产品的目标市场。目标市场有多种选择对象（细分市场），作决策时需要在多种可能中进行选择。目标市场选择是价值和多种选择成本的函数，即

$$\text{目标市场选择} = f(\text{价值与成本})$$

其中，细分市场价值是另外四个因素的函数：

$$\text{细分市场价值} = g(U,F,C,D) = \text{销售潜力} + \text{扩散价值} = U \times F \times C + D$$

式中，U 表示新产品在该细分市场中当前与潜在的需求量；F 表示新产品满足需求的程度；C 表示企业的竞争能力，用估计的在该细分市场中的市场占有率表示；D 表示该细分市场对其他细分市场在刺激认识、试用和重复使用方面的扩散价值。

四种因素作用的形式为：前三个因素以相乘的方式结合，后一种是相加关系。前三个因素形成该产品的销售潜力，即该产品的销售潜力$=U\times F\times C$。后一种因素为扩散价值，与销售潜力相加后，即形成该细分市场的价值。综合考虑各细分市场的市场价值和为进入该细分市场所付出的代价，能取得投入产出比满意的细分市场，就应该选为目标市场。

选择目标市场时应注意的几个问题：

(1) 企业可以把两个或两个以上不同的细分市场作为目标市场。一方面，新产品本身在不同的细分市场具有不同的用途；另一方面，不同的细分市场对新产品所具有的功能属性的要求倾向也不同。

(2) 目标市场选择可以预先决定。尽管企业在目标市场选择过程中必须考虑到细分市场的特点，必须遵循目标市场的选择原则，但企业在目标市场选择过程中绝不是被动的、消极的，而应该充分发挥企业的主观能动性，在综合考虑企业内部条件和外部环境条件的前提下，预先选择目标市场，并建立相应的模式化销售体系。

(3) 可以多选几个细分市场，进行销售测试后再选择目标市场。这样可以更好地选择目标市场。对没有选中为目标市场的细分市场，其测试记录也应予以保留，以作为新产品最初投放目标市场成功后进一步开发市场时的分析资料，也可以作为在目标市场最初开发计划失败后急于选择新目标市场时的分析资料。

2. 新产品的市场定位

一旦选择好目标市场，甚至在选择目标市场的同时，企业就应该进行产品定位。这里的“定位”是相对其他产品的新产品定位而言的，因此新产品的定位必须在分析和研究企业自身和竞争者的实力及地位的基础上，结合新产品的类型及特点进行。

当新产品面对一个已有同类品牌的产品时有多种选择：要么通过突出新产品的高质量、高品位来创造一个新市场；要么通过新产品的更高品质击败最强劲的竞争对手以取代其最高地位；或者妥善处理好与最强劲竞争对手的关系，合伙打击地位较低的竞争企业；或者重新分析和研究市场竞争状况，主要审定与领先者及跟随者之间的关系；也可以简单区分新产品与现有产品的差别，以便把一个阶梯分成两层或更多层阶梯，使每一层适应一个细分市场。

1) 新产品市场定位的选择方法

新产品市场定位是新产品市场营销策略的一个重要组成部分，它的成功与否在很大程度上直接影响新产品市场营销策略的制定与实施，关系到新产品的市场营销效果，因此新产品定位的选择方法就显得十分重要。新产品定位的选择方法主要有按属性定位和按替代因素定位两种。

(1) 按产品的特色、作用、利益等属性定位的方法着重通过宣传产品有哪些特色来吸引顾客，或强调产品的功能所能满足的顾客需求，或明确产品能为顾客带来哪些直接与间接的利益。有些定位是两个或三个属性的组合。

（2）按暗示特色、作用、利益的替代因素来定位，这些替代因素可以是经验定位、来源定位、等级定位等。这种方法相对第一种方法有更大的创造空间，同时也因为它们暗示了特征、作用与效益，从而可能避免顾客对新产品宣传的怀疑、反感态度，并促使每个潜在用户可以凭自己对属性的兴趣来选择产品。具体地说，经验定位是列举已有许多用户购买了这种新产品所带来的暗示作用；来源定位说明了产品原料来自于特殊地方所带来的暗示利益。例如，隆重推出的新啤酒，强调水来自于某个著名矿泉水源；等级定位通过强调本公司规模最大、广告费最多、产品由一流销售商销售等来暗示产品的特色、企业的实力。山东“秦池酒”不惜重金，花费 3 亿多元，争得中央电视台 1996 年广告“标王”，就体现了等级定位。

由于新产品定位的独特性，企业不必拘泥于上述两种定位方法。因为随着市场环境的变化，总是存在着新的定位方法及定位组合，企业应充分研究产品定位，从而更好地把握市场、占领市场。

2）*新产品定位时应注意的几个问题*

产品定位思想广泛流传，正被越来越多的人所接受。实践证明，产品定位对企业的市场营销活动效果有着显著的影响。但是，企业如果对产品定位尤其是新产品定位的本质、特征以及使用认识不足或存在着错误认识，那么，将会给企业的市场营销活动带来严重后果。为此，对企业的产品定位工作提出以下几点建议：

一是企业不能也无法回避新产品定位。因为每个新产品采用者对新产品在性能、价值、用途等一方面或几方面都会形成自己的判断，所以新产品定位对引导采用者的判断十分重要。如果每个采用者都形成各自独立的判断，就会在市场上造成混乱，这显然是由新产品定位的失当所致，而如果判断处在一个相反的定位上，新产品就很有可能夭折。

二是新产品的各种属性必须与目标市场的需求相适应。只有新产品的各种属性与目标市场的需求相适应，才能极大限度地满足现实需求和刺激潜在需求。

三是在新产品全面营销之前，应对产品定位决策进行认真、全面的测试。来自市场的虚假信息以及市场定位工作人员的主观片面认识都有可能使产品定位决策失误，从而导致极其严重的损失。定位测试可以避免产品定位决策失误给企业带来重大损失，而且能使新产品的宣传更加具有针对性，从而提高新产品的市场营销效果。需要特别注意的是，产品全面进入市场并不意味着测试工作已经结束。实际上，测试应该贯穿于新产品营销的整个过程，因为市场是动态的、变化的，需求是全方位、多层次的，新的营销机会往往出现在新产品的营销过程中，这就要求定位工作人员应密切关注市场状态及其变化趋势，对新产品定位进行相应的调整，从而获得更多的销售机会和经营优势。

四是新产品定位应有应变计划。企业对新产品定位应有应变计划，以对付突发事件带来的不利影响。市场需求的不规则变化，竞争者的改变策略，都有可能使企业原来的新产品定位变得不适当，这时企业应及时采用应变定位，以改变不利局势，赢得主动权。应变定位与调整定位的区别在于，前者更具有主动性，在竞争中不至于失去原有的优势。

8.2.2 新产品价格策略

新产品的定价是一个十分困难的问题。定价高了，难以被消费者接受；定价低了，将影响企业应有的利润。因此，确定产品价格时，必须灵活运用各种定价策略。

1. 常见的五种新产品价格策略

1）高撇脂价格策略

这种策略是将新产品的价格定得很高，力求在尽可能短的时间内，获取高额利润，尽快收回投资。如果新产品有吸引力，又为社会所迫切需要，这种定价策略是可行的。只要高价不引起消费者的反感和抵制，成功地吸引高收入阶层进入市场，高价就可维持一段时间，带来高额的短期利润。以后随着竞争产品投入市场和市场大规模的开发，产品的价格会逐步降低。采用这种定价策略有许多好处，主要是：第一，利用消费者的求新心理、炫耀心理，高价刺激需求，同时，确保新产品的独特性、优越性及高质量，使其高价也能为一部分高收入消费者所接受，形成高额的“理解价值”，树立名牌产品的形象；第二，价格开始定得高些，给将来留有较大的回旋余地，使企业在价格上掌握主动权，根据市场竞争情况，可以随时调整价格；第三，高价格换回了丰厚的利润，可抓紧时机迅速赚回投资；第四，用价格调节需求量，在批量生产能力未形成时，高价可以抑制市场过于迅速发展，避免新产品脱销。

需要指出的是，采取此策略也存在着明显不足，主要是：第一，新产品的市场形象未树立之前，定价过高，有可能会影响市场开拓，愿意出高价购买产品的顾客毕竟有限；第二，高价投放市场的新产品获得成功后，厚利将引来众多的竞争者，影响预期目标的实现。

因此，高撇脂价格策略作为一种短期的价格策略，适用于产品确实独特且有足够的顾客能接受这种高价，同时其他企业一时无条件与其竞争的情况。

2）低撇脂价格策略

这种策略是将新产品价格定得稍高于现行市价，既不脱离行情，又能获取较高收益，因此它作为定价策略很受欢迎。因为它很明显能使企业获得部分利益，还能进行一定的市场渗透，但价格与渗透价格相比又足够高，不会招致市场上竞争者的反击，而且还给诸如广告等其他营销手段留有空间。许多企业都喜欢采用这一策略，因为它具有较强的灵活性。

3）适应性价格策略

这种策略是将新产品价格定为行业平均价即现行市价，以便新产品能很快被市场所接受。这一方法的缺陷在于，现行市价常常不能表现为同一，因为市场上可能有几家企业以不同的价格争夺市场的主导地位，而且价格比较也因为产品品质的不同而缺乏客观的基础。

4）渗透性价格策略

这种策略是将新产品价格定得稍低于现行市价，主要目的在于吸引顾客，提高市场占有率。由于新产品价格定得低于现行市价，因此企业希望尽量扩大销售量和生产量，从而降低生产成本，使成本降低获得的收益大于价格降低造成的损失。渗透性定价策略如果能够成功，最终会使企业销售量增加，利润上升。但是，渗透性定价策略在实际应用时市场风险较大，因为它要花费较长的时间才能使投资见效，如果产品不能迅速占领市场，或遇到强大竞争对手时，一般会造成严重损失。渗透性定价策略一般适用于以下情况：新产品是面向广大的大众顾客；企业有迅速形成大批生产能力的可能；新产品将长久地占领市场。

5）狙击性定价策略

这种策略是将新产品价格定得很低，保证产品销量很大，以达到抑制竞争产品的销售，阻止新的竞争者进入的目的。这种定价策略并不常用，部分原因是采用这种策略在销售和成本上都是一种冒险，竞争者也许不退出市场，销售量也许不会明显增加。因为顾客对商品的价值都有基本正确的估计和判断，如果定价明显低于顾客的理解价值，顾客就会认为该产品是“次品”，甚至认为是“假冒伪劣商品”，从而放弃购买欲望或转投他处，而且还可能被认为违反了《中华人民共和国反不正当竞争法》。

综上所述，在新产品定价策略中，目前最常用的有两种：低撇脂定价策略，增加短期的边际效益，适应市场的发展；渗透性定价策略，致力于成本的降低，扩大市场占有率。

2. 新产品定价中应注意的问题

价格是产品市场营销组合中一个极其重要的方面，与产品、促销渠道相比，它是唯一能直接产生收入的因素。所以，新产品的定价与新产品的整体营销有着直接的关系。但在新产品定价过程中，企业往往对价格存在着许多错误的认识，因而使新产品价格策略的使用及其效果大打折扣，影响了新产品的市场营销效果。为此，在新产品定价中应注意几个问题：

（1）价格传递信息。高撇脂定价策略通过高价向顾客传递一种产品高质量、企业高品质的信息；狙击性定价策略通过低价刺激需求，促进购买，迅速占领市场，另外在无形中也向顾客及竞争者表明了谋求长期生存与发展的决心和信心。

（2）价格像一把锋利的“双刃剑”。制定某一水平位置的价格，在为企业带来某些方面的利益的同时，又是以牺牲其他方面的利益为代价的。如低价有利于某些产品的销售却影响了其他产品的销售；低价销售刺激了销售量的增加，有助于降低产品的成本，但增加了市场风险。所以，企业只能选择利大于弊的价格水平。

(3) 价格是一个动态的、整体的概念。价格是价值的货币表现，因此价格应以价值为中心，上下波动。但这并不意味着价格只能规规矩矩，不可越雷池一步。相反，在某个时期内，由于某种原因价格可能会严重偏离价值，尽管从长远看，价格应该而且必须反映价值。如采用撇脂定价策略时，可经常改变价格，新产品价格起初定得高，目的是通过产品在选定适用范围和细分市场时获得高利。随着一些扩展用途的开发，顾客增多，批量变大，价格开始下降，那时候，产品就以一种稍低的价格进入市场。这意味着许多新产品的高价销售是暂时性的。在新产品定价时，企业还应通过价格处理好眼前利益与长远利益、局部利益与整体利益的关系，必要时可以牺牲一些眼前利益和局部利益，以求得长远利益和整体收益最大。

8.2.3 新产品的分销策略

企业开发、生产出来的新产品，一般还要通过分销渠道，才能到达购买该产品的现实顾客和潜在顾客的所在地方。所谓分销渠道是指商品由生产企业流向消费者或用户时所经过的途径。因此，新产品的商业化还包括新产品的分销策略。

1. 分销商在经营新产品中的类型

这里的分销商是指存在于产品制造商和用户之间的任何商业组织，包括零售商、批发商以及各种类型的代理商。一般而言，分销商经营新产品可以分为以下七种类型：

(1) 负责全部营销过程。一个强有力的零售组织可以自己制定新产品规格，而只需安排生产企业按规格生产。对生产企业而言，让分销商完成所有的营销工作是最简单、最迅捷的方法，但这种方法给生产企业的利益最少，而且生产企业绝对不可能控制市场。这类分销商较为少见。

(2) 负责新产品研制之外的营销活动。生产企业想进行产品开发但没有充足的资金，或者在营销方面没有经验，以至于让分销商直接从事除研制外的所有营销活动。许多发明者和小企业联合生产出畅销的新产品，却不能以理想的规模进入市场，销售代理商于是成为他们的营销部门，做广告、跑销售甚至于为厂家选定商品品牌名称，制定价格。

(3) 销售商品，承担大部分的促销。许多产品只适合当地促销，如某些纺织类产品、办公设备、家具等，因此，分销商负责在当地报纸中进行宣传广告、组织营业推广，精心设计商店中的产品陈列，所需经费从零售的毛利中支付。

(4) 销售产品，支持生产企业促销，提供大部分的服务。这类分销商在消费行业很普遍，因为该行业产品项目多，需要大量服务，尤其是维修服务、安装服务，如家用电器商品就很典型。

（5）参与生产企业促销，提供少量的服务。该类分销商只提供少量的一线服务，如作小的调试，或更换有故障的产品等，但要求生产企业承担维修责任。

（6）只销售产品。许多商品以这种形成分销，即分销商只需保存商品，在用户需要时随时提供商品。成千上万的工业供应品和原料以及部分消费品即属于此类。这类产品通常是标准化的系列产品，用户很明白自己需要什么，厂商和分销商的促销对他们的购买影响甚微。

（7）分销商不参加。出于各种原因，新产品的开发者通过直销将产品直接卖给顾客，完全绕过分销商。这种直销的方式，正在被市场接受。

2. 分销渠道的选择

对一个生产企业来说，确定一个最佳的销售渠道以达到销售目标是一个庞大的战略性工程，这中间要经过多重选择才能完成。影响新产品分销渠道选择的主要因素有产品因素、市场特性和生产企业特性。

产品因素包括产品单价、产品类型和品种规格、产品体积和重量、产品式样、产品的技术性、产品的季节性、通用性等。

市场特性包括市场规模、市场的区域性、市场的竞争情况等。

生产企业特性包括新产品生产企业的生产经营规模、产品组合、资金实力、形象和信誉以及企业的营销策略等。

1）常见的新产品销售渠道模式

（1）直接渠道与间接渠道。生产企业运用直接渠道将商品销售给顾客，有利于及时销售商品，减少商品由于中间过程过长带来的耗损与变质；有利于企业控制商品的价格；有利于企业及时了解市场动态，直接与顾客的意见、建议见面而利于改进产品，这在新产品刚投放市场时是十分重要的。其缺陷是，要求生产企业必须增加储运设备，增加库存，增加销售人员和销售费用，生产企业必须花费很大精力在物流与销售业务上，势必会影响到新产品生产的改进与扩大规模，还得承担所有的风险。

（2）短渠道和长渠道。在确定经中间商销售产品后，面临的问题就是渠道的长短选择，这个问题的实质是考虑直接向零售商供货还是经过批发商转卖给零售商。我国传统的分销方式是长渠道，短渠道销售是作为一种较新的变革形式出现的。选择何种方式，生产企业主要应注意以下问题：一是考虑零售商的市场是否理想，从地区上看是否集中；二是考虑新产品是否属于时尚品、高技术产品、昂贵产品以及售后服务要求高的产品；三是考虑生产企业在资金维持上、运输储存上能否代替批发商，若是肯定的，则可选择短渠道。

（3）宽渠道和窄渠道。生产企业还必须确定每个渠道层次使用多少中间商的问题，通常有三种策略可供选择。

一是密集型分销渠道策略：生产企业为使自己的产品能被顾客很方便地购买

到，使用尽可能多的中间商。

二是专营型分销渠道策略：生产企业在一定的市场区域内只选定一家代理商、批发商或零售商独家经营其产品，这是一种最窄的销售渠道策略，适合于价高、贵重、名牌产品的销售。

三是选择型分销渠道策略：介于密集型策略和专营型策略之间的是选择型策略。即生产企业在特定的市场区域有选择地确定少数中间商来销售自己的产品。它适合于所有的产品，但对于工业用品更适用。一些已建立信誉的公司，或一些新公司，不希望不着边际地乱推销，也愿使用选择型策略来吸引中间商。有些企业在不了解中间商时，先采用密集型策略，希望产品能迅速进入市场，经过一段时间后，转用选择型分销策略，淘汰大批不够理想的中间商以减少费用，保持企业及产品信誉。与密集型策略相比，选择型策略可以使生产企业与中间商之间建立良好的工作关系，并可通过较低的成本获得对中间商、对市场较理想的控制，而不必在许多的销售点上耗费过多的精力。与专营型策略相比，选择型策略虽费用略高，但增加了生产企业经营的安全性，不至于因为某个中间商的挑选不当而导致整个市场丧失。

2）中间商的具体选择

企业在选择中间商时必须从以下几个条件加以考虑：

（1）中间商的目标市场。中间商所服务的主要对象应与新产品所要发展的市场相吻合，即中间商与生产企业开发的新产品的目标市场要一致。

（2）中间商的经营规模。中间商的经营规模应与新产品特性及市场规模吻合。

（3）中间商的经营水平。经营水平是中间商市场活动能力的体现。主要表现为：中间商能否主动适应市场，采用灵活多变的经营方式；是否能不断提高服务质量，给顾客以尽可能地满足；是否能仔细研究市场动态和顾客心理，积极采取有针对性的促销措施。这些能力对刚刚投放市场的新产品而言是尤其重要的。

（4）中间商的财务状况。中间商的财务状况包括其资金周转能力、偿债能力、筹集资金能力、债权收回能力、资金合理使用能力。它实质上反映了中间商与银行、其他企业、运输部门的合作关系，也反映了中间商的信用状况。

此外，还要注意中间商具备的与新产品相关的专业技术知识和专业经营经验，中间商与竞争产品厂商的关系密切程度，等等。

3）如何赢得初次分销

新产品分销策略的制定实际上是一项系统工程，它不仅取决于分销渠道的选择，还与分销渠道以外的多种因素有着密切关系。因此，要想制定出正确的新产品分销策略，还必须特别考虑如何赢得初次分销。

赢得初次分销的最主要因素通常是新产品供应。若没有适合市场需要的产品，生产企业的任何促销都不能将新产品卖出。通常，企业可以采用推式推销法和拉式推销法刺激中间商经销新产品，以赢得初次分销。

所谓推式推销法，是指生产企业的推销人员广泛走访中间商，通过深入宣传或新产品现场表演促使分销商愿意经销存储企业的新产品。

拉式推销法是指企业向顾客大量投放广告，使其到分销商处购买产品，从而迫使许多分销商主动要求经销、存储该新产品。

上述两种方法的实施范围可视生产企业的实力大小而定。若实力大，可以在很大的地区范围内同时赢得一批中间商，新产品大范围投放市场；若实力小，可以选择少量甚至个别中间商将新产品在有限地区投放，并逐步扩大。

8.2.4 新产品的促销

1. 新产品促销的目的

对于新产品而言，企业要通过促销达到以下几个目的：

(1) 沟通信息。沟通信息实质上包含两个方面，一是要了解市场的需求信息，二是要将企业的产品信息传递给消费者。

(2) 诱导需要。企业不仅要满足已表现出来的现实需求，还要通过促销使潜在需求转化为现实需求。另外，企业还可借助促销手段去改变需求，甚至创造需求。

(3) 突出特色。通过促销手段强化新产品的新颖独特之处，强调新产品能提供给消费者的独特利益，促使消费者偏爱本企业的新产品，激发购买欲望。

(4) 树立信誉。信誉是社会对企业及其产品的评价，其实质是社会公众舆论。良好的信誉能为企业营造一个良好的外部生存环境，如稳定的市场占有率、巩固的市场地位等。因而，信誉对企业新产品的销售前景有着极其重要的影响，而信誉的树立，则有赖于信息的传播沟通。

2. 促销的传播学基础

促销的首要任务是信息传播，因此研究传播学信息传播的理论对指导新产品促销活动是必要的。

传播的意思是“与他们建立共同意识”，是指个人与个人之间，集体与集体之间，或个人与集体之间交换传递信息、共享信息的过程。受众，是指传播信息的接受者。由于传播都有一定的目的，都要达到一定的效果，而这一切都必须通过受众的接受才能得以实现。根据传播过程中信息的走向，可以得到如图 8-2 所示的模式。

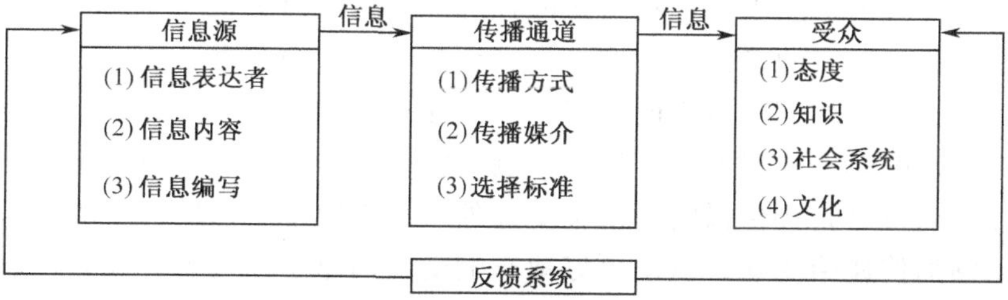

图 8-2 传播模式

1）受众

受众对信息的接受过程也较复杂，可分为好几个步骤，其中任何一个步骤受阻，都会影响受众对信息的接受，其步骤如图 8-3 所示。

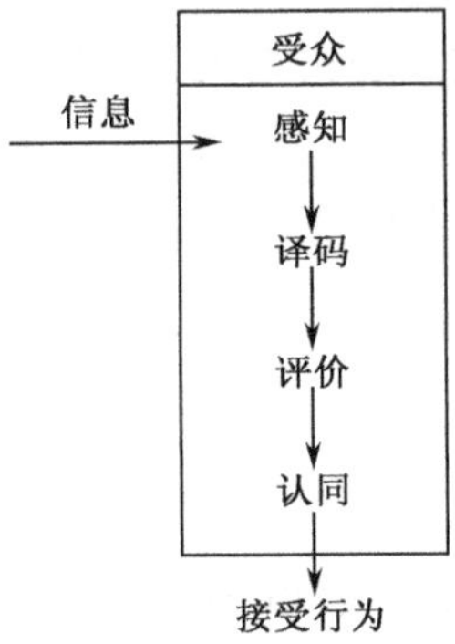

图 8-3　受众接受信息的步骤

（1）感知。只有被感知到的信息，才涉及接不接受的问题，因此营销人员在信息通道的选择上必须先保证能让受众感知到信息的传递，为此必须先经过周密的调查，了解受众接受信息最常用的通道。如果经营者不能通过有效传递通道保证受众能接受到信息，那么则无异于在黑暗中乱送秋波。

（2）译码。感知到信息并不意味着接受了信息。因为有时信息本身在现实中很难传播，信息源必须借助一定的符号系统如语言、文字、动作等作为载体，这就牵涉到编码问题，即将信息以一定的符号组合方式表达出来，然后借助符号的传递来实现信息的传播。为了让受众感知到实际上载有信息的符号，这就要求受众者首先要对符号系统进行译码，然后才能获取信息。为保证受众能准确地译码以获得真实信息，营销人员必须注意使用的符号编码系统与受众的译码系统一致，如相同的语言、文字、动作和文化背景。

（3）评价。评价的内容主要有两个：其一是受众是否对信息内容感兴趣，若不感兴趣，则拒绝进一步接受信息；若感兴趣，则进一步接受。其二是对所接受的信息内容进行是否正确的判断。评价的结果取决于受众的知识、态度、社会系统、文化等。营销人员应努力使自己传播的信息得到受众积极的评价。

（4）认同。认同实际上是受众对接受到的信息进行评价后形成的承认态度。应该注意的是，在广告中所传播的信息如果得到受众的认同，信息传播工作就算成功了。至于是否会产生信息发布者所期望的行为，还受到其他诸多因素的影响。

2）信息源

信息传播毕竟是一种主体行为，带有一定的目的性，为使传播更有效，在信息源方面也应考虑信息表达者和信息内容两个方面的因素：

一是信息表达者的身份。由谁来代表企业把有关的信息表达出来是一个值得探讨的问题。同样的信息由不同人表达，对受众的影响是不同的，通常把在某个领域内对受众的舆论或意见具有较大影响力的人称为意见领袖或舆论领袖。除非企业能证明由自己直接传播的效果会更好外，通常应学会借助二级传播，即将信息由意见领袖传递给受众，以便更好地影响受众的思想和行为。那么什么样的人适合承担这一角色呢？传播学的有关研究认为在传播过程中存在如下现象。

权威效应：如果信息被受众认为来自拥有一定权威者，传播效果将会更好。

这里的权威应是受众认可的，而不是信息发布者自封的。权威可能来自三方面：一是权力性权威，是由信息表达者本人的职务带来的；二是专长性权威，是由信息表达者所拥有的知识和能力决定的；三是心理性权威，是由信息表达者的年龄、阅历及与受众的关系确定的。一般而言，在受众眼里，权威性越强对受众的影响力越大。权力性权威的运用往往和政府的行为连在一起，对受众造成的影响是巨大的。但由于拥有权力性权威者并不受企业支配，所以这种方式不可滥用。

名人效应：一个知名度很高且为多数受众喜欢的人在信息传播方面也拥有较强的说服力。具有这种条件的多为文体明星。人们往往出于对他们本人的喜爱而乐于接受他们的说教。运用名人效应进行促销宣传非常适合于对非理智购买行为的煽动。

自己人效应：如果受众认为信息表达者与自己属于同一类人，就乐意听取他们的建议。自己人效应在现实中屡见不鲜。消费者在购买某种品牌商品时，更乐意听取该商品拥有者的意见。只要让受众觉得表达者与自己有共同点，就会产生自己人效应。如身份相同，或愿望相同，或烦恼相同等，都会提高说服力。

二是信息内容的表示。从营销的角度来看，最好是将与企业和新产品相关的所有信息都传递给受众，从技术上讲，这并不难做到，但从传播效果上讲就不可取。因为在瞬息万变的现代社会中到处都是浩如烟海的信息，受众不可能不着边际地把所有信息都接受下来，从时间、精力及生理心理特点上都不允许这样，受众只根据自己的知识态度及社会文化背景选择自己感兴趣或对自己有重大意义的信息予以吸纳。

这就需要在确定具体信息内容时，需根据受众的需求而为。购买 50 元一块的手表，与购买 5 万元一块的手表，买主所关注的内容绝不相同，在促销宣传时必须突出的正是这种差异。事实上，从传播本身来讲，差异就是信息。

3）传播通道

选择合适的传播通道对保证传播效果至关重要。一方面可以保证受众感知到传递的信息，另一方面可促使受众乐于译解接受信息。

直接面对受众的传播，称为直接传播；借助媒介来帮助完成信息的传播，称为间接传播。能够帮助进行信息传播的媒介可谓五花八门，种类繁多。按涵盖面分，有海外媒介、全国媒介和地方（或区域）媒介；按媒介传播内容分，有综合媒介和专业媒介；按媒介物理性质分，则有印刷类如报纸、杂志、招贴等，电子类如广播、电视等，感光类如电影、幻灯、照片等，光效类如霓虹灯、电子显示屏、激光等，实物类如路牌、空中飘悬物、道路设施，等等。各类媒介各有特点，对信息也各有要求。

在选择信息传播媒介时，可根据所需传播的信息内容、受众本身的特点、所需要覆盖的范围，以及能承担的经费开支来综合考虑，以选择适当的信息通道。

4）反馈

在任何信息传播过程中，若要证明传播确定有效，反馈这个环节是不可缺少的。若是采用直接传播方式，信息的反馈可当时完成；但若采取间接传播，则受众一般不会主动地向信息源进行反馈，这就要求营销人员应主动通过调查来了解传播的实际效果，且必须在促销活动的经费预算中给信息反馈以足够的资金保障。

3. 新产品的人员推销技巧

新产品的人员推销是促销的一个重要方面。人员推销是一个活动过程，这个活动过程十分复杂，既包括推销人员向买方传播信息的过程，又包括买方向推销人员反馈信息的过程，这种信息在买卖双方之间双向沟通，同时伴随着双方的情感交流以及物流。

推销的目的是促成购买行为，让顾客购买商品是每个推销人员必须完成的任务，要顺利实现这一主观目的，就必须让顾客乐于接受商品。因此，推销人员不能就推销而推销，而必须根据顾客需要进行推销，使顾客的需要得到满足，心理上感到满意，这样才能促成实际的购买行为。

推销人员在向顾客进行新产品推销时，顾客由于对新产品不了解，一般会对新产品提出反面意见和看法，如果推销人员不能对此妥善处理，则顾客不会产生购买行为。因此，处理顾客异议是推销新产品工作的重要组成部分，体现了人员推销的技巧。推销人员必须首先认真分析顾客异议的类型及其主要根源，然后有针对性地施用处理策略。

1）常见的顾客异议的类型

需要异议：顾客认为自己不需要所推销的新产品。

财力异议：顾客认为自己无钱购买所推销的新产品。

权力异议：顾客认为自己无权决定购买所推销的新产品。如果此异议为真实情况，即说明推销人员在确认推销对象时工作不够细，没有做好顾客的资格鉴定工作，在实际工作中，要尽可能地杜绝顾客以此为借口的可能。

价格异议：顾客持有此异议时，往往表明其已有购买新产品的欲望，只是觉得价格过高。

产品异议：顾客对新产品的质量、外观、规格提出异议，一般而言，这类顾客已明确了解自己的需求，也知道通过何种产品来满足需求，但对所推销的这种新产品是否能真正适合自己仍有疑虑。

时间异议：顾客愿意购买所推销的新产品，但希望能推迟购买时间。

货源异议：顾客由于对新产品的生产厂家不熟悉、不信任而产生的疑虑。

推销商异议：顾客由于对新产品的推销商不熟悉、不信任而产生的疑虑。

2）异议产生的根源与施用处理策略

顾客的偏见或习惯因素形成的异议：由于偏见或习惯是在人们长期生活中逐步形成的观点和固定行为方式，与人们的世界观和生活经验有着极为密切的联系，因而表现出极强的稳定性。即使许多人的偏见不符合逻辑，习惯不一定好，但仅靠摆事实、讲道理是难以改变这种情况的，如果想强行改变，只能适得其反。因此在向这类顾客推销时，只需就事论事谈新产品，不必与其讨论偏见问题。

顾客的心境不佳造成的异议：如果顾客的心境处于不佳状态，则顾客对任何事物都会以挑剔的眼光去看待，对新产品可能会恶意反对，或借题发挥，推销人员应尽力避免与持此类异议者正面冲突。

顾客自我表现提出的异议：有些顾客为表现自己知识丰富、有主见，而会对新产品提出种种异议，只要推销人员能表示理解，认真倾听，并对其有道理者加以赞同，使顾客在心理上得到满足，往往会促成销售。

顾客的知情需求转化的异议：顾客希望对其欲购买的新产品有充分的了解，对此他们往往向推销人员提出许多问题，此时推销人员应给其令人信服的解释和充分的证据。

新产品本身存在的问题变成的异议：新产品本身品质不高，功能欠缺，价格不合理，或有关新产品的证据不充分时，顾客自然提出疑义。对此，推销人员应本着实事求是的原则，或改进新产品，或提供证据，绝不可片面地为推销新产品或维护企业形象而一味地狡辩。

推销人员方面的不足形成的异议。当推销人员礼仪不当、服务不周、信誉不佳、信息不足时，自然会受到顾客异议。

总之，顾客的异议千差万别，处理技巧也不胜枚举，全靠推销人员灵活运用，但无论如何处理，其基本策略是欢迎顾客提出异议，认真分析顾客的异议、科学地预测异议和准确把握处理异议的最佳时机。

3）处理顾客异议的基本方法

要想求得推销双方的一致，在把握处理异议策略的基础上，还应掌握一些处理方法。

反驳法：在不至于导致不愉快局面出现的情况下，推销人员可根据有关的事实和理由来直接否定顾客的异议。利用反驳法，推销人员必须摆事实、讲道理，并注意语气委婉，态度友好，绝不能强词夺理，否则会使顾客产生抵触情绪。其表现形式常常为“您说得很对，但是……”，即在但是后面大做文章。这种方法如果结合深表理解、深表同情的表情和语气，将非常有效。

转化法：许多情况下，顾客的异议往往直接或间接地帮助了推销人员，这时推销人员可利用顾客的异议本身对推销有利的一面来处理异议，把顾客拒绝购买的理由转化为说服顾客购买的理由，如顾客说“我很忙，没空跟你谈”时，推销人员可强调其商品最大的特点是“帮助人们节省时间”。

补偿法：推销人员利用顾客对新产品异议之外的其他优点来补偿或抵消有关异议，在顾客异议确有道理时可用此法。如顾客认为某件商品贵，即可用式样新或质量好加以补偿。使用此法时，所扬之处须能使顾客感到足以弥补所指之短，否则就达不到预期目的。

4. 新产品广告与营业推广

1）新产品广告

新产品广告策略的目的和作用是传递新产品及有关新产品部分“历史”的信息，帮助顾客了解新产品的优点和使用方法，激发顾客对新产品和新产品制造商以及新产品营销中间商的好感，激励潜在购买者采取可能导致购买的行动，鼓励顾客试用或试购新产品，强化顾客的试用决策，帮助顾客产生对试用决策作有利反应，实行反复而有效的刺激，保持顾客对新产品的认识和了解。

制定新产品广告策略应注意的问题是，新产品广告策略有其区别于普通产品广告策略之处，故特别需要强调广告的效果。广告效果主要依赖于产品定位和广告设计两个因素。

产品定位是找一个好“的”，广告设计是做一个优“矢”，广告效果就是有的放矢，正中靶心。所以，广告设计应围绕一个主要设想，突出新产品的品牌、新产品的新颖独特之处，以及能给顾客带来的效益，其中还要说明或演示新产品的使用方法。

2）新产品的营业推广

营业推广指企业为了增加销售额所开展的活动。在整个促销组合中，人们常将其作为争取短期效益的战术手段使用。与其他促销方式相比，营业推广具有以下几个显著特点：

（1）营业推广的针对性强、方式灵活多样。营业推广直接指向特定的对象，如顾客、经销商、推销人员，所采用的方式多种多样，可根据产品特性和市场状况灵活运用，因而具有强烈的吸引力，能迅速地收到促销效果。

（2）营业推广具有非规则性和非周期性。人员推销、广告乃至公关宣传都是连续的、经常性的促销方式；而营业推广则是非规则推广，虽然较为直观，吸引力大，但持续时间短暂，所以任何企业都不能仅仅依靠营业推广来完成新产品的促销任务。

（3）营业推广活动的频率和强度必须有一定的限制。虽然营业推广所使用的各种优惠条件和强大的宣传攻势有利于企业尽快销出自己的新产品，但若攻势太强，则会使顾客产生逆反心理，误认为企业急于推销的新产品在质量、价格或使用寿命上存在问题。

营业推广可有效地加快企业新产品进入市场的进程。当企业试制的新产品刚开始投放市场时，消费者对其尚未有足够的认识和积极的反应，此时就需借助各种营业推广方式来改变这种局面，如免费试用、当众演示、赠送样品，这样做可能成本很高，但能最快地吸引顾客注意，缩短消费者认识产品的时间。

新产品营业推广可以加强企业与中间商的合作关系。对各种批发商、零售商所进行的新产品营业推广工作，则可帮助企业与他们建立起良好的合作关系并加强和发展这种关系。

5. 公共关系

与人员推销策略、广告策略、营业推广策略大为不同的是，公共关系并不直接为企业推销产品，而是帮助企业营造一个良好的生存环境和营销环境，以提升企业形象。

企业形象是企业的整体特征在公众心目中的反映，在市场竞争条件下，同行企业往往处在高度竞争之中，各企业的产品及服务在技术上的差异已微乎其微，如果某个企业能吸引公众更多的关注和喜爱，那么企业的产品则更易为市场所接纳。而要想在公众心目中塑造良好形象并非易事，至少应具备两个条件：一是企业的所作所为必须符合社会公众的要求，这样才有可能被公众在心理上接纳；二是企业的作为必须具有一定的独特性，使得公众能将其从其他同类企业中识别出来。针对企业新产品开发的成功，从公共关系本身的工作来看，可采用的形式和手段是多种多样的，常用的有以下几种：

（1）新闻发布会。一个成功的宣布完成新产品开发项目的新闻发布会对公众的影响是很大的，企业应善于利用其来提高知名度和美誉度。但是并非所有的新闻发布都会成功，一般新闻发布会要注意两点：一是发布的新产品内容应能吸引新闻媒介的注意，引起受众的兴趣；二是要把握好新闻发布的时机，避免在同一时间有比产品发布会更吸引媒体眼球的信息出现。

（2）公开参观。企业可将新产品的生产过程向公众进行开放。一是来参观者都是主动受众，接受企业信息的效率较好；二是通过参观，公众可对整个新产品的生产过程有全面、直观的了解；三是当企业新产品受公众误解时，开放参观是最好的解释方式。公关界对开放参观的评价很高，企业应多加运用，以提高公众对企业的信任度。

（3）消费者教育。企业通过消费者教育，可以让消费者掌握一些有关新产品的知识，比如，如何鉴别产品质量，如何检修产品，如何保养产品，如何使用产品。一般来说，消费者在购买新产品时希望消费新产品的风险尽可能地小。企业如果在这方面做些工作，会给消费者留下较深印象，效果也比单纯强调新产品质量如何要好得多。

8.3 新产品投放的跟踪

产品的开发事实上从无止境。设定日期推出一项新产品的计划，仅仅标志着连续开发过程日历上的一个点。接踵而来的是监督、实验、学习，并以其他方式不断改进新产品，使之满足潜在购买者的需要，这才赋予一个产品以新的生命。事实上，在某些新产品的情形中，一种对新产品作连续不断改进的承诺，也许可以使新产品不经实质性的市场试销，就直接跨入市场投放和跟踪。

当产品投放日到来之时，项目的风险可能仍没有变化，但现实主义的新的一页就此掀开，即反馈的信息开始减少项目的某些不确定性，不管是福还是祸。实时的销售和成本数据可以用来与计划作比较，它们之间的差异就变成了要求作出修正的警告信号。这时，对新产品计划的跟踪已经开始。

8.3.1 跟踪产品投放

跟踪新产品的投放对产品投放后的控制，就如同跟踪产品开发对投放前的控制一样。跟踪一种新产品的投放，涉及形成一种能对计划和预测与实际结果作出比较，然后再采取行动的能力，如果这种行动必要的话。跟踪的核心是识别错误并寻找其成因的诊断过程。

8.3.2 新产品投放跟踪的程序

任何跟踪系统都必须通过新产品的投放，才能作出监控。下面简要评述的六步程序是产品投放跟踪的一种方法，它可以根据产品的不同类型、市场情况的不同及数据可获得性的不同而加以修改。

1. 选择跟踪因素

对于某些市场极为狭小、潜在购买者极为确定而且数量稀少的新产品和新服务，市场投放的跟踪可能相对容易，只要与购买者和其他关键的市场利益相关者直接交流就可以了。但随着市场规模和地理区域的扩大，更大系统的跟踪就不那么容易了。这一过程是从规定投放后将要监督的关键因素开始的。

首先，因素的选择应从较为明显的销售绩效度量开始，即销售额、成本和利润。其次，选择的因素应具有诊断的能力，并取决于新产品的情况和整个开发过程中所发现问题的区域。例如，一种真正的创新产品可能需要有关潜在购买者的反响因素的诊断性信息，很可能这些信息的重要性将超过有关竞争者和其他变量的信息。对于正被投入现有市场结构中的新产品，竞争对手因素（特别是与计算市场占有率及其他竞争行动有关的销售量）将是兴趣所在。对高技术的保健产品来说，连续不断地监督有关技术的、法规的、医学的、社会的和政治的发展趋势的信息可能是需要的。对于经常性购买的消费类产品来说，有关试用、重购、知名度、偏好及达到的分销程度等方面的情况可能构成诊断性信息的重要来源。所以，优先考虑评价市场绩效所必需的跟踪度量的关键因素，其次考虑构成预测偏差的诊断性因素，是跟踪过程的重要的第一步。

2. 选择误差度量

有几种误差度量可用来跟踪。若以符号 A 代表实际结果，以实际售出量 A 为 8000 台为例；符号 F 代表预测，以预测量 F 为 10 000 为例，则单一时期内某些有用的度量可归纳如下：

方向性误差＝（$A-F$）＝-2000 台（低于预测）

方向性误差%＝（$A-F$）/A＝-25%误差

绝对误差＝｜$A-F$｜＝2000 台误差

绝对误差%＝｜$A-F$｜/A＝25%误差

误差率%＝（A/F）（100%）＝达到预测的 80%

这些度量值可以用作每日、每周、每月或每年（或其他任何时期）的分析。由于投放市场后的新产品数据将是有次序地连续得到的，因此对某些因素来说，既保持它们的时期完整性，又把一段时间内的数据累积起来，可能是一种可行的办法。例如，累计订购数、销出台数，并计算误差量，与仅计算每一时期的新产品销出数相比，就提供了一种不同的视角。

3. 选择数据收集程序

对于预测模型中应用的各种因素和度量的数据，在新产品投放市场之后就必须连续地进行收集。根据新产品的不同，可以保留各种不同的商业原始资料来监视这些度量，还可通过机构内数据库的开发来对其加以补充。从接受订单、完成订单、装箱出运到算出收益，财务部门往往需要数月才能发布实际销售状况的资料。

例如，对于消费类的包装商品，可以利用扫描记录服务来报告品牌的销售情况、竞争对手的销售情况、价格情况、优惠券偿付情况以及其他有关度量，这是一种有用的信息来源。对全国范围内有代表性的消费者调研小组的不间断调查，可以用来调查了解度、偏好、试用、使用及满意度等度量。专门提供有关商店内零售布置、货架位置及装潢信息的专业公司的服务，可以帮助作出分销方面的估计。其他还有跟踪新品牌及相关竞争对手的广告发布，以及各品牌的广告支出的分配比例等服务。

收集实时数据在决策支持系统的环境中设立数据库。该数据库的设计应具有足够的灵活性，以便容纳扫描收集的销售数据、内部的财务和成本结算、调查数据、经济指标与其他需要的数据，为可能构成预测误差的因素分析提供有关信息。

4. 选择问题检测信号

当误差达到设定的程度就会发出需要纠正的信号。虽然如何对误差设定程度很少有可依靠的指导原则，有的研究提出了±25%的方向性误差范围，对于许多新产品的情况来说这个范围可能是可行的。但是，这显然仅仅是一种统计平均数，可能与某一特定的新产品情况毫不相干。新产品开发小组应该依据自己的经验，统计与自己产品有关的相关行业方面的信息，来确定自己的指导原则。在某些情况下，10%的误差就已经不可接受了，尤其是当一个企业怀疑其他市场因素的动向可能于己不利时更是如此。例如，销售量可能是可以接受的，但市场增长率可能并不呈现增长趋势。

随着更多的因素被关注，收集、分析和跟踪数据的成本就必须与其利益相权衡。一种有效的方法就是规定误差的范围，只要度量值落在预先规定的范围之内，就假定情况是在按预期轨迹发展。如果度量值超出了这个范围，它就发出问题来临的警告，表明某一潜在的危险可能已近在咫尺。

5. 诊断问题

销售绩效超出了误差范围，就需要进行诊断了。诊断承认所选择因素中的误差度量值，是系统中存在问题的指示器。必须找出造成度量值误差的因素，如果可能，就加以改变；如果不能改变，则必须识别出驱动这些因素的子因素，然后对子因素予以改变，并依次类推。诊断的过程就是修正营销规划与优化产品的过程。

6. 实施计划的修改

问题一旦被诊断出来后，人们总希望计划的修改因此就变得一清二楚，随后的修改计划的实施过程也应是简单明了的。然而，一般情况下，出现的问题总是相互有关、相互牵扯，或者同步存在的，在这些问题因素中，究竟先修改哪一个？这又需要进行决策。

当然，贯穿跟踪全过程的计划修改的一种合乎逻辑的延伸是开发下一代的新产品。正是这种由于前一代产品市场效果好或不好的学习过程，才顺理成章地导致第二代新产品的诞生。新一代产品可以是同一品牌的延伸，可以是一种新的改进后的产品变型；或许完全可以是另一种不同的品牌名字。个人计算机软件的制造商们就将产品连续改进的这一过程处理得十分有效，向市场推出 Windows97、Windows98、Windows2000 等连续不断的版本。新产品延伸的基本思想是利用任何积聚的资本，不管它是市场基础上的产品品牌名字的价值也好，还是组织在取得有关制造、工艺的专有技术及新产品开发能力中积累的资本也好。

实践表明，数据收集和诊断是产品及其修改计划中必不可少的内容。修正的意义在于由此会产生新概念。新产品开发的最终价值可能还在于它使之成为可能的学习——学习如何按照消费者的需要调整市场营销计划；学习如何教育潜在购买者接受新产品的好处；学习为什么一个产品会在市场上失败，为什么现在就应该放弃；学习完全的撤退并非必要，下一代的产品可能克服了诊断出来的毛病。正是以往的学习成为开发的源泉，组织的学习成为新产品诞生的摇篮。

8.4 建立产品逆向物流系统

现代企业产品物流系统是指企业在经营活动中，从原材料的采购到企业内部的制造，经过实物配送，满足客户需要等一系列活动，涉及原料采购、原料运输、原料存储、产品制造和加工、在制品搬运与库存、产品库存、产品运输及产品配送等方面，它是以产品的完善供应链为基础，使经营活动中的各种物料按次序有步骤地向前流动。这样的一个物流系统能正常运转，还必须有相对准确和完全的信息流为基础。

从这样一个物流系统中可以看出，产品到达顾客手中后就基本离开了企业的物流系统，某些附件如包装物就完成了自己的使命，如果没有其他措施，这些附件的生命周期就此结束。而产品在使用一段时间后，也会完成自己的生命周期，此时产品本身及附件都会无序地流向环境。

大多数企业在构建自己的物流系统时，主要考虑的也就是这样的形式。产品消费后的残余部分如何处理很少受到重视，最多不过是考虑客户退货或调换产品的应付办法，显然这是不完善的，这也就是引起不适应物流的一个重要方面。要解决这一问题，企业就必须在自己的物流体系中，构建完善的逆向物流系统。所谓逆向物流，是指在企业物流过程中，由于某些物质失去了明显的使用价值（如加工过程中的边角料、被消费后的产品包装材料等），将当作废弃物被抛弃，但是这些物质中还存在潜在的使用价值可以再利用，企业应为这部分物质设计一个回流系统，使具有再用价值的物品回到正规的企业物流系统中来。简单地说，这个回流系统就是逆向物流。广义的逆向物流应涉及企业生产与销售、产品售后服务等各个方面，如生产加工过程中的原材料节约、废料的重新利用、包装物的重新利用、次品的改造、产品消费后的回收等。

逆向物流的构建，使原来单向的企业物流变为完整循环的物流网，有利于减少不适当物流所带来的环境污染。

从环境的角度看，今后“大量生产→大量流通→大量消费”的经济系统有必要进行改革，这是因为“大量生产→大量流通→大量消费”的结果必然导致大量废弃。尽管目前采取了各种措施以加速废弃物处理并控制废弃物，但是从总体上来看，大量废弃物的出现仍然对经济社会产生了严重的消极影响，这不仅导致废弃物处理的困难，而且还会引发社会资源的枯竭以及自然环境的恶化。从新产品开发的角度来看，开发过程要尽可能地有利于环保，产品所用材料用易于回收和再利用。企业在开发新产品的同时就要考虑构建逆向物流的渠道。所以，21 世纪的有关产品开发的物流活动必须有利于有效利用资源和维护地球环境。

总之，“大量生产→大量流通→大量消费”的时代，必然被“满足需要的生产→高效流通（或绿色流通）→多样化消费”的时代所取代。

➢思考题

1. 简述市场测试四种方法的主要思想及各自的优缺点。
2. 新产品具有哪些主要购买群体？它们具有什么样的特点？
3. 结合实例，谈谈如何选择新产品的目标市场，并进行市场定位？
4. 新产品定价策略主要有哪些？请举例说明。

➢案例　诺基亚的环保理念：考虑整个产品生命周期

随着经济的快速发展，关注环境的保护与治理已日益成为科学发展观的一部分。发展经济不应以牺牲环境为代价的观点已成共识。

中国进入家用电器淘汰的高峰期

中国现已成为家电生产和消费大国，是移动电话拥有量最多的国家。目前，电视机、洗衣机、冰箱、空调、计算机五种产品社会保有量超过7.6亿台，手机已达2.5亿部。中国已经到了家用电器淘汰的高峰期，消费类电子产品更新换代快，废旧家电及电子产品回收处理问题已引起社会的广泛关注。由于没有建立规范的废旧家电及电子产品回收处理体系，更为重要的是许多企业环境保护意识有待提高，带来了一系列问题：一是报废电子产品中含有很多可回收利用的资源，但因拆解方式落后，只能回收塑料、铁、铜、铝等易于回收的资源，一些宝贵资源没有得到充分的回收利用；二是有毒有害物质没有得到专门处理，污染环境；三是有些旧电子产品已经超过安全使用年限，有的不法经销商利用废旧家电零部件非法拼装和销售质量低劣的电子产品，损害消费者利益。因此，研究和建立我国废旧家电及电子产品回收处理体系，提高企业保护环境的自觉性，有效回收处理废旧家电及电子产品已是当务之急，是实现节约资源、保护环境、发展循环经济的重要措施。

据专家介绍，一件电子产品的产生，必须经过由多个单位和部门及使用者构成的完整的产业链才能完成，这条产业链涉及众多原材料供应商、生产制造商、销售商、消费者、管理者等诸多环节。因此，环境保护（包括废旧电子产品处理）不是某个部门、某个生产企业、某个供应商的事情，而是一种社会广泛参与的行动。环境保护意识和行动只有在各个环节达成广泛共识，自觉行动，才能形成环境保护的机制，使环保落在实处。

诺基亚作为一个推崇社会和环境责任的企业，把环境保护作为企业生命的一部分，使环境保护工作融入公司的运营，与各个利益相关方密切合作，并且身体力行。

基于产品生命周期的环保理念

进入诺基亚在中国最大的生产基地之一——北京首信诺基亚移动通信有限公司（以下简称首信诺基亚），绿草如茵的草坪、整洁静谧的办公区、洁净舒适的员工餐厅和繁忙有序的生产区，无不令人感到一种对环境的“以人为本”的追求。据首信诺基亚环境专家介绍，作为一家在国际市场领先的移动电话供应商，其目标是开发先进的“以人为本”的技术、产品和服务，而不对环境造成过度影响，使产品节能并且在产品废弃后可以得到循环利用和安全处置。

诺基亚环境保护工作的一个重要的出发点和落脚点便是基于对整个产品生命周期的考虑，在产品整个生命周期减少对环境的负面影响。具体而言，一个产品从诞生到消亡经历了研发、原材料采购、生产制造、最终产品、产品使用和最终废弃等多个过程。以首信诺基亚为例，在这些过程中，公司在所有的环节都要考虑环境保护，以减少产品对环境的负面影响。一句耐人寻味的话语诠释出诺基亚对环保的不懈追求，“不环保的产品不是质量好的产品”。在产品的研发阶段，从产品是否符合环保的法律法规要求、有毒有害物质的替代、原材料的使用量及使用效率到制造和使用过程中的能源消耗等因素均得到充分考虑；在原材料采购环节，则需要有效地对供应商的环境绩效进行管理，只有符合诺基亚环保要求的供应商才能成为合格的供应商；生产制造环节则必须符合环境管理体系的要求并得到权威机构的认证；在产品最终废弃阶段，则要充分考虑产品如何回收、循环利用及妥善处置，使资源可以重新返回物质链中。上述环节协调融合，从而真正形成一个闭环系统，完成了一个产品的整个生命周期。

环境管理体系运行控制的另一个重点是对相关方的管理。由于产品使用的原材料包括电子元器件、印刷线路板等都由供应商提供，因而供应商环境行为的好坏会影响到诺基亚的环境行为。为此，首信诺基亚建立了供应商评审和管理程序，对供应商提出了详细的环境要求，只有那些建立了环境管理体系的供应商才有可能加入“诺基亚推荐”的供应商名录。

率先开展“绿色回收大行动”

有资料介绍，以每个手机平均使用 3 年、重 100 克计算，国内平均每年有近 7000 万部手机退役，产生重量可观的电子废弃物，其中北京约为 70 万部，平均每天为 1850 部。这些电子废弃物含有多种有害或贵重的成分，分解及回收的技术要求很高，如果弃之不管或处理不当，将成为一种新的巨大污染源。并且，目前仍在使用的手机镍镉电池中的镉有致癌作用；电路板上含有铅、汞、锌等重金属、贵金属和有害金属；手机的塑料外壳本身就是难以降解的污染物，其中含有的有机物能分解出毒害物质。这些成分在自然环境中，将对地下水、土壤造成重大污染。

在诺基亚的环保理念中，产品生命周期的最后一项重要工作在于对废弃产品进行循环利用及妥善处理，确保其对环境的负面影响尽可能地小。为此，诺基亚拉开了在中国的“绿色回收大行动”的序幕。诺基亚人表示，为了保护环境，支持政府相关部门，建立废弃手机及配件回收系统，将回收的创意变为现实，从而提高全社会的环境保护意识。回收行动是利用诺基亚遍布全国的授权维修中心网络设置回收箱。到目前为止，诺基亚在全国 100 余个大中城市中设置了回收箱，收集到的数量可观的废弃手机配件和电池被送到诺基亚在苏州的手机维修中心，统一交给电子废弃物处理商，由他们进行妥善处理。诺基亚的这一做法赢得了社会各层的好评和尊重。

不仅如此，诺基亚还联合其他六家著名手机企业发出移动电话环保行动倡议，呼吁手机制造商主动承担起废弃手机及配件的回收责任，另外，还设计并制造环保的移动电话。它们的这一行动也得到了国家环保总局的赞赏和大力支持。人们期望环保行动能在电子行业更广泛地开展下去，缔造一个绿色电子时代。

今天，面对经济发展与环境保护的博弈，需要广大企业提高环保意识，并且从自身做起，从头做起，行动起来，为环境保护贡献力量，实现经济的可持续发展，最终达到人与自然和谐发展的目的。

第9章

产品数字化与PDM系统在产品开发中的应用

【本章学习目标】 理解产品数字化的内涵，掌握了解制造技术信息化的概念。熟悉计算机技术辅助产品开发的方法与手段。掌握PDM的定义与类型，了解PDM系统在产品开发中的应用。

数字化产品指采用计算机软、硬件技术，以网络为基础，以数据库为平台，在产品从采办、研制、设计、制造、交付、培训、维护直至报废的全生命周期中，以三维CAD设计为核心，将CAE/CAT/CAPP/CAM/CALS/PDM等计算机技术全面应用到产品的设计、制造、管理、售后服务等环节，形成用户需要的产品。

数字化产品和传统产品的最大区别就是改模拟量传递为数字量传递，把串行工作模式变为并行工作模式。将在过去产品设计、工艺设计、生产管理中使用的图纸、工艺、生产计划、物资管理等纸质文件经计算机处理形成计算机中各种不同类型格式的数据，就出现了产品数字化的概念。

9.1 产品制造技术信息化

产品数字化概念的出现与应用计算机技术和CAX（CAD、CAE、CAPP、CAM等）技术，大大提高了企业的产品开发能力和市场竞争能力，促进了企业效益的提高。

9.1.1 制造业环境与市场需求的关联

在新产品开发过程中，产品生产与制造业密不可分。20 世纪以来，由于人类社会的发展，制造业面临着市场需求与社会环境的不断变化，由此形成了制造业面临的机遇与挑战。市场与环境铸就了制造业生存与发展的基础。

1. 产品

随着社会的发展，单一品种或少品种已经不能满足社会发展的需要，所以产品生产由单一、少品种、大批量向多品种、单件、中小批量发展。为了满足社会需求，又能达到一定的经济效益，多品种、变批量生产成为制造业发展方向。

2. 资源

传统的企业资源是资本与劳动力，所以形成了资本与劳动密集型的企业。到了 21 世纪，信息与知识成为比资本与劳动力更为重要的企业资源，所以企业向信息密集型与知识密集型发展。在今天，谁能掌握最新的信息与知识，谁就有可能拥有资金资源与人力资源，这已经从世界金融业的风险投资中得到充分反映。国内外许多高科技企业的诞生、发展都对此予以证实。

3. 市场

市场由垄断向自由竞争发展，又由自由竞争向既竞争又联合的方向发展。20 世纪中叶，发达国家企业为了获得高额利润，千方百计地垄断市场，如美国通用汽车公司曾企图控制钢铁企业。但是高度的垄断如果缺少竞争机制，就会阻碍科技的进步与发展。所以自由竞争打破了高度的垄断，大大促进了科技、生产的发展，创造了 20 世纪 70～80 年代的人类文明。虽然竞争带来了科技与生产的发展，但是要解决发展中的科技、生产、经营等诸多问题，在一定的时间条件下，不采取联合的方式就不可能获得最佳的效果。如 20 世纪 80 年代以来，在国际太空技术的发展中，虽然美国和苏联（俄罗斯）相互是竞争对手，但是在许多问题的处理过程中，它们又采取联合（派宇航员进入太空站进行科学试验等）协作的方式。

4. 企业成功与竞争的因素

企业成功与竞争的因素由过去的 C（cost，成本）、Q（quality，质量）、T（time，时间）顺序发展到 Q、T、C、S（serve，服务），1990 年以来又发展到 T、Q、C、S。过去我国曾以成本的优势到世界市场上去竞争，但是产品质量问题却一直困扰着我们，所以提出了“质量第一”的口号。在 20 世纪 80 年代后期的国际竞争中，虽然我们有低成本的优势，在质量上也获得了保证，但由于制造周期长，仍然不能满足外商的要求，在国际招标中屡屡失败，这反映了时间在竞争中的重要性。所以，时间成为四大竞争要素中的关键。

5. 交货期

在市场经济下，企业的经济效益是第一位的。用户投入资金，购买设备，进行技术改造或新建工程，能否按时投入生产？能否收回投资而创造效益？从工程经济学的角度，短的交货期，象征着资金周转快，效益好；长的交货期，则意味着资金周转慢，进而影响投入产出的效果；拖期交货严重影响用户项目的投入生产，也将造成用户损失。尤其是自动化、大批量生产项目，交货期直接影响到后续生产线或者销售的运行。所以，交货期的长短与能否按时交货成为用户关心的首要问题。

另外，技术的进步，使市场上产品更新换代加速，即产品平均寿命缩短。以计算机为例，每隔一两年甚至更短，就有新产品推出。所以缩短交货期、将产品尽快推上市场，是获取市场利润的有效手段。图 9-1 显示了产品上市的早晚对企业商业获利的影响。

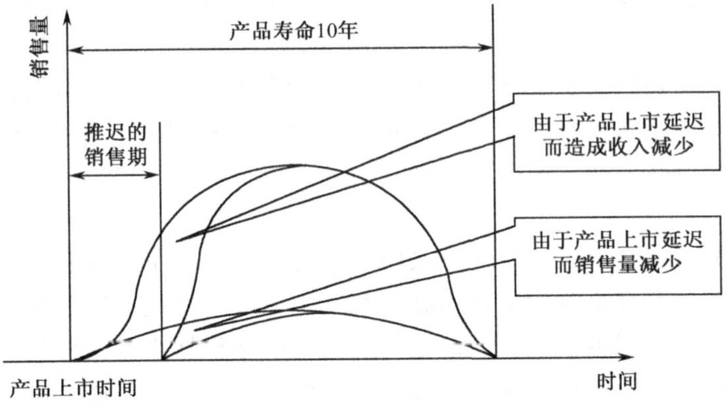

图 9-1 产品上市的早晚对企业商业获利的影响

短的交货期，能提高资金的周转率，使企业在同样资金的条件下有可能去开发更多的产品，从而进入良性循环。拖期交货或产品晚上市对企业商业利益的影响，远远大于开发成本与制造成本增加的影响。表 9-1 是对这三个因素的比较。

表 9-1 开发成本、制造成本和上市时间对商业利益的影响比较

原因	开发成本增加 50％	制造成本增加 10％	上市时间延迟 6 个月
利润减少	4％	22％	33％

注：表格数据的约束条件：5 年的产品寿命，每年 20％的市场增长率，每年 2％的价格降低。

9.1.2 信息化制造技术与相关技术的介绍

20 世纪以来，科技的进步使制造技术由机械化、单机自动化、机电一体化向工厂自动化发展，尤其是计算机、信息技术与数控技术的发展，使制造技术进入了高速发展阶段，归纳如下。

1. 成组技术

成组技术（GT）的原理是相似性，即采用识别相似性、标识相似性和应用相似性。成组技术通常应用在产品设计、工艺设计、工装设计上，也可以在工厂设计、行业结构调整、企业重组、车间布局及生产管理中得到应用。

成组技术是实现标准化的科学方法，是模块化的理论基础。图 9-2 展示了成组技术及其应用。

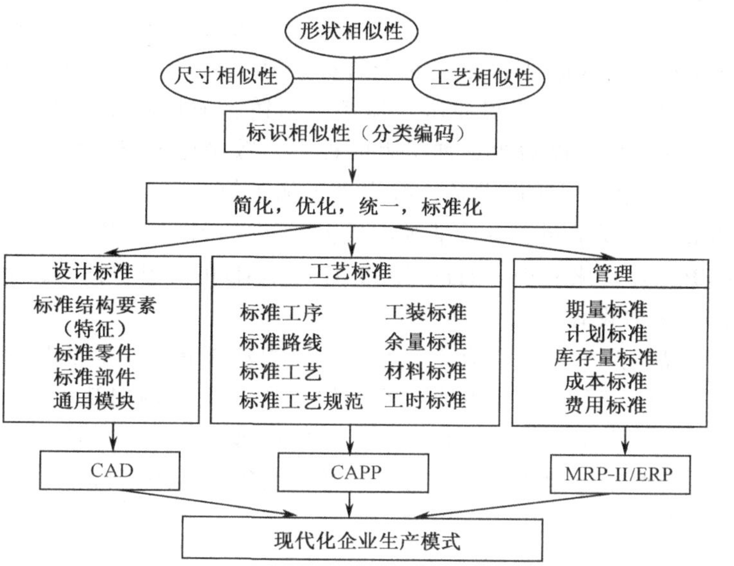

图 9-2　成组技术及其应用

成组技术的发展如下：

成组加工→成组工艺→成组技术→［成组设计
成组工艺
成组生产］→成组工程

2. 模块化（标准化技术在高层次设计、制造中的应用）

模块化的原理是利用功能结构的相似性，进行功能、结构的分解与互换，实现积木块、积木化和组合化。

模块化可分基础模块、辅助模块、特种模块、附加模块、单一功能的通用单元、可互换的基础单元、综合性的功能单元等类型。

模块化的效果是可以快速设计，功能、性能、质量稳定可靠（成熟技术），预生产、生产周期短，方便维修、服务，改型（扩展功能）快，对 T、Q、C、S 都有不同程度的改善和提高。

利用模块化进行产品设计的步骤是：

常规设计→[系列化 / 通用化 / 标准化]→模块化→价值工程（VE）→优化设计→可靠性设计→
→面向制造的设计（DFM）、面向装配的设计（DFA）→安全设计（DFS）→
产品开发工程

3. 面向制造的设计

面向制造的设计（DFM）指在保证产品功能、性能的前提下，考虑高生产率、稳定的高质量、低的成本、良好的安全性、低的劳动强度、清洁的制造环境，从原料采购、毛坯制造到加工的全过程。其主要特点有：①采用塑性加工，包括锻造、冷镦、冲压、精密冲压、焊接、精铸、液压；②零件种类尽可能减少；复杂零件种类尽可能减少；加工表面种类、数量尽可能减少（尤其是复杂母线形状）；③尽可能采用通用设备，减少手工加工等。

实现 DFM，主要是制定设计准则与规范，并进行审核，在并行工程环境下可用 CAD-CAPP 的循环来实现（通过 CAPP 评价 CAD 的可制造性）成本的降低。

4. 面向装配的设计

一般在产品生产过程中，有 1/3 左右的人力从事有关产品的装配。在工业化的国家里，装配生产费用占全部生产费用的 40%以上。面向装配的设计（DFA）的目的是通过减少手工装配、配作，整机结构能够按整机—总成—部件—组件进行逐级分解，装配单元通用、标准目零件数尽可能少等方式降低用于装配的劳动量，减少装配的生产费用。

5. 并行工程

20 世纪 80 年代后期，美国在总结实践经验的基础上提出了并行工程（CE）的概念。美国国防分析研究所（IDA）在 R-38 报告中将其定义为：集成地、平行地设计产品及其相关过程（包括制造、支持过程）的系统化方法，从设计开始就考虑到产品生命周期的质量、成本、进度计划、用户需求、报废处理等所有因素。它不是一种具体技术，而是为现代企业的总体优化，特别是为产品开发提供的一套新的方法与思路。它用于企业内部及外部，本质上是一种经营管理的哲理。产品开发概念不同阶段的作业模式见表 9-2。

表 9-2　产品开发概念的发展与作业模式

概念发展阶段	①	②	③	④	⑤
技术模式	技术推动	需求拉动	技术与需求结合	功能与过程集成	系统集成与网络
因素匹配	单一技术推动	单一需求拉动	①+②	③+制造成本、制造周期	④+销售、服务、竞争
作业模式	顺序作业（SE）			平行作业（CE）	

CE 的目标是：缩短周期；提高开发过程的质量（设计、工艺、制造、财务）；降低成本，包括用户使用乃至报废的成本。集成在网络、数据库、CAD 技术的支持下，强调组织与人员的集成。

相关技术有：

（1）CAD 建模：二维→三维线框→实体建模→特征建模。

（2）质量管理：全面质量控制（TQC）→计算机辅助测试（CAT）→ISO9000 家族。

6. 精益生产

精益生产（LP）产生于第二次世界大战后日本经济非常困难的情况下，当时丰田公司一是缺乏资金，二是缺乏技术、设备，面对美国汽车业的强大竞争压力，它们依据自己的情况调整了策略，对原有企业进行了深入细致的改造，经过 10 年的努力，创造了新的生产方式，使日本汽车工业超过了美国。

精益生产方式的内容：①一切从用户的需要出发，一切为了满足用户需求，一切制造过程的增值都应获得用户的认可；②强调协作，不强调过细的分工；③全方位的质量体系，包括工作质量与产品质量；④全过程地降低成本。

精益生产的主要特征是强调以“人”为本，包括本企业、供应商、协作企业及用户单位的人；以“简化”为手段；以“尽善尽美”为目标，使用户、生产厂、供应厂（商）、协作厂作为一个大系统，以市场为入口，在资金、劳动力、时间、工厂面积、技术开发、产品销售等方面达到最佳配合，不断地追求高质量、无废品、无缺陷、短周期、无库存、降低成本，以满足用户需求。

7. 敏捷制造

敏捷制造（AM）的新概念如下：

（1）虚拟公司（virtual corporation），以项目为中心，通过通信网络打破时空界域，选择最佳合作伙伴，进行共同设计、制造、获得利润、共担风险的动态公司。

（2）满足用户需求，又能便于灵活生产的柔性化、模块化、高质量的产品，能按用户需求快速改变功能。

（3）以人为中心，用分散、协商、决策，最大限度地满足用户需求，达到最低成本的批量生产，使人、技术与管理集成，把权力放到以任务为中心的动态小组，使小组成员了解全局，自主自律。

（4）成本与产量的批量关系，产品是单一的，但是以高柔性的模块组成的，所以从设计到制造是大批量的。

敏捷制造的关键技术是：信息交换标准；支持多学科、多层次的增强型的组织；可重组的软件技术和硬件及能大规模修改的软件；全国、全球的通信基础。敏捷制造系统见图 9-3。

AM 制造模式如下：

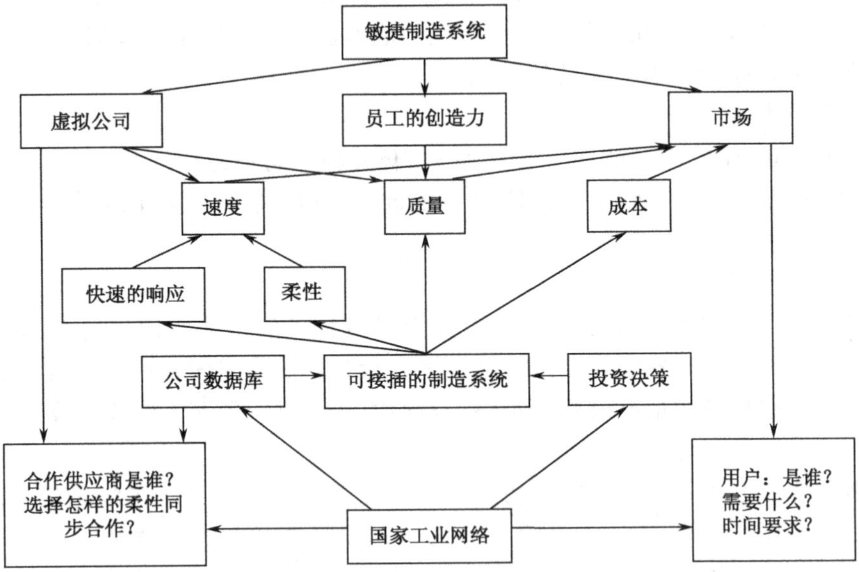

图 9-3　敏捷制造系统

传统型（单件、小批、成批、大批量）→成组→集成制造→并行工程→精益生产→智能制造→敏捷制造→大规模定制生产

8. 业务流程重组经营再造

业务流程重组经营再造（BPR）是以作业流程为中心，将分散于各部门的职能（功能）重新组合，使成本、质量和服务获得显著改善，以提高竞争力。强调整合与协调，有效利用各种资源和信息，力求使企业与供应商和顾客形成一个紧密的网络系统，互相协调配合，实现高效率的经营方式。

BPR 的目标是把过去的局部改善，改变为业务过程整体的重新设计、经营过程重组。通过对企业经营核心过程的识别（分析），实施重大的改变。

9. 物料需求计划与资源需求计划

物料需求计划与资源需求计划（MRP，MRP-Ⅱ）见图 9-4。物料需求计划是根据企业生产的发展，少品种逐步发展到多品种生产，出现批量生产与订货型生产企业，加上产品结构出现通用借用关系，在组织生产中出现了独立需求与相关需求，再加上计算机应用的发展，从而提出了按产品物料清单（BOM）、主生产计划（相当于生产大纲）、库存及在制品来确定生产计划，以此来控制投入与产出，使库存与在制品大量减少，并减少流动资金的占用与缩短资金周转期。但是由于 MRP 只是考虑到需求没有考虑到可能，所以从 20 世纪 80 年代初期将 MRP 扩展到 MRP-Ⅱ。MRP-Ⅱ是以 MRP 为核心，增加了能力需求（人员与设备能力）、财务与成本（资金计划与成本控制）、经营销售、市场预测，以加工及供应提前期来制定作业计划与采购计划，并进行作业控制，对完整的企业生产过程进行从宏观到微观、分层次的全面的计划平衡与控制，使制造业的生产管理进入现代化。

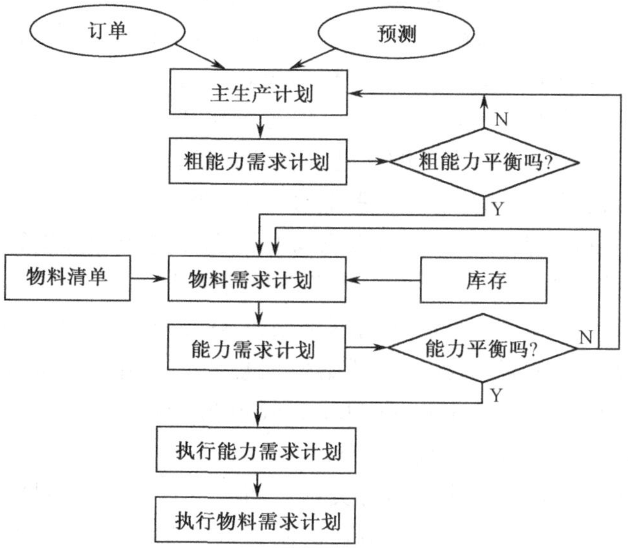

图 9-4　MRP 的作业流程

MRP、MRPⅡ相关技术介绍如下。

(1) 自动化技术：

数控（NC）技术→直接数控（DNC）技术→计算机数控（CNC）技术→加工中心（MC）→柔性制造单元（FMC）→柔性制造系统（FMS）→柔性生产线（FML）→智能制造技术（IMT）

(2) 生产管理：

库存管理→物料需求计划（MRP）→制造资源计划（MRP-Ⅱ）→准时生产（JIT）→企业资源计划(ERP)→电子商务(EB)→商务智能(IB)

10. 准时生产

日本丰田提出的准时生产（JIT）方式，当时称为“看板管理”。MRP-Ⅱ虽然已把计划原则从计划推动改进到市场拉动，但是作业现场情况变化多，所以在生产控制中，不但要有各级计划，在实施控制中还必须按随机发生的情况进行控制，“看板管理”就是加强实时控制的方法。它用“看板”反映下道工序对上道工序的真实需求，把“拉动”细化到每道工序上，这样保证了计划的实时性。按“看板”生产，可以做到零库存，最大限度地节约流动资金与加快资金的周转，也能合理地利用资源（人、设备)，促进生产周期的缩短，但“看板”生产是不追求设备的利用率的。

11. 企业资源计划

企业资源计划（ERP）的概念最初是由美国的 Gartner Group 公司在 20 世纪 90 年代初期提出的，并通过一系列的功能标准来对 ERP 进行界定，包括如下四个方面：①超越了 MRP-Ⅱ的范围和集成功能；②支持混合方式的制造环境；③支持动态的能力变化，提高业务绩效；④支持开放的客户机/服务器计算环境。

ERP 作为企业管理思想，它是一种新型的基于“供应链”的管理模式。在管理技术上，ERP 在对整个供应链的管理过程中更加强调和加强了对资金流和信息流的控制，这就将对供应链的管理上升到对价值链的控制。而作为一种管理工具，它同时吸收了其他的先进管理技术和 IT 技术，如人工智能、精益生产、并行工程、Internet、数据库等，所以它又是一套先进的计算机管理系统。

12. 集成技术（集成制造技术、计算机集成制造）

自动化技术、计算机技术、通信网络技术与 CAD/CAPP/CNC/DNC/FMS/MRP/MRP-Ⅱ等技术日趋成熟，并开始较大规模地应用，给集成制造技术的形成提供了技术基础。美国的 Joseph Harrington 博士提出了集成制造的概念，并逐步建立了计算机集成制造系统 CIMS。

作为机械制造的先进模式，当时美国、西欧、日本等发达国家和地区大量投资开展研究，把建立 CIMS 看成制造业的制高点，获得了一定的效果。

计算机集成制造是现代生产组织的一种哲理、思想与方法，它的特征表现为：

(1) 以先进设计技术、经营管理技术、质量控制技术与制造自动化技术为基础，应用系统工程的思想、方法，在统一的目标下，对工程设计、经营管理技术、质量控制技术与制造自动化技术，进行成组化、模块化、优化、简化，达到各项工作的规范化、标准化。

(2) 利用计算机技术、数据库技术建立共享的数据库，包括工程数据库与经营管理数据库。

(3) 利用网络技术建立系统内的快速通信、数据处理网络。

(4) 利用计算机技术、数据库与通信网络实现现代生产的经营管理，控制生产制造过程，达到最优化生产。

(5) 利用自动化技术、计算机技术、机器人技术，对加工制造过程包括物料仓储、搬运进行适度的自动化，减轻工作人员的劳动强度。

(6) 利用计算机、自动控制技术与质量检测技术，对全厂的制造过程进行品质管理，保证产品质量。

集成技术的技术关键在于产品建模、工程数据管理系统和公共数据接口。

计算机辅助技术（CAX）链如下：

计算机辅助设计（CAD）→计算机辅助工程分析（CAE）→计算机辅助工艺设计（CAPP）→数控编程（NCP）→计算机辅助产品开发工程（CADE）→计算机辅助设计/制造（CAD/CAM）→计算机辅助生产管理（CAPS）→决策支

持系统（DSS）→办公自动化（OA）→战略信息系统（SIS）→计算机集成制造系统（CIMS）

9.1.3 制造业信息化的内涵

机械制造业以生产产品为己任，其信息化的内涵应包括：

（1）产品的信息化。在产品设计中充分应用信息技术（计算机技术、微电子技术、通信网络技术、自动控制技术等）改造传统的产品结构，使产品的性能、功能、质量提高到一个新的水平，产品成本不断下降，更好地满足用户需求。

（2）产品开发过程的信息化与产品数字化。用信息技术改造传统的产品设计与工艺设计方法，把信息技术与传统的产品设计和工艺方法结合起来，形成先进的设计方法与设计过程，这就是产品开发过程的信息化。产品开发过程的信息化必然带来产品数字化，因为用计算机技术开发的产品不但以传统的图纸资料、工艺文件出现，而且以计算机内部存储的各种格式数据出现，所以出现了产品数字化的概念。

（3）企业管理的信息化。要用信息技术改造传统的企业生产、经营、管理的决策效率与水平，把先进的管理思想、管理理念、管理方法应用信息技术贯彻到企业生产、经营活动中，以最佳方式充分利用企业与社会资源（人、财、物），创造出最佳的产、供、销，既满足社会需求，也为企业创造最大利润。

9.2 计算机辅助产品开发

9.2.1 计算机辅助产品设计

应用计算机辅助设计（CAD），从20世纪60年代的二维绘图，到80年代的三维几何造型，再到90年代开发的基于特征的产品模型、统一产品设计与工艺设计模型，为了实现产品设计数据共享出现产品数据管理PDM，实现CAD/CAE/CAPP/CAM的集成。以上这些技术与并行工程CE相结合，创建产品开发环境CAPE。90年代后期又发展动态仿真建模与虚拟技术相结合，实现虚拟产品开发环境。

1. CAD及其类型

现代CAD系统已贯穿整个产品设计过程，图9-5说明了产品设计过程与CAD系统。

2. CAD系统辅助产品开发

（1）二维CAD系统的初步应用，大大改变了传统的产品设计工作，提高了设计效率和图纸质量，但没有进一步解决产品设计中优化、标准化等问题，没有把传统产品设计中复杂的分析计算与建立几何模型结合起来，也没有把现代产品设计中的先进设计方法结合起来。

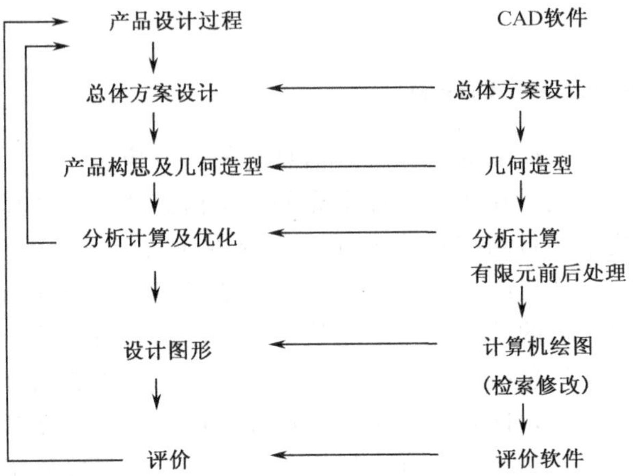

图 9-5 产品设计过程与 CAD 系统

(2) 三维 CAD 的应用解决了二维 CAD 系统不能解决的问题，如二维 CAD 在许多方面不能完全表达设计意图，难以表达实体几何形状、尺寸、相关零件的相互关系，尤其对复杂曲面，也无法用二维模型进行有限元分析计算、模拟运动、进行干涉检查、外观造型设计及与 CAM 软件集成运行。目前，三维 CAD 系统不但能生成三维模型，而且能生成二维图形、轴测图、剖面图。由于三维 CAD 系统中三维/二维的完全相关性，大大方便了设计的修改，能在装配状态下进行零件设计、模拟装配设计，为实现 DFA 创造了条件，解决了与 CAM 软件集成运行的问题。

(3) 现代 CAD 技术与其他先进制造技术结合，如与成组技术 GT、模块化技术、并行工程 CE、面向制造设计 DFM、质量功能配置 QFD、产品数据管理 PDM 以及 CAD/CAE/CAPP/CAM 的集成，构造了现代产品开发的环境。

3. CAD 技术应用的关键

CAD 技术的发展，形成了许多商品化的软件，这些商品化的软件提供一般机械设计的功能，称为支撑软件。但是由于机械产品品种成千上万，所以要使商品化的 CAD 系统能满足一定的机械产品设计的要求，就必须进行二次开发。二次开发的主要内容包括：

(1) 完善图形处理功能。一般商品化的软件已提供了图形处理功能，如图框、标题栏、标题栏位置、标识方法、明细栏、明细表等，但根据企业情况可能要进行修改和补充。

(2) 建立产品开发数据库，主要有：基础通用数据库，包括标准数系、尺寸公差、配合尺寸、形位公差、粗糙度数据及符号；基础通用专业符号代号库，包括电器、电子、液压、加工、装配符号等；基础通用常用材料数据库，包括原材料的名称、代号、标准号、机械性能、规格等；基础通用产品标准、技术规范数据库，包括已颁布的国标、行标及有关国际标准；还有基础通用设计专业数据库、基础通用制造工艺数据库、基础通用工艺装备数据库等。

（3）建立产品图形库，主要有：结构特征要素库，包括螺纹、键、花键、齿形、槽、孔等；标准件库，包括各种国标、行标及国际标准零部件；通用零部件库，包括支承、控制、紧固、连接、润滑、传动等类零件库及泵、阀、减速箱等通用部件；通用模块库和外购配套零部件库，包括轴承、电机、电器、仪器仪表、五金、化工、轻工等外购配套件。

（4）建立方法库。优化设计方法库、有限元分析、可靠性分析、相似性分析、模块设计分析、功能成本分析等其他设计决策方法库。

（5）建立知识库。用人工智能、专家系统构架工具，总结企业产品开发经验，建立本行业专家系统。

（6）建立报价数据库。

（7）建立应用软件，包括总体整机设计、部件（模块）设计、零件设计，以及电气、液压、气动、电子控制系统的设计。

（8）建立工程数据管理系统。

（9）建立与其他系统的接口。

以上CAD二次开发内容与机械行业标准体系中要求建立的标准内容是一致的。

9.2.2 计算机辅助工艺设计

计算机辅助工艺设计（CAPP）是适应市场变化迅速、需求多样化发展起来的一门机械制造企业的应用系统，它是计算机辅助制造（CAM）与计算机集成制造（CIM）的一个组成部分。由于工艺设计信息的不定性，所以在世界上这一技术比数控加工、计算机辅助设计开发得较晚。世界上第一个CAPP系统是由挪威NAKK提出，由四家机械工业公司和两家研究所合作，于1966年开始到1970年推出的一个系统，称为Autopros（自动工艺设计系统），可以处理这家公司60%的零件，如果稍加人工辅助可达80%的零件。20世纪70年代以来，世界各国均有所开发，如日本日立制作所的HINTCS工艺设计、美国的Miplan系统、国际机械制造研究会（CIRP）的CAPP系统等。到了今天，CAPP的应用已经比较普遍了。

1. CAPP的几种类型

（1）样件法。这是最早采用的方法，主要是充分利用GT的成果，根据GT在工艺上的应用按相似的零件组（加工族）编制适用于这一组的工艺规程。这一组的零件可以用成组技术的零件编码的码域（二进制的矩阵图）来表示，这样可以将每一组的码域与相应的工艺文件用计算机存储起来。在生产技术准备中，新的零件只要使用GT编码后输入计算机，对原来存储的各码域进行检索，只要检索到与输入零件编码相匹配的码域，计算机就可以输出相应的工艺规程。

(2) 变异法（派生法）。有的资料上称其为半创成法。这一方法是对样件法的改进，通过提高计算机处理能力而来的。由于样件法无法从一组工艺中挑选需要的工序，确立每一工序的机床规格以及工装等，所以人们在样件法的基础上作了改进。它可以根据输入的零件编码所提供的信息来选择部分要素加工工序，选择每一工序的机床等，这样就减少了人机交互的干涉，使工艺规程更加符合标准，大大提高了计算机处理的速度。但变异法还是以样件的工艺为基础的，如果没有样件工艺，计算机就无法生成新的工艺文件。

(3) 生成法。生成法计算机辅助工艺设计系统是依靠输入零件图形及其加工要求等信息，并通过预先存入计算机系统数据库或知识库中的一系列与设计零件工艺有关的诸如毛坯类型、夹具、刀具、量具等工艺决策规则，而充分利用计算机的逻辑判断功能，便可生成零件工艺。与此同时，根据输入的有关数据，利用计算机的运算功能，还可以计算出工序尺寸、加工余量、切削用量、时间定额等。

(4) 应用人工智能与专家系统的理论与方法，探讨 CAPP 由样件检索法发展到半创成法，并已开始应用现代人工智能专家系统的理论与方法，实现创成式系统。这个过程的实质是系统决策能力的提高。使用人工智能与专家系统的理论与方法解决 CAPP 问题的原理是，按照人工智能的理论，建立一个计算机应用系统，这个系统能够按照工艺专业人员的思维来进行零件的工艺设计。这就要求建立一个工艺专家系统，系统是从建立知识库开始，把工艺人员的知识和经验装入计算机系统。然后根据输入的图纸信息，利用知识库中存储的工艺知识，模拟人的思维进行逻辑推理，并进行决策，设计出与输入图样信息相匹配的工艺文件。表 9-3 中显示了这些不同类型的计算机辅助工艺过程设计系统。

表 9-3　计算机辅助工艺设计的类型

系统类型	工艺规程检索管理	工艺规程参考设计	工艺规程综合设计	按加工顺序描述生成工艺规程	按工件描述生成工艺规程	自动生成工艺规程
基本原理	纯检索式	变异式	变异式	生成式	生成式	生成式
输入内容	零件号工艺文件编号	零件分类码	零件分类码需要修改数据	零件分类码需要修改数据	零件几何形状尺寸加工要求	零件几何形状尺寸加工要求
系统功能	检索零件电子档案，按零件号存取工艺文件	检索零件组的标准工艺文件，供人机对话修改为当前零件工艺规程	检索零件组的标准工艺文件并自动修改部分工艺内容，由人机对话编辑为当前零件工艺规程	检索零件组的标准加工顺序按加工顺序选择机床夹具、工序内容生成工艺规程	根据零件几何形状尺寸、加工要求生成加工顺序选择机床夹具工序内容生成工艺规程	根据零件图纸生成加工几何形状、工艺数据，按工艺规范推理生成工艺规程

续表

系统类型	工艺规程检索管理	工艺规程参考设计	工艺规程综合设计	按加工顺序描述生成工艺规程	按工件描述生成工艺规程	自动生成工艺规程
输出内容	按规定格式输出工艺规程					
自动化程度	低——→高					

(5) 交互式 CAPP。20 世纪 90 年代后期，在我国由于受了交互式 CAD 的影响，一些单位推出了完全人机对话的 CAPP 系统，这样的 CAPP 只是起了代替书写的工作，没有起到以上几种 CAPP 的作用。

2. CAPP 的实用意义

在美国工业组织研究所工作的理查德（Richard D. Hayden）先生在 1979 年美国加州洛杉矶召开的数控技术研讨会上的文章摘要如下：为什么要使用 CAPP 呢？这有很多原因，制造一个零件的费用很高就是其中之一。在一个公司里，一位普通工艺人员的费用为 30 美元/小时，包括附加费用在内。由于制造作业外观上有不规则性，往往使人不承认可能利用过去的已制造过的零件相同或相似的零件工艺，因此，要为制造这些零件准备完全新的工艺设计。这样的“轮番重复”不仅浪费时间而且还引起不必要的变化。两个工艺人员在不同时间为实质上相同的零件可能会作出稍有不同的工艺设计，很可能一个比一个更昂贵。这样，不仅在编制一个新工艺设计中浪费时间，还因使用一个不够优化的工艺设计而增加了额外成本。即使充分利用过去的工艺设计，也还是有极大量的书面工作，估计工艺人员 30%的时间花费在手工书写工艺设计细则上。

CAPP 潜在的效益远远不止上述的这些，还可充分使用过去的经验及把 CAPP 作为促进产品设计标准化的手段来使用。以零件特征为基础的分类编码系统能够充分利用过去已生产过的工艺设计，即工艺人员不必用零件号或其他描述检索零件。在有效的分类编码系统中，对零件的制造特征都有描述，有了 CAPP 系统，工艺设计人员能使这些特征作为最初的输入以决定一个零件是否已经制造过。在某种意义上是工艺设计人员向计算机描述这个零件，而计算机进行回答，同时指出以前是否制造过相同或相似的零件。如制造过，计算机还为这个零件打印出现有的工艺设计。

9.2.3 计算机辅助生产管理技术

当今制造业生产的主要特征是多品种、单件、小批量生产方式。因此，企业的生产目标、生产组织结构、生产管理技术和方法都必须适应生产环境和市场需求的变化。纵观企业现代生产管理技术的发展历程可以看到，现代生产管理技术（CAPM）的每一步发展均与社会经济发展阶段以及企业所处环境的变化息息相关，主要可划分为以下几个阶段。

1. 从订货点法到 MRP

在自由竞争的市场环境下，企业的竞争优势在于自己生产的产品在价格上是否低于自己的竞争对手，降低产品生产成本的有效途径就是进行库存优化管理。在计算机出现之前，企业根据市场订单发出采购订单和根据缺料表进行催货。订货点法就是在当时的条件下，为改变这种被动的状况而提出和一种按过去的经验预测未来的物料需求方法。这种方法的不同形式，都是基于“库存补充”的原则，即保证在任何时候仓库里都有一定数量的存货，以便需要时随时取用。当时的人希望用这种做法来弥补由于不能确定近期内准确的必要库存储备数量和需求量预测的不足，并保留一定的安全库存储备，以便应付需求波动。订货点法的假设条件是：对各种物料的需求是相互独立的；对物料需求是连续发生的；提前期是已知的、固定的；库存消耗之后，能立即得到补充。由于这些假设条件在现实中很难成立，因而还是难以解决“何时订货”这一库存管理中的核心问题。

20 世纪 60 年代，美国管理专家约瑟夫·奥列基提出对物料的需求有独立需求与相关需求两种类型的概念后，产生了解决物料需求的新思想，即将独立需求和相关需求分别加以处理，再在库存状态中引入时间分段的概念。所谓时间分段就是给库存状态数据加上时间坐标，亦即按具体的日期计划时区记录和存储状态数据，从而解决了何时订货以及订货的数量问题。这就是物料需求计划——MRP。

物料需求计划（MRP）是根据产品结构的从属关系以及提前期的长短，区别各个物料的投料优先顺序，来安排生产计划，所以说 MRP 是一种按零件下达任务的优先级计划。

2. 闭环 MRP 系统

MRP 系统在 20 世纪 70 年代发展为闭环 MRP 系统，这是一个除物料需求计划外，还将生产能力需求计划、车间作业计划和采购作业计划也全部纳入 MRP 的封闭系统。其原理是根据长期生产计划制定短期主生产计划，主生产计划必须经过生产能力负荷分析，才能够真正具有可行性；然后再执行物料需求计划和能力需求计划及车间作业计划，并在计划执行过程中，将来自车间、供应商和计划人员的反馈信息，进行计划平衡调整，从而使生产计划方面的各个子系统得到协调统一。闭环 MRP 系统工作过程是一个“计划一实施一评价一反馈一计划”的循环过程，它能对生产过程中的人力、机器和材料各项资源进行计划与控制，从而使生产管理对市场的应变能力大大增强。

3. MRP-Ⅱ系统

20 世纪 80 年代，当人们把生产、财务、销售、资源、采购等各个子系统集成一个一体化的系统时，就形成了制造资源计划，简称 MRP-Ⅱ。MRP-Ⅱ系统的逻辑流程图见图 9-6。

其具有的特点如下：

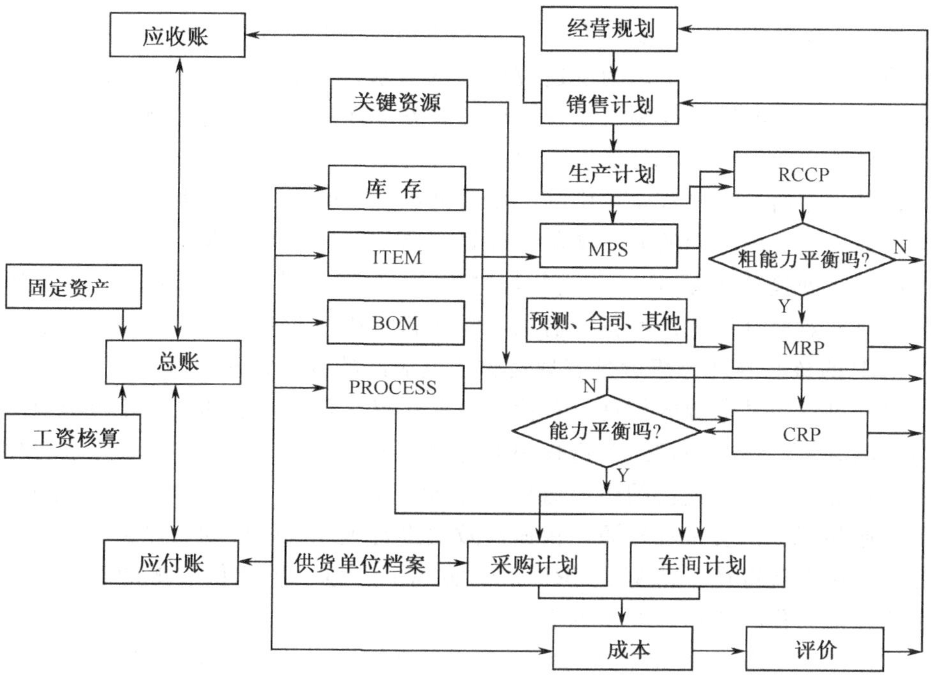

图 9-6 MRP-Ⅱ系统流程图

(1) 计划的一贯性与可行性。MRP-Ⅱ是一种计划方法，分层计划，由宏观到微观，由上级到基层，由粗到细，但始终保证实现企业目标管理与计划管理的一体化，计划每前进一层，都要进行供需平衡，保证计划的现实性和可行性。

(2) 管理系统性。MRP-Ⅱ是一种系统工程，它把企业所有与生产直接相关的部门的工作联系起来，作为一个系统对待，每个部门都是从系统总体来考虑本岗位的工作。

(3) 数据共享性。MRP-Ⅱ是一种管理信息系统，企业各部门都依据同一数据信息，在统一的数据库支持下工作，做到数据共享。

(4) 动态反馈性。MRP-Ⅱ是一个闭环反馈系统，能跟踪和反映随机多变的实际情况，管理人员根据及时反馈的信息，进行分析、判断、调整，保证生产计划的正常进行。

(5) 模拟预见性。MRP-Ⅱ是生产管理客观规律的反映，根据生产规律建立的信息逻辑必然具有模拟功能，它可解决“如果怎样，将会怎样”的问题，是一个辅助决策和寻求最佳方案的工具。

(6) 物流、信息流、资金流的继往开来。MRP-Ⅱ可由生产系统直接产生财务数据，是一个控制成本的有力工具。

4. ERP 系统

随着市场竞争的进一步加剧，到了 20 世纪 90 年代后期，那种生产什么就卖什么的时代一去不复返了。为了适应市场的需求，企业都在延长自己的产品线，也更加注重产品的质量控制、销售和售后服务等环节。一方面，制造业企业发现仅依靠自己企业的资源不可能有效地参与市场竞争，还必须充分利用企业的外部资源；另一方面，在一些企业中是“多品种小批量生产”和“大批量生产”两种情况并存，需要用不同的方法来制定计划。这使得许多制造业企业都感到原有的企业经营管理模式需要进一步改革，MRP-Ⅱ又无法满足企业利用一切市场资源，快速高效地进行生产经营的需求，需要新一代的 MRP-Ⅱ——ERP 来满足。

ERP 的核心管理思想就是实现对整个供应链的有效管理。其功能为：

(1) 对供应链资源的管理。在信息化时代仅靠自己企业的资源不可能有效地参与市场竞争，还必须把经营过程中的有关各方，如供应商、制造工厂、分销网络、客户等纳入一个紧密的供应链中，才能有效地安排企业的产、供、销活动，满足企业利用全社会市场资源，快速高效地进行生产经营活动，以进一步提高效率和在市场上获得竞争优势。ERP 系统实现了对整个企业供应链的管理，适应了企业在信息化时代市场竞争的需要。

(2) ERP 系统支持对混合型生产方式的管理，它表现在两个方面：一是“精益生产（LP）”的思想，即企业按大批量生产方式组织生产时，把客户、销售代理商、供应商、协作单位纳入同一生产体系。体系中的成员是利益共享的合作伙伴关系，这种合作关系组成了一个企业的供应链。二是“敏捷制造（AM）”的思想。当市场发生变化，企业的基本合作伙伴不能满足新产品开发生产的要求时，企业会组织一个由特定供应商和销售渠道组织的短期或一次性供应链，形成“虚拟工厂”。把供应商和协作单位看成是企业的一个组成部分，运用“并行工程（SE）”组织生产，用最短的时间生产出新产品并打入市场，跟踪产品的高质量、多样化和灵活性，这就是“敏捷制造”的核心思想。

9.2.4 电子商务

近年来，随着计算机技术和信息技术的不断发展，特别是 Internet 的蓬勃发展，自然孕育了一个新的商业发展模式——“电子商务”。由于电子商务所依托的 Internet 的全球性和开放性，由此带来的商机是巨大而深远的。电子商务是在全球性电子虚拟市场上展开的商务活动，它极大地提高了传统商务活动的效益和效率。与传统商务活动相比，它具有下列竞争优势：

(1) 降低促销、采购等交易成本。通过网络营销活动，企业可以提高营销效率。研究表明，在 Internet 上做广告可以提高销售数量 10 倍，同时它的成本是传统广告的 1/10；电子商务可以降低采购成本，这是因为借助 Internet 企业可以在全球市场寻找最优惠价格的供应商，而且通过与供应商信息共享，减少中间环节，避免由于信息不准确带来的损失。

（2）实现“零”库存。为了应对变化莫测的市场，企业常需保持一定的产品库存和原材料库存，事实上产生库存的根本原因是信息不畅，以信息技术为基础的电子商务则可以改变企业决策中信息不确切和不及时的问题。通过 Internet 可以将市场需求信息传递给企业决策生产，同时企业的需求信息可以马上传递给供应商适时补充供给，从而实现“零”库存管理。

（3）缩短生产周期。一个产品的生产是许多企业相互协作的成果，因此从产品的设计开发到生产销售可能涉及许多关联企业。通过电子商务，可以改变过去由于信息封闭导致的分阶段合作方式，改为信息共享的协同并行工作方式，从而最大限度地减少因信息封闭而无谓等待的时间。

（4）增加商业机会。传统的交易受到时间和空间限制，而基于 Internet 的电子商务则是 24 小时全球在线运作，网上的业务可以开展到传统营销人员和广告促销所达不到的市场范围。

（5）减轻对物资的依赖。传统企业的营销活动必须有一定物资才能开展业务活动，而通过 Internet 可以创办虚拟企业。

电子商务的迅速发展，给企业带来许多新的机遇，为企业的经营和管理打开了新的局面。

9.3 产品数字化与产品数据管理

在人类进入以知识经济和网络经济为时代特征的 21 世纪时，以信息技术为主导，综合先进制造技术和现代管理模式的高新技术是现代企业发展的方向。传统的生产组织方式、管理模式、陈旧落后的生产手段和工具，从下面三个方面已不能适应现代企业在日趋激烈的全球市场环境中的竞争。

1. 设计手段和加工技术落后

一方面，CAD 技术在企业的应用还未普及，仍有相当一部分中小企业还使用手工绘图方式，设计效率低；另一方面，有些企业虽然采用了 CAD 技术，但大多采用的是二维 CAD 软件，只能提高绘图速度，使设计人员从繁重的体力劳动中解脱出来，而不能解决复杂产品的设计、分析和优化，零部件之间的干涉，机构运动部件之间的关系，曲面的描述和复杂零件的数控编程等问题。另外，加工过程自动化程度低，加工过程技术相对落后。

2. 管理落后

特别是技术先进性与管理落后的矛盾日益突出。在有些企业中，由于使用手工设计，产生大量图样和技术资料，需要对此进行编号、装订成册、归档，装入文件柜中。应用 CAD 技术后，一方面，大部分电子资料就存放在计算机内，而且应用 CAD 技术提高了设计能力和设计效率，提高了企业的产品开发能力和市场竞争能力。但另一方面，CAD技术的全面推广，却给数据管理带来了更多的困难，数据管理落后的问题更为明显，主要表现在以下几个方面：

一是信息共享程度低。目前，企业应用的计算机辅助工具和信息系统，如CAD、CAM、CAPP、MIS等都是局部的、面向企业某个部门的应用系统，产生的数据涉及产品的不同方面。这些互不兼容的软件系统由于采用不同的操作系统、网络系统、数据库系统等软件环境，所产生的数据不能由一个企业级的计算机应用系统来管理，而常常以不同的格式和介质存储于不同的计算机系统中，从而无法在设计、工艺和制造部门之间进行有效的信息共享与传递，从而形成信息孤岛。

二是信息传递速度慢。在大部分企业中，信息传递主要通过书面文件、报表及电话等联络方式，因而无法及时收集工艺和制造过程中的反馈信息，不能实时反映设计过程中的变化，甚至不能随时跟踪整个产品设计和制造的进展情况。

三是文档管理落后。在产品的设计过程中，不仅会产生大量的文件和图样，同时要多次查询和充分利用已有的设计数据。应用CAD技术，要求计算机把大量的图样和技术数据进行有效的管理，在需要时能够方便、快捷地查询和获取所需的技术资料；查询时，不仅可以查到当前的资料，还可以查到过去的或者类似的相应资料。并且，要求计算机详细记录设计、加工过程中的原始资料及相应的更改信息，用不同的版本来描述当前有效的数据。另外，对资料也应根据不同适用范围设置不同的密级，保证各类资料的安全和保密。

四是设计方式陈旧。长期以来，产品开发都在沿用传统的顺序工程方法，遵循“概念设计→详细设计→过程设计→加工制造→实验验证→设计修改”的流程。但由于这个流程不能全面地考虑设计下游的可制造性、可装配性、质量保证等多种因素，导致所制造的产品存在诸多缺陷和对设计的多次更改，造成设计改动量大、产品开发周期长、成本高等状况，这个设计方式难以在激烈的市场竞争中取胜。

五是支撑技术不配套。在数据管理方面，企业仍然停留在使用大型商用关系数据库（如Oracle、Sybase）层次上，由于这些数据库不能有效地管理图形、图像等非结构数据，更无法实现过程管理、配置管理以及对应用工具的集成，从而不能在异构与分布式计算机环境中实现企业内各类应用的信息集成、功能集成和过程集成。

3. 支持系统落后

新的生产模式，如CIMS、并行工程、虚拟产品开发、精良生产、敏捷制造等，对信息管理技术提出了更高的要求，不仅要求支撑技术能够支持多学科领域专家群体的协同工作，而且要求把产品信息和开发过程有机地集成起来，做到在正确的时刻把正确的信息以正确的形式送达正确的人。

以上诸多方面对信息管理的需求，呼唤一种新的信息管理技术。产品数据管理（product data management，PDM）正是这样一种新的信息管理思想和技术。它以软件技术为基础，以产品为核心，实现对产品相关的数据、过程和资源的集成化管理技术。

9.3.1 PDM的形成与发展

1. 产品数据与产品定义数据

产品是指人造品，产品进入流通领域而成为商品。产品数据是关于产品的一个或一组事实、概念、相关过程和要求的形式化描述，在产品周期内使之适合于计算机处理。

产品定义数据是产品数据的一个子集，是唯一完整定义和描述产品的数据。在使用CAD/CAM系统时，产品定义数据唯一地由CAD系统产生并提供给产品全生命周期使用。

产品数据具有如下一些特点：

(1) 数据量大，类型多。描述产品的信息是多种类型的数据，除数字和字符外，还有大量的图形、图像、运动视频和声音信息。由于产品对象本身的系统性和长过程的固有特点，产品数据量庞大而复杂，即使是较为标准的数据，如设计规范数据、标准公差、结构要素、材料和零件、技术规范等，其数据量也是很大的，这些客观因素都要求产品数据库具有大容量数据存储和快速处理能力。

产品数据主要有两类：一是设计环境数据，主要是设计环境规则、设计方法、标准元素、设计条件和需求等；二是设计对象数据，主要是设计产品定义、设计约束控制、产品性能、生产要求、经济核算、设计方案等。两类数据中，都存在基本的标准数据类型，同时又存在非结构化的变长数据，如变长字符串、图形、图像信息、声音信息等。一般的基于传统数据模型的数据库就难以用自然的方式对这类复杂对象进行描述、操纵和检索，更谈不上有效地调用和处理。

(2) 数据结构复杂。产品数据在随过程展开而动态形成发展的同时，随之带来复杂多样的实体间关系。这些关系呈现网状结构，又有层次之分。分层设计不仅有层次结构，而且对于不同的设计对象层次数目也不一样，在每个结点中，有的可能本身就具有复杂的结构特性。而传统的数据库无法提供这类设计数据的存储结构，也难以用方便的手段操纵这种非标准层次化的数据。

产品中关于知识和规则数据的表示和存取，其结构关系就显现出更加纷繁复杂的景象，特别是许多事实知识（设计和生产经验）本身就存在描述的模糊性，对设计对象或管理对象又具有复杂的逻辑联系和不确定性推理。因此，必须采用新的结构和方法来定义和操纵这种数据。

(3) 动态数据模式。产品数据一般包括静态数据部分和动态数据部分。静态数据部分是指事先准备好用于指导设计的信息，如设计规范等。动态数据是指在产品设计过程中随设计行为展开而动态产生，并且直接关系到最后结果的数据，如结构分析计算、力学模型、零件图形等，又如工艺规程、方案处理、技术档案等。在产品数据的描述和管理中，动态数据的管理更为重要。在动态数据的管理中，库模式也要求具有动态构造性质，直到产品对象最终结果产生出来，数据库的模式构造才算完成。一般传统的商用型数据库管理系统难以支持这类动态数据的描述和处理。

(4) 随机存取和过程存取运行方式。产品设计通常要持续很长一段时间，对数据不仅是简单查询或大量提取，而且提取的数据要参与设计过程。设计过程又使用多方面的相关信息，并且新产生的设计结果和对已有设计数据的修改要作为事务提交，存入数据库。产品数据主要是过程存取。另外，产品设计是一个试探性过程，要求能保留和管理设计的历史、不同设计方案和动态变化的模式等。因此，在产品数据运行方式上还有版本控制的要求。产品设计中有总体数据、各专业数据、竖向关联数据和横向关联数据，在一个集成系统中，随机存取的数据量很大。

2. PDM 的形成与发展

随着计算机技术的飞速发展和 CAX 技术在企业的广泛普及和应用，企业的信息集成以及过程集成是企业发展的必然要求。一方面，企业在工业生产中采用先进的设计手段，特别是应用计算机技术和 CAX 技术，在提高企业的产品开发能力和市场竞争能力的同时，产品设计过程中的设计数据和技术文档也呈现出“信息爆炸”性的增长势头；另一方面，企业各部门使用不同的应用系统，这些自动化单元之间缺乏有效的信息传递和转换，因而形成“信息孤岛”；面对“信息爆炸”，解决“信息孤岛”的问题已经突出地摆在了企业各级管理人员和技术人员面前，已经成为制约企业发展的“瓶颈”。产品数据管理（product data management，PDM）正是在这一背景下产生的一种新的信息管理思想和技术。

产品数据管理实际上也是企业计算机信息化发展到一定阶段的必然结果。企业产品开发的各专业领域计算机化到一定程度，必然要遇到信息集成的问题，一般的系统难以承担此任。唯有产品数据管理系统才能以前所未有的更大、更完整的视图展示产品、过程与人员的关系。它横跨企业的产品设计开发全过程直至产品全生命周期，纵向深入到产品结构的各个层面直至产品零件的各个侧面，从信息共享等方面有力地支持并行工程，为产品开发团队（team work）的每一个成员角色提供更加完备的服务，特别是在支持设计重用方面它能发挥明显的优势。

产品数据管理的内涵是集成并管理与产品有关的信息与过程。产品数据管理在企业范围为设计与制造建立一个并行化的产品开发协作环境。它视整个企业为一体，可跨越整个工程技术群体，是加速产品开发的使能器。它也是在分布式企业管理模式的基础上，与其他应用系统建立直接联系的重要工具。产品数据管理依据全局产品信息强调共享的观点，扩大了产品开发建模的含义。它为不同地点、不同部门的人员提供了一个协同工作的环境，使其可以在同一数字化的产品模型上一起工作。

进入20世纪90年代中后期，人们才逐步认识到产品数据管理的重要性。目前，由于新的制造模式的发展与应用，如CIMS、并行工程、虚拟制造等，人们已经认识到产品数据管理对企业作为一个集成系统运行的重要性，可以认为产品数据管理是适用于企业过程、组织方式的技术，具有强烈的企业运行模式的背景。

PDM技术的发展可以分为以下三个阶段：配合CAD工具的PDM系统、专业PDM产品产生和PDM的标准化阶段。

（1）配合CAD工具的PDM系统。早期的PDM产品诞生于20世纪80年代初。在当时，CAD已经在企业中得到广泛应用，工程师们在享受CAD带来好处的同时，也不得不将大量的时间浪费在查找设计所需的信息上，对于电子数据的存储和获取的新方法需求变得越来越迫切了。针对这种需求，各CAD厂家配合自己的CAD软件推出了第一代PDM产品。这些产品的目标主要是解决大量电子数据的存储和管理问题，提供了维护“电子绘图仓库”的功能。

第一代PDM产品虽然在一定程度上缓解了“信息孤岛”问题，但仍然普遍存在系统功能较弱、集成能力和开放程序较低等问题。

（2）专业PDM产品。通过对早期PDM产品功能的不断扩展，最终出现了专业化的PDM产品，如SDRC公司的Metaphase和UGS的I－MAN等就是第二代PDM产品的代表。

与第一代PDM产品相比，第二代PDM产品出现了许多新功能，如对产品生命周期内各种形式的产品数据的管理能力，对产品结构与配置的管理，对电子数据的发布和更改的控制以及基于成组技术的零件分类管理与查询等。同时，软件的集成能力和开放程度也有较大的提高，少数优秀的PDM产品可以真正实现企业级的信息集成和过程集成。第二代PDM产品在技术上取得巨大进步的同时，在商业上也获得了很大的成功。这时，PDM开始成为一个产业，出现了许多专业开发、销售和实施PDM的公司。

（3）PDM的标准化阶段。1997年2月，OMG组织公布了其PDM Enabler标准草案。作为PDM领域的第一个国际标准，该草案由许多PDM领域的主导厂商参与制定，如IBM、SDRC、PTC等。PDM Enabler的公布标志着PDM技术在标准化方面迈出了崭新的一步。PDM Enabler基于CORBA技术，就PDM的系统功能、PDM的逻辑模型和多个PDM系统间的互操作提出了一个标准。这一标准的制定为新一代标准化PDM产品的发展奠定了基础。

3. PDM技术发展的特征

（1）网络技术在PDM系统中的应用越来越深入。基于网络平台和Java语言开发的结构灵活，用户界面友好的PDM系统已成为一种趋势。在PDM系统中，通过 Web 实现全球化的信息查询、浏览、创建与更新已逐渐成为现实，并以此来支持全球化的虚拟企业的信息管理。

(2) PDM 与 MRP 的功能渗透。PDM 与 MRP 分别服务于工程设计与生产制造。PDM 系统源于 CAD/CAM 应用与工程设计的需要，管理的重点为工程信息。而 MRP 系统源于制造业的经营与生产活动的管理，包括经营、生产、物料需求的计划与制造资源的需求计划的管理。目前，二者之间通过相互集成，构成完整的企业信息系统。另外，二者之间也开始相互渗透。PDM 厂商开始将工程 BOM 与制造 BOM 统一在 PDM 系统中进行管理，同时将经营计划、生产计划集成于 PDM 系统中，而 MRP 系统也在设法将 PDM 系统的功能集成进来。

(3) 基于 Web 技术的 PDM 系统。Web 浏览器能支持多种用户，且可运行于不同类型的计算机上，在不同平台上具有同样的外观和风格。PDM 系统架构在 Internet/Intranet/Extranet 之上，提供企业产品开发的最佳商务解决方案，以满足电子商务时代企业的需求。这是新一代 PDM 技术和系统 PDM Ⅱ——product development management 的目标，也是解决国内企业采用 PDM 系统时所遇问题的基础。美国 Matrix One 公司的 e-Matrix 和 PTC 公司的 Wind chill 就是这类系统的代表。这类系统是跨越延展供应链的产品信息和生命周期过程管理的全面解决方案。它们使企业能够以 Internet/Intranet 的发展速度快速超越其竞争对手，得到重要的战略利益。

(4) PDM 向整体集成解决方案发展。正在走向成熟的 PDM 产业发展的一个总趋势是从强调单个特征和功能的“技术工具包”发展到强调“问题解决方案”的系统和服务。基于 Web 技术的发展也是这种趋势的一部分。在这种趋势的影响下，许多 PDM 供应商的重点不仅是发展自己的产品，而且还将大量第三方软件集成到自己的产品中。实际上，PDM 系统供应商的作用正在转向软件集成上来，将不同的软件解决方案集成在一起，形成一种可运行的 PDM 整体解决方案，已经成为这些供应商的主要增值办法。

(5) PDM 向全企业级方向发展。对于一些大型企业来说，它们希望 PDM 系统的功能覆盖企业的全部经营范围。这时，集成式的解决方案对于整个大企业的数据存储和通信要求可能不是最佳的方案，却要求一个企业级的 PDM 系统。企业级的 PDM 系统包含一个核心的 PDM 程序，由它来协调所有的操作并提供基本的功能。这个核心程序通过局部数据管理器所包含的集成工具，将 CAD/CAM、技术信息发布以及软件工程等各个应用系统连接起来，局部数据管理器用来在其独立应用范围内提供数据访问服务。核心 PDM 程序、局部数据管理器以及集成工具共同构成了企业多级的 PDM 系统。企业级 PDM 系统具有各项作业全面协调和企业数据仓库的作用，与局部数据管理器相比，企业级 PDM 系统具有更高级的过程管理、更大范围的数据共享和产品配置管理等更复杂的功能。

9.3.2 PDM的定义与类型

产品数据管理（PDM）是以软件为基础，管理与产品相关的信息（包括电子文档、数字化文件、数据库记录等）和所有与产品相关的过程（包括审批/发放过程、工程更改过程、一般工作流程等）的技术。它提供产品全生命周期（包括市场需求调研、产品开发、产品设计、销售、售后服务）的信息管理，并可在企业范围内为产品设计和制造建立一个并行化的协作环境。

随着数据库技术、网络技术的发展和客户机/服务器与面向对象技术的应用，PDM技术得到了迅速发展，人们对PDM的定义和内涵也逐步清晰，并从不同角度提出了PDM的定义。其中最有代表性的是EdMiller和D. Burdick给出的定义。

1995年，CIM data公司总裁Ed Miller在*PDM Today*一文中定义PDM为："PDM是一门用来管理所有与产品相关的信息和所有与产品相关过程的技术；与产品相关的所有信息，即描述产品的各种信息，包括零部件信息、配置、文档、CAD文件、结构、权限信息等；与产品相关的过程包括，即对这些过程的定义和管理，包括信息的审批和发放。"

Gartner Group公司的D. Burdick则把PDM定义为："PDM是在企业范围内为设计和生产构筑一个并行化产品协作环境（由供应、工程设计、制造、采购、销售、市场、客户构成）的关键使能技术。"一个成熟的PDM系统能够使所有参与创建、交流与维护设计意图的人在整个产品的信息生命周期中自由共享和传递与产品相关的所有异构数据，包括图样与数字化文档、CAD文件和产品结构等。

尽管PDM的定义不尽相同，至今也没有一个统一的认识和完整的定义。但大体可以这样理解为，PDM是以软件技术为基础，以产品为核心，实现对产品相关的数据、过程、资源一体化集成管理的技术。PDM明确定位为面向制造企业，以产品为管理的核心，以数据、过程和资源为管理信息的三大要素。PDM进行信息管理的两条主线是静态的产品结构和动态的产品设计流程，所有的信息组织和资源管理都是围绕产品设计展开的。

PDM的类型可以按管理对象与管理范围进行分类。

1. 按管理对象分类

按管理对象，PDM可分为电子文档管理和面向产品管理两类。电子文档管理是面向文档的管理，将过去的资料室手工管理文档方式转变为计算机管理电子文档方式。面向产品管理是面向产品的数据管理，管理的范围是产品整个生命周期内的全部数据。

2. 按管理的范围分类

PDM系统管理产品整个生命周期内的数据。实际上，在产品不同阶段所涉及的产品数据是PDM系统管理的全部数据中的一个子集。如设计部门主要管理有关产品的设计数据，工艺部门主要管理生产工艺的数据，财务部门主要关心有关产品成本的数据，计划部门关心生产制造的数据，等等。因此，根据PDM系统的应用范围，PDM系统可分成部门级PDM系统、企业级PDM系统和分布式PDM系统。部门级的PDM系统管理企业中的某个部门所涉及的产品数据，而企业级的PDM系统和分布式PDM系统管理整个企业或分布式企业（企业集团）所涉及的产品数据。部门级PDM系统和企业级PDM系统的区别在于管理的数据范围不同，而企业级PDM系统和分布式PDM系统的区别在于，分布式PDM系统应用于分布式企业（企业集团），对不同地区的数据采用分布式数据管理模式。

(1) 部门级PDM系统。一般地，部门级PDM系统应用于设计部门，主要管理CAD/CAM产生的电子文档，使用范围往往局限于某个部门内的文档管理和工作流程管理，不能准确、及时地记录加工、制造、维修和服务过程中发生的各种更改。该部门与外部信息的交换还需要通过人工的方法。部门级PDM系统的核心功能是对企业设计过程的支持，即部门级PDM系统成为企业设计过程的工具与平台。

(2) 企业级PDM系统。在企业级PDM系统中，企业的设计部门和工艺部门是必不可少的两个部门，另外还要考虑物资供应、生产计划、市场营销、财务核算和用户服务等部门对产品数据管理方面的要求，并为企业设计和生产创造一个并行环境。因此，企业级PDM系统管理的是产品整个生命周期中包括工程设计与分析数据、产品模型数据、产品图形数据、专家知识与推理规则及产品的加工数据等有关产品的全部信息，不仅要管理设计、工艺等部门的数据，还要给有关部门提供相应的数据接口，支持产品全生命周期的数据管理过程，包括产品设计、制造、销售和服务等企业经营过程。除文档管理和工作流程管理外，一般还包括产品结构配置管理、分类与检索管理和项目管理等功能。企业在产品初始概念设计到制造的整个开发过程中，PDM管理和控制产品整个生命周期的所有信息，给产品开发者提供存取、修改、批准和发放产品数据的有效手段。企业中任何有权限的人在任何地点、任何时候都可以进行相应的查询和追溯，及时反映市场的需求，以便开发出具有竞争能力的新产品，最大限度地满足用户的要求，从而提高企业的竞争能力。企业级PDM系统的功能如图9-7所示。

(3) 分布式PDM系统。大型企业，特别是跨国集团的产品设计、生产、销售与服务活动可能分布在不同的地区，甚至不同的国家，每一地区只负责产品的某一方面的处理过程，这就是所谓的分布式企业。因而，其产品数据也分布在不同地区，每个地区只负责产品的某一方面数据的生成、维护和使用。同时，地区之间还必须相互传递产品数据，以便在企业的任何地区都能得到该产品的全部信息。分布式数据库技术具有将数据分别存放在不同部门，不同地区的能力，而且

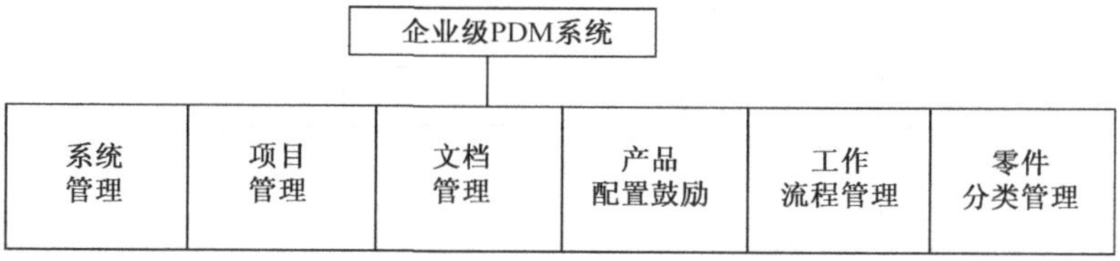

图 9-7　企业级 PDM 系统功能组成

还提供透明的查询手段和适当的数据备份。分布式 PDM 系统不仅要把各个部门所关心的数据进行统一管理，还要考虑跨地区的分布式管理要求。企业中的任何用户在任何地点都可以进入分布式 PDM 系统。用户无须知道自己的账号登录在哪个地区的服务器上，便可对相应地区的产品数据进行权限范围内的操作。

9.3.3　PDM 系统在企业中的作用

1. PDM 是 CAD/CAPP/CAM（3C）的集成平台

随着 CAX 技术在企业的应用和发展，许多性能优良的商品化 CAD、CAPP、CAM 系统分别在产品设计自动化、工艺过程设计自动化和数控编程自动化方面起到了重要作用。但是，采用这些各自独立的系统，不能实现系统之间信息的自动化传递和交换。即使是在产品设计方面，一般都要用到一种或多种 CAD 系统。用 CAD 系统进行产品设计的结果不能直接为 CAPP 系统所接受，进行工艺过程设计时，还需由人工将这些图样、文档等纸面上的文件转换成 CAPP 系统所需的输入数据，并通过人机交互方式输入给 CAPP 系统进行处理，得到加工工艺规程。

同样，当使用 CAM 系统进行计算机辅助数控编程时，也需要人工将 CAPP 系统输出的纸面文件转换成 CAM 系统所需的输入文件和数据。由于各自独立的系统所产生的信息需经人工转换，这一方面影响了工程设计效率的提高，另一方面也提高了发生错误的概率，并会给生产带来很大的危害。当然，采用 IGES 或 STEP 标准可以进行数据交换，但依然无法自动地从 CAD 中抽取 CAPP 所必需的全部信息。对于不同的 CAM 系统，也很难实现从 CAPP 到 CAM 的通用信息传递。

因此，3C（CAD/CAM/CAPP）的集成问题是企业应用 CAX 技术实现设计生产自动化的关键问题。PDM 系统正是最好的 3C 集成平台，可以把与产品有关的信息统一管理起来，并将信息按不同的用途分门别类地进行有条不紊的管理。3C 之间不必直接传递信息，它们之间的信息传递通过分别与 PDM 传递信息来实现。不同的 CAD/CAPP/CAM 系统都可以从 PDM 中提取各自所需要的信息，再把结果放回 PDM 中，从而真正实现 3C 集成，如图 9-8 所示。

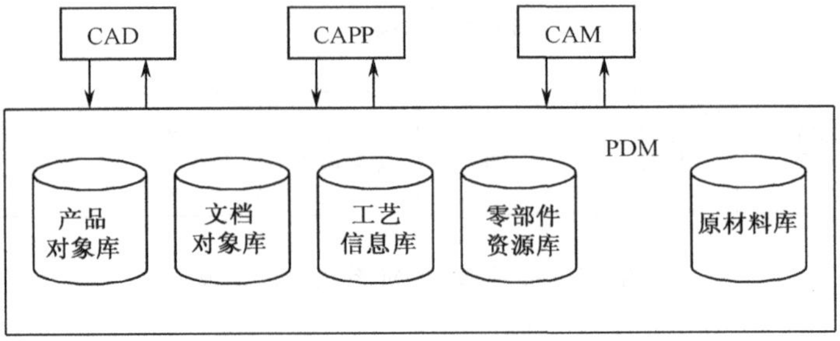

图 9-8　PDM 是 CAD/CAPP/CAM 的集成平台

2. PDM 是产品信息传递的桥梁

人、财、物、产、供、销六大部门是企业的经营管理与决策部门。PDM 作为 3C 的集成平台，用计算机技术完整地描述了产品整个生命周期的数据和模型，是 ERP 中有关产品全部数据的来源。PDM 是沟通产品工艺设计部门和管理信息系统及制造资源系统之间信息传递的桥梁，使 MIS 和 MRPⅡ从 PDM 集成平台自动得到所需的产品信息，如材料清单 BOM 等，而无须再用人工从键盘输入。ERP 也可通过 PDM 这一桥梁将有关信息自动传递或交换给 3C 系统，因而 PDM 是产品信息传递的桥梁，如图 9-9 所示。

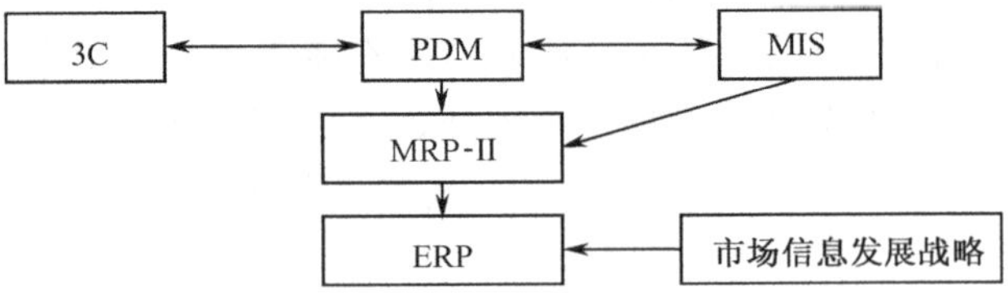

图 9-9　PDM 是产品信息传递的桥梁

3. PDM 支持并行工程，缩短产品开发周期

并行工程是一种面向产品开发过程的新的设计模式和系统方法，以缩短产品开发周期、降低成本、提高质量为目标，把先进的管理思想和先进的自动化技术结合起来，采用集成化和并行化的思想设计产品及其相关过程。这种设计方法在原有信息集成的基础上，更强调功能集成和过程集成。它要求在产品开发的早期就充分考虑产品生命周期中相关环节的影响，特别注重产品早期阶段的并行协调。它在优化和重组产品开发过程的同时，不仅要实现多学科领域专家群体协同工作，而且要求把产品信息和开发过程有机地集成起来。

PDM 作为支持协同工作的使能技术，首先能支持异构计算机环境，包括不同的网络与数据库；其次能实现产品数据的统一管理与共享，提供单一的产品数据源；再次，PDM 能方便地实现对应用工具的封装，便于有效地管理全部应用工具产生的信息，提供应用系统之间的信息传递与交换平台；最后，可以提供过程管理与监控，为协同工作中的过程集成提供必要的支持。因此，PDM在突出产品数据管理的基础上，正逐步完善其作为制造业领域集成框架的功能，为协同工作实施提供更强有力的自动化环境。

4. PDM是CIMS的集成框架，是企业的应用集成平台

所谓“集成框架”，是在异构、分布式计算机环境中能使企业内各类应用系统实现信息集成、功能集成和过程集成的软件系统。

信息集成平台的发展经历了计算机通信、局域网络、集中式数据库、分布式数据库等阶段。随着CIMS技术的不断深入发展和应用规模的不断扩大，企业集成信息模型越来越复杂，对信息控制和维护的有效性、可靠性和实时性要求越来越高，迫切需要寻求更高层次的集成技术，提供高层信息集成管理机制，提高运作效率。

目前，国内外的技术人员对新一代信息集成平台做了大量的研究开发工作，也推出了多种平台，典型的是面向对象数据库及面向对象工程数据库管理系统。虽然这些面向对象技术已部分商品化，但还没有在企业中得到全面应用和成功实施，技术仍不成熟。具有对象特性的数据库二次开发环境，由于其开放性、可靠性等方面明显不足，无法胜任CIMS大规模实施应用的需求。在关系型数据库基础上开发的具有对象特性的PDM系统，由于其技术支持产品生命周期过程而具有的先进性和合理性，成为新一代信息集成平台中最为成熟的技术，是企业实现CIMS的集成框架。

5. 支持虚拟产品开发技术

虚拟产品开发是在真实产品尚未制造出来之前，借助于CAD/CAE/CAM、多媒体等高新技术，在计算机屏幕上实现虚拟产品的设计和制造。通过现代化的CAD技术，实现虚拟产品的造型设计、色彩、光照效应、材质的纹理处理，甚至动画设计，使人们不仅可以观察到未来产品的外观、结构，并可从不同的角度观察，还可以看到它的运动状态，如虚拟新型车辆在公路上奔驰。利用三维建模技术，可以设计产品内部的各个零部件，并可虚拟装配过程和拆卸过程。通过CAE技术，对虚拟产品进行性能分析。如虚拟汽车在受到碰撞后的汽车变形和对驾驶员、乘客伤害的影响，还可分析虚拟汽车由于公路路面质量引起的振动等各种汽车动、静态性能分析。CAM技术则可虚拟产品的加工过程，确定所需工时等。总之，通过虚拟产品使顾客在产品制造前就能充分地了解所需产品的外观、结构、性能、可加工性、价格和交货期等。若顾客有不满意之处，可实时地修改，最大限度地满足顾客需求，保证产品质量和降低成本。

虚拟产品开发是用数字方式确定工作任务，再用数字方式在各部门、各地区以及公司的合作者之间进行任务分派。在虚拟产品开发环境中的产品实际上是一种数字模型，可以使大家同时在同一个产品模型上工作，对它进行观察、分析、通信和即时更新。这就要求做到实时采集信息，将这些信息分配给参加新产品开

发过程的每个人或传送到各个场所。并且，虚拟产品和过程模型及其各种迭代模型在整个产品开发过程中不断地循环使用，并使用相关的应用规程，这些都需要PDM系统的支持。

此外，PDM还支持先进的生产模式和管理模式，如精良生产（lean production）、敏捷制造（manufacturing）、企业过程重构（business process reengineering，BPR），为企业在全球市场环境下缩短产品上市时间（T）、提高产品质量（Q）、降低产品成本（C）、提高服务质量（S），增强综合竞争能力提供了支撑技术。

9.3.4 实施PDM的绩效

1. 提高设计效率

根据CIM data的调查统计显示，设计人员在信息查询、检索、等待图样、新数据的存档等方面花费的时间占设计开发时间的25%～30%。PDM向设计工程师提供适当的工具和访问权限，而无须知道到什么地方去寻找发布的设计或其他数据，以便使数据访问更加有效，大大地缩短设计过程。设计人员可以将更多的时间和精力用于创造性地设计和开发，从而提高设计效率，提高整个企业的生产效益。另外，在PDM的支持下进行并行设计，减少设计过程中发生的修改和重复次数，缩短设计过程，提高设计效率。国外的一些汽车、飞机公司实施PDM系统后均大大提高了企业的效益。国内CIMS示范应用企业使用PDM新技术后，设计能力和生产效益也有了很大的提高。

2. 缩短产品上市时间

影响产品进入市场的时间包括工程设计所花费的时间，用于审校上述工作成果所花费的时间或任务交接之间的时间浪费和设计过程中修改错误所花费的时间。PDM系统提供给使用者以有组织的方式和界面来查询资料和设计工具，加速寻找正确版本的设计图或文件，从而缩短设计需要的时间，大幅度降低在产品开发期间（特别是末期）发生设计变更的可能性和减少错误发生的概率。

3. 提高设计与制造的准确性

PDM系统提供的版本管理功能能够保证所有参加同一工程项目的员工采用同一数据来工作，并且是及时和最新的数据，确保设计过程数据的一致性，减少设计中的重复和更改次数。同时在并行设计过程中，在设计的初期，就已经考虑产品的可制造性和产品的质量等因素。此外，当用户访问数据时，可以确保所有的主文件和历史记录的完整和一致。

4. 改善产品与服务质量

PDM系统提供产品结构管理与配置管理，促进标准零件和标准设计的再利用，便于企业采用模块化设计方法，以减少零件的数量，简化产品的制造与维护过程。另外，PDM系统帮助企业进行并行产品开发，尽可能地把修改工作量放在产品开发的初期，以减少甚至消除在制造过程中因修改设计而造成的损失。

5. 更好地管理工程变更

PDM系统的版本管理允许在数据库里生成和保存任何一个设计的多个修订版本和改型，使用户可以生成一个设计的多个替代方案，而不用担心前面的版本会丢失或意外地被擦去。而且每个版本和修订版都要“签字”和“标注日期”，消除对现有设计的任何有关分歧，提供完整的变更审查线索。

6. 提供同步工程的环境

由于对所有的使用者具备广泛的流程控制与信息集成的能力，因此PDM系统提供了同步工程的最佳环境。实施同步工程，除了在工程设计上可以缩短时间之外，还进一步在制造、缩短交货期以及产量提高上提供了具体的效益。

7. 促进企业流程的不断改善

PDM可以实现流程的电子化进而实现IPD（集成产品开发）。虽然许多企业并未把产品开发活动看成是一个流程，更谈不上对流程进行管理和优化。但是，一部分业界领先者已经开始进行产品开发流程的研究与优化，甚至对企业整个业务流程进行重组（BPR）。PDM从使能器（enabler）的角度，极大地支持了企业在流程重整方面的投资，促进了BPR成果的实现与巩固。

8. 改善企业的整体动作

处于电子商务时代，企业的异地设计、异地制造、异地销售和产品供应链的问题越来越普遍。随之而来的是异地管理、技术数据的充分利用、供应链的管理、异构应用软件工具的集成问题，PDM可以针对这些问题提供解决方案。

9. 更好地控制项目

一般产品开发项目几乎被推迟的原因都是在项目进行过程中的失控。因为项目产生出的大量数据，像滚雪球似地快速增加，超出了传统项目管理技术的能力范围。PDM系统的产品结构管理、变更管理、配置管理和可跟踪性能够确保对这些数据的有效控制，进而控制项目的进展。

10. 便于实施全面质量管理

全面质量管理（TQM）的很多基本原理，如通过“个人授权”来识别和解决问题等都是PDM结构中所固有的，规范地控制、检查、变更管理过程和规定责任也将有助于保证用户所选择的PDM系统能够与国际质量标准保持一致。通过对产品开发周期内引入一组相关审查过程，PDM系统可以建立适应ISO9000系列验证和全面质量管理的环境。PDM技术已经成为企业重构、实施并行工程和ISO9000系列国际质量认证等必不可少的一项重要使用技术，也是企业提高自身竞争能力所必须具备的手段。

正因为PDM具有如上优点，企业应用PDM系统和不应用PDM系统有很大的不同。据国外一些研究机构统计，PDM系统的实施将为企业节约工程成本10%，节约产品开发时间20%，缩短产品上市时间50%，提高订单的反应速度30%，减少开发过程修改40%左右。

9.4 PDM在产品开发中的应用

PDM为企业提供了一种宏观管理和控制所有与产品相关信息以及与产品相关过程的机制和技术。PDM系统包含多项功能，也有不同的功能划分方法。从面向应用与系统支持的功能来看，一般包括电子仓库（有时称电子数据存储、电子保险箱、电子资料室）、面向应用的使用功能（如文档控制、变更控制、配置管理、设计检索与零件库、项目管理等）、实用化支持功能（如通知与通信、数据传输与转换、图像服务与系统管理）。从软件功能模块的组成来看，一般包括电子数据存储和文档管理、工作流程管理、产品结构及配置管理、分类与检索管理、项目管理、集成接口、用户化工具等。

目前，全球范围内商品化的PDM系统种类繁多，这些PDM产品各有特色，功能也不尽相同。这里从实用的角度对产品开发过程中应用PDM的功能作一概要性的介绍和分析，如图9-10所示。

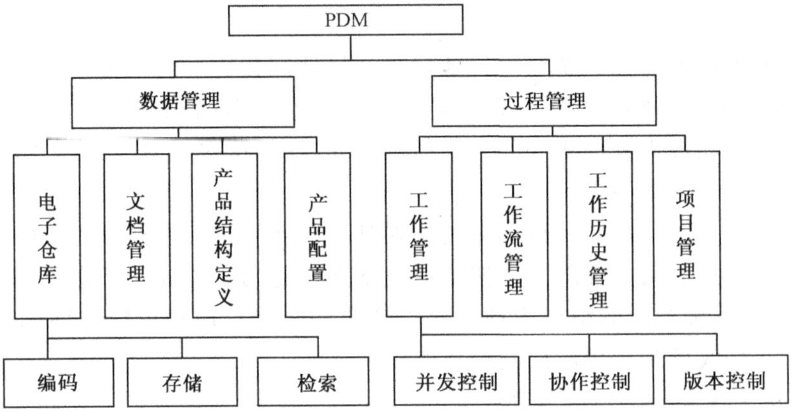

图9-10 PDM的功能结构树

9.4.1 文档管理

随着计算机技术的飞速发展，大量应用程序被应用到企业之中，使企业的生产经营效率大大提高。营销人员利用CAO软件对客户订单进行处理，并提交给企业管理部门。生产计划管理人员据此编制出作业计划并下达设计任务；设计工程师根据设计任务的要求，利用CAD软件设计出产品模型并画出零件图和装配图；工艺工程师根据这些图样，利用CAPP软件编制出产品零件的工艺过程规划，加工工艺文件和数控加工程序；生产计划部门根据从产品模型中提取出来的设计物料清单（设计BOM）、物资部门提供的原材料库存情况以及本企业的现有加工能力，确定本企业的加工件、外协件和外购件，并分别编制出相应的物料清单，据此向各个生产车间下达生产任务；各个生产车间使用 CAM 软件控制零件的加工制造；采购部门根据外购件物料清单采购零件和原材料；质量管理部门利用 CAQ 软件对整个企业的产品质量进行控制。

企业中的各个部门都在围绕一个产品的生产利用和提供各自的相关信息。这些信息来自于不同的应用程序，具有不同的物理结构并且分布在各个部门的计算机中。这些信息由于系统软件的高效而迅速地产生，管理这些信息是一个庞大的工作量。

PDM 系统的核心功能之一就是电子数据存储和文档管理。PDM 管理整个产品生命周期中与产品相关的所有数据，包括工程设计与分析数据、产品模型数据、产品图形数据、专家知识与推理规则、加工过程数据等。这些数据以图形文件、文本文件、数据文件、表格文件、多媒体文件等多种形式、多种存储机制和多种组织方式存在于计算机中。以电子方式管理数据可以使企业迅速安全地操作、控制和存取数据。

文档管理提供了对分布式异构数据的存储、检索和管理功能，包括文档对象的浏览、查询与圈阅、文档的分类与归档、文档的版本管理、文档的安全控制等。

文档的管理方法是根据文档中数据被使用时的情况，分为“打包式”管理和“打散式”管理。所谓“打包式”管理是将文档整体看做一个对象（有些文件中的数据必须和这个文件中的其他数据一起使用才有意义，这种数据一旦脱离了这个文件，就失去了它的作用），将其描述信息放到 PDM 数据库表中，而文档的物理位置却在操作系统的目录下。而“打散式”管理就是将文档的内容打散，分门别类地放到数据库中。“打散式”管理下的数据具有独立性，能够用来进行分类、检索、汇总与统计，像产品的属性就属于这类数据。

9.4.2 产品结构管理与配置管理

产品结构与配置管理（product structure and configuration management）是 PDM 的核心功能之一。作为产品数据组织与管理的一种形式，产品结构与配置管理以电子保险箱为底层支持，以材料清单（bill of materials，BOM）为组织核心，把定义最终产品的所有工程数据和文档联系起来，实现对产品数据的组织、管理与控制，并按照一定的规则向用户或应用系统提供产品结构的不同视图和描述。通过建立相应的产品视图，企业的不同部门可以按其需要的形式对产品结构进行组织。而当产品结构发生更改时，可以通过网络化的产品结构视图来分析和控制更改对整个企业的影响。

产品结构与配置管理的基本功能主要包括：①产品材料清单创建、修改与版本控制；②支持对产品文档的查询；③支持按部件查询装配的零件（子部件）和按零件（子部件）查询使用的部件；④支持材料清单的多视图管理；⑤系列化产品结构视图管理；⑥支持与 MRP-Ⅱ或 ERP 的集成。

下面对产品结构管理与配置管理进行详细介绍。

1. 产品结构

产品结构用来反映一个产品由哪些零部件构成以及这些零部件之间的构成关系。一台分机器是一个产品，它由若干零件和部件组成；一个部件又由若干零件组成。产品结构可以分为完整产品结构和具体产品结构。完整产品结构包括一个产品的所有可能的零部件，其中包括这些零部件的不同版本。具体产品结构包括构成一个具体产品的所有零部件。例如，一支笔由笔帽、笔杆和笔芯构成。一个笔厂生产笔帽、笔杆和笔芯，各有两种颜色：红与黑，则这种笔的完整产品结构包含六个零件，其中笔帽、笔杆和笔芯各有两种。对于这种笔中具体的黑帽、黑杆、红芯的笔，其产品结构是具体产品结构，由三个零件构成。

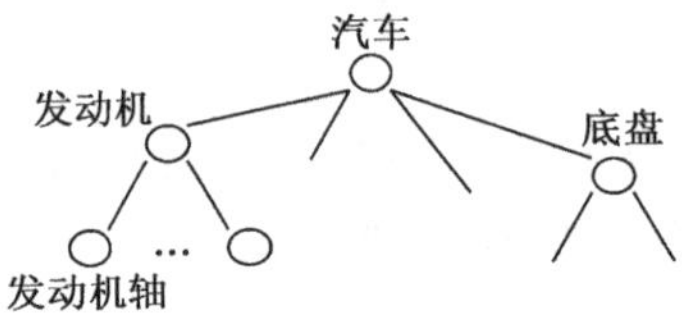

图 9-11　结构树示意图

一个产品的所有零部件之间存在着树状层次关系，所以可以用产品结构树的方式来表示这种关系。产品结构树有一个根结点。从根结点分支出若干结点，结点上还可以再分支出若干结点。如果一个结点不再分出结点，这个结点就是叶结点。下面的例子中，产品汽车是根结点，汽车由发动机、底盘等组成，所以发动机、底盘等是汽车的下一层结点。发动机由发动机轴等组成。发动机轴是零件，不能再分支出结点，所以发动机轴结点是叶结点，如图 9-11 所示。

在图 9-11 中，某个零部件只用一个结点来表示，这对应了没有考虑各零部件的版本的情况。当考虑版本时，一个零部件对象又可以分为若干个对象，产品结构关系的复杂性就会大大增加。

一个产品的装配图中的物料清单 BOM 反映了产品的具体结构。同一个产品的所有物料清单 BOM 构成产品的完整产品结构。产品结构是一种强化后的 BOM 结构。在建立产品结构树时，有些结点可能仅仅是一个结点对象，并没有与产品资料进行关联。例如，在建立汽车的结构树时，知道汽车必定有底盘，所以建立一个底盘对象，此时可能还没有设计这个底盘，所以还没有关于它的产品资料。

2. 产品结构管理

产品结构管理的功能主要是按照产品结构组织产品数据，使用户能够定义产品结构，按照产品结构的层次关系把产品、部件和零件关联起来，把它们与描述它们的数据资料关联起来，以此支持对产品数据的查询，支持自动创建物料清单。

定义产品结构是指根据企业的管理模式和产品零部件之间的层次关系，构造产品结构树。可以把一个系列产品定义为一棵树，也可以把一个产品定义为一棵树。产品零部件之间的装配深度不同，产品结构树的层次也不同，少则二三层，多的可以达到七八层。

在产品结构树中，每个结点都用一个对象来表示，代表某个零部件。定义对象的属性对这个结点所代表的零部件的基本属性进行描述。这些属性有零部件的名称、ID号（标识）、数量、材料、重量、供应类型（自制件、外协件或标准件）、版本号、日期、价格等，还有与这个结点相关联的联系对象标识和与这个结点相关联的虚拟文件夹标识等。各个结点之间的关系用联系对象来表示。在联系对象中，记录本结点的父结点和子结点的名称、子结点的数目等关联信息。产品结构层次关系就是通过联系对象来管理的。至于一个零部件和它的所有文档（三维产品模型，二维视图，技术说明书，更改说明书，检验、审核报告等）之间的关系，一般是采用虚拟文件夹的形式进行描述和管理。在虚拟文件夹中记录本文件夹所关联的结点标识、在此文件夹中文件的数目、各文件的地址指针等。

产品零件在刚被设计出来时，一般是非结构化的。这个零件与描述它的文档关联在一起，与其他零部件没有关联。当它被用来建立产品结构时，才建立与其他零部件的关联。例如，设计汽车底盘时，设计人员利用CAD应用系统设计出底盘的资料，把它存入电子保险箱。PDM系统在底盘资料对象的属性中记录下底盘资料在电子保险箱中的地址指针。然后，设计人员通过PDM系统，把这个资料对象的图标拖入产品结构树中的底盘结点中，建立底盘对象和底盘资料的关联。通过这种方式，可以用一定的零部件构造出各种产品结构。从产品结构中，我们可以产生各种标准的BOM。

有了这样的产品结构描述，PDM就可以方便、直观地表示与产品相关的信息。给定一个产品名称，PDM系统就可以找到它的结点。根据这个结点的联系对象，PDM系统可以找出它的下一级零部件。遍历这个结点的所有联系对象，即可找出这个产品的所有零部件。结合这些零部件的结点属性值和联系对象的属性值，PDM系统就可以自动构造出这个产品的物料清单。通过与这些零部件关联的虚拟文件夹，PDM系统可以找出这个产品的所有文档信息。这样，PDM系统就可以在屏幕上按照产品结构层次形象地把一个产品的所有零部件和它们的虚拟文件夹以树的形式表示出来。这种产品的结构信息被称为产品结构视图。根据产品结构视图，用户并不需要知道产品数据的存储位置就能够直观地找到自己所需的数据。按照结点属性进行查询（单个属性或多个属性），用户可以分类查到所需的数据。例如，按照“名称”属性查询，可以找出具有某个名称的零部件被用在哪些地方。

反过来，也可以通过已经发放的BOM自动生成产品结构，支持产品系列化设计和变形设计，实现产品多视图管理和产品结构的动态编辑、比较。标准的产品结构除了 BOM 的信息外，还包括属性、对象实体以及所在位置的信息。这些信息都强化了产品数据的管理功能。

3. 产品结构配置

构成产品的零部件在其生命周期内必定要经历多次修改，有些零部件还会有许多版本。为了满足不同消费水平、不同地域的消费者的需求，同一类产品会有不同的零部件结构，有的即使用同一零部件，也可能用到它们的不同版本。

利用事先建立的完整产品结构，按照满足用户所需功能的要求，设计或选择零部件，把这些零部件按照它们的功能、某种组合规则（如装配关系等）和某种条件进行编组，形成一个具体的产品，称为产品结构配置。其中的条件称为产品结构配置条件。如前所述生产笔的例子，笔的完整产品结构由各有两种颜色的笔杆、笔帽和笔芯构成，共六个零件。通过产品结构配置，按照笔杆、笔帽和笔芯的装配关系和各种颜色组合的配置条件，可以产生八种不同的具体产品结构，见表 9-4。

表 9-4　笔的具体产品结构组合

红杆红帽红芯	红杆红帽黑芯	红杆黑帽红芯	红杆黑帽黑芯
黑杆红帽红芯	黑杆红帽黑芯	黑杆黑帽红芯	黑杆黑帽黑芯

在产品设计的整个生命周期中，虽然产品结构有可能按各式各样的要求进行重新配置，但产品零部件对象仍然与那些定义它们的数据保持连接关系。红色笔杆可能与黑色笔帽和黑色笔芯配置成一个具体产品，红色笔杆也可能与红色笔帽和黑色笔芯配置成另一个具体产品，但是在电子保险箱中，只有一份红色笔杆的数据资料。各个配置中的红色笔杆对象都记录了指向同一份数据资料的指针。

4. 产品结构配置管理

从前面生产笔的产品结构配置可以看到，仅仅三个零件、两种颜色就可以配置出八种不同的产品结构。如果一个产品的零部件很多，再加上其他可选条件，如零部件的不同型号、不同版本、不同颜色等，如此进行复合配置的产品结构的数量将是非常巨大的。对如此大量的产品结构进行手工管理，一方面工作量巨大，另一方面也非常容易出错。另外，在设计和生产过程中，还会不断出现各种更改，产品结构也随时间不断变化。只要出现一处更改，就会影响一系列具体产品结构。因此，必须找出所有受影响的零部件或产品的资料，进行相应的修改，否则不论哪一份资料没有修改，都会造成生产上的损失。

对产品的结构随时间变化的情况进行跟踪管理是对 PDM 的重要需求之一。PDM 系统的产品结构配置管理功能就是为解决这种问题而设置的，它主要用来解决手工进行产品结构配置管理中存在的问题，对产品配置信息进行有效的管理。

1）*产品结构配置的规则*

从前面的叙述可以看出，用一个完整的产品结构可以配置出非常多的具体产品结构，人工为每种产品定义一个产品结构很不切合实际。因此，需要定义一组条件及规则，根据这些条件或规则构造不同的产品，由系统自动配置出适当的产品结构。

产品结构配置管理通过产品结构配置规则进行产品结构配置。产品结构配置规则是在进行产品结构配置时选择零部件的准则。其配置方式可分为以下三类：

一是变量配置。当某个产品形成系列产品时，在不同型号的产品中存在着许多具有相同用途和相同名称但不同规格、不同型号的零部件。这些零部件的某些属性具有多个可选的属性值，以适应于不同型号的产品。例如，同样是摩托车发动机，它的“功率”属性可以有50马力、100马力、125马力等多个可选值。可以把这些属性作为变量，根据这些变量的取值决定哪种型号的零部件入选具体产品结构。用这种配置方法进行产品结构配置称为变量配置。

在按变量配置产品结构时，必须考虑几个基本数据对象：变量、配置条件和配置规则。配置条件是变量的取值范围。配置规则是配置条件、配置条件逻辑运算法则以及可供选择的零部件的组合。利用这些配置规则和配置条件构成选择表。图9-12是按变量配置的产品结构配置模型的例子。

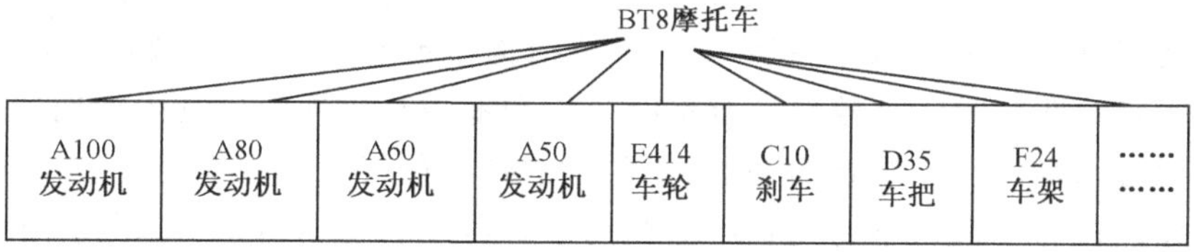

图9-12　按变量配置产品结构

图9-12中的摩托车产品结构是一个完整产品结构。在此以订单中客户要求的摩托车档次和发动机功率作为配置条件（表9-5），进行发动机选择，为此建立了配置选择表。表9-6中列举的配置规则，构成这些规则的配置条件、配置条件逻辑运算法则以及可供选择的发动机型号。当“档次”属性值为“豪华”和“功率”属性值为“100”时，满足规则2的条件组合，选用型号为A80的发动机。当“档次”属性值为“低档”或“功率”属性值为“＜60”时，满足规则4的条件组合，选用型号为A50的发动机。

表9-5　配置条件与配置变量

变量名	变量值
功率	125、100、50
档次	豪华、普通、低档
发动机型号	A100、A80、A60、A50

表 9-6　配置选择表

项目	规则 1	规则 2	规则 3	规则 4
条件 1　功率	125	100	100	＜60
条件 2　档次	豪华	豪华	普通	低档
条件组合方式	AND	AND	AND	OR
选择发动机型号	A100	A80	A60	A50

我们可以构造各种配置选择表，选择所有可选的零部件。其中，变量值可以是数值型，也可以是字符型、日期型等。在配置条件中，可以是精确的变量匹配值，如表 9-5 中的 125、豪华等；也可以是带有逻辑运算符号（如“＜”“＞”“＜＞”“：”“！＝”“LIKE”等）的变量匹配值，用以表示一定的匹配范围，如表 9-6 中的功率条件＜60。如果有若干个配置条件，则需要用逻辑运算符号 AND、OR、XOR 等表示这些条件之间的组合方式。

在 PDM 系统中，还可以把常用的规则做成规则库，通过选择菜单的形式构造配置选择表，方便用户进行变量配置。

二是有效性配置。有时，在完整产品结构中，某一部件由于某种理由可能使用了一个零件的多个版本。此时要配置具体产品结构，需要按照有效性规则进行配置，确定哪一个零件版本在哪一层产品结构中能够入选。有效性规则可有多种：结构有效性、时间有效性、价格有效性和地域有效性等，其中常用的是结构有效性和时间有效性。结构有效性指的是零部件在某个具体的装配关系中的数量。例如，在一个自行车的完整产品结构中，可以有变速器这个部件。在一个自行车的具体产品结构中，可能不安装变速器。通过设置结构有效性的规则，反映这种配置意向。时间有效性是用零部件各版本的有效时间段来确定哪个版本的零部件入选。这里，零部件各版本的有效时间段不应当有重叠，以避免零部件选择的二义性。当然，零部件各版本的有效时间段之间也必须紧密衔接，不应出现空白区间。

在进行配置时，可以把这些配置规则经过逻辑组合而使用，得到同一产品的不同配置。

三是发放状态配置。一个零部件的资料可能具有多个不同的版本，这些版本具有不同的状态，如工作状态、发放状态等。处于工作状态的资料是正在修改的资料。处于发放状态的资料是已经通过审核和批准的资料，一般不再进行修改。在发放状态中，还可以分为设计发放和制造发放等状态。设计发放是指该零部件的结构合理性已经得到了审核和批准。制造发放是指该零部件的工艺合理性和制造合理性已经得到了审核和批准。在这两种状态之间，还可以设定多种中间状态，以满足进行工艺规划设计的需要。

可以按照资料版本所处的不同状态进行产品结构配置。一般情况下，企业都是按照已放的版本进行配置。此时，配置规则可以指定为“版本状态为已发放的最新版本”或“所有已发放的版本”。

有时企业为了临时加快设计进度，加大并行设计的重叠程度；或者为了对不同的产品结构进行比较，也可以利用处于工作状态的版本进行配置。

2）*产品结构视图管理*

在企业中，各个部门的工作任务不同，所需要的产品信息也不同。设计部门产生产品的主要信息，需要考虑实现产品功能的结构以及各个零部件之间的组合关系和装配关系，一般都是按照产品零部件的层次关系来组织产品结构视图。制造部门要根据零件图加工这些零件。为了提高加工设备的生产效率，往往是按照零件的类型来组织生产的。所以，制造部门所使用的产品结构视图应当是按零件的类型来组织的。计划部门要为生产做好准备工作，需要通过计划产品结构视图清楚地知道哪些零部件可以自己生产，哪些零部件需要与外单位协作生产，哪些零部件需要或可以外购，等等。所以，从同一个产品完整结构经过配置，可以产生多种产品结构视图，如图 9-13 所示。

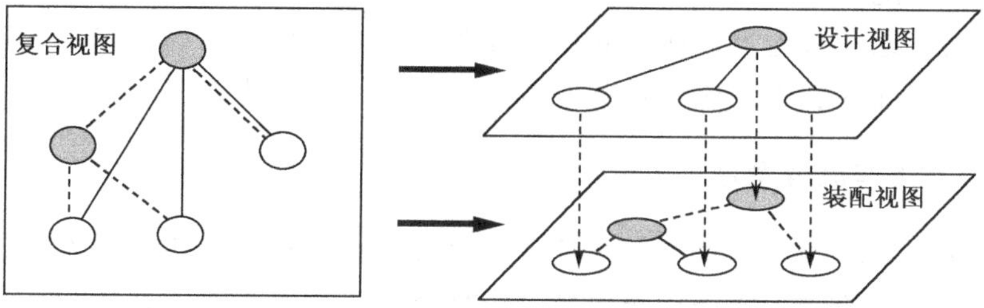

图 9-13　产品结构多视图转换

不同的产品结构视图直观地反映了产品在其生命周期内不同阶段的定义信息。在进行产品结构配置时，PDM 记录下了各个零部件的配置层次信息和它们之间的联系。所以，可以从任何一个产品结构视图查询到产品完整结构，从而访问产品的所有数据。

3）*产品结构的变型配置*

为了提高企业的产品开发效率、降低设计成本，或者对已经上市并已显示出巨大市场前景的产品，需要形成系列化产品以满足市场需求，以上情况都可以采用变型设计的方法。变型设计是在标准产品或已经完成的产品基础上，经过适当修改，产生满足顾客要求的产品。在变型设计中，首先要针对本企业的常用零部件进行分析、研究，进行标准化，然后按照参数化设计的要求，把它们的某些特征参数化。这样，只要根据客户订单的要求，给出若干参数，就可以自动产生这些零部件的设计资料。

有了支持变型设计的零部件，利用 PDM 系统就可以方便地把适合客户要求的零部件添加到产品的完整结构中去。然后，按照变量配置的方法，把前面提到的参数作为变量进行配置，产生适合客户要求的系列产品。

通过这种方法，可以大大提高企业对市场的反应速度，提高企业的竞争能力。

4）*产品结构的精确配置和非精确配置*

通过产品结构配置得到具体产品结构，且这个产品中的每一个零部件都有确定的版本，这种配置叫做精确配置。但是在产品开发过程中，经常会出现这种情况：在某些零部件还没有设计出来之前，就已经知道在产品结构中应当有哪些零部件以及它们之间的所属层次关系。例如，客户订单中可能对产品的某些零部件的性能提出了明确的要求，而企业还没有这些零部件的设计资料；有时为了比较几种设计方案，也可能在产品结构中对某些零部件用它们的不同版本分别替换。在这些情况下，需要对这些零部件只配置结点对象，对它们的具体资料，或者需要设计，或者有若干个版本可供选择，这种配置叫做非精确配置。

在进行实际生产时，无法使用非精确配置，因为它不是完全确定的产品结构。用非精确配置的产品结构可以表示产品的设计方案，以供讨论。在设计过程中，也可动态地进行配置，还能起到避免版本过多的作用。非精确配置需要通过指定具体的零部件版本，成为精确配置后才能用于指导生产。

9.4.3 工作流程管理

工作流程管理是协调企业组织任务和过程以便获得最大生产效率的技术。工作组中的人员按照一定顺序动态完成一定任务的过程，称为工作流程。为了达到一定的目标，PDM要对产品生命周期进行管理，必须从产品项目开发计划开始，按产品流程不间断地跟踪，直到开发产品数据的动态定义过程，其中包括宏观过程（产品生命周期）和各种微观过程（如图样的审批流程）。对产品生命周期的管理包括保留和跟踪产品从概念设计、产品开发、生产制造直到停止生产的整个过程中的所有历史记录，以及定义产品从一个状态转换到另一个状态时必须经过的处理步骤。

管理人员可以通过对产品数据的各种基本处理步骤的组合来构造产品设计过程或更改流程，这些基本的处理步骤包括分配任务、审批和通知相关人员等。流程的构造是建立在对企业中各种业务流程的分析结果上的。

9.4.4 分类及检索管理

以数据库方式组织数据是PDM系统的重要特征。PDM系统需要管理大量的数据，为了较好地建立、使用与维护这些数据，PDM系统提供了快速方便的分类和检索管理功能。分类管理是将全厂生产的所有零件按其设计和工艺上的相似性进行分类，形成零件族。分类技术与面向对象的技术相结合，将具有相似特性的数据与过程分为一类，并赋予其一定属性和方法，使用户能够在分布式环境中高效地查询文档、数据、零件、标准件等对象。分类功能是实现快速查询的支持技术之一。常用的分类技术有使用智能化的零件序号、成组技术、搜索/检索技术、零件建库技术。

9.4.5 用户化工具和集成接口

企业的情况千差万别，用户的要求也是多种多样的，没有哪一种 PDM 系统可以适应所有企业的情况，这就要求 PDM 系统必须具有强大的客户化和二次开发能力。PDM 用户化就是将信息技术与企业管理相结合，提供用户自定义增强功能并能够将其添加到标准的 PDM 系统中。现在大多数 PDM 产品都提供了二次开发工具包和集成接口。这些工具增强了用户和管理员的功能，以及与其他应用集成，如 Microsoft Excel 和 Word、MRP 和基于 Windows 平台的 CAD 应用。PDM 实施人或用户可以利用这类工具包来进行针对企业个体情况的定制工作。

用户化工具数据管理的需求进一步增长时具有很大弹性。PDM 系统具有如下用户化工具：①应用程序接口（API）；②内嵌的 Visual Basic 脚本语言；③“向导”工具引导进行安装和系统设置，满足客户化要求，减少编程的需要；④多语言编辑器；⑤窗体编辑器，用于灵活的窗体设计，以便于更改属性卡的外观以及设计新的属性卡；⑥OLE（对象链接与嵌入）自动化功能。

另外，PDM 系统涉及的大量原始信息来自于不同的应用系统。为了使企业能够在不同的计算机系统和应用系统之间进行信息交换，同时企业不同部门之间能够共享信息，PDM 系统提供完善的接口以实现 PDM 与应用系统之间的数据共享和交流。PDM 系统提供的集成接口包括与 CAD/CAM/CAPP 的接口、与 Office 应用程序的接口、与 MRP-Ⅱ 和 ERP 的集成接口等。这种集成一般采用 ODMA（开放式文档管理架构）技术实现。

➢思考题

1. 产品数字化的含义是什么？
2. 试述 PDM 的定义及类型。
3. PDM 如何应用在产品开发中？

➢案例　首架飞机全机规模电子样机诞生

中国航空工业集团公司（以下简称中航）第一飞机设计研究院总部坐落在西安阎良，2003 年 6 月由西安和上海两家飞机设计研究所整合而成。中航第一飞机设计研究院是一个拥有飞机总体、气动、强度、结构、机械系统、特设系统、适航性、计算机、计量以及情报资料等众多门类的设计研究院。这是孕育中国“飞豹”战斗机的总设计单位，国内首架飞机全机规模电子样机也是从这里“诞生”的。

所谓“外行看热闹，内行看门道”，当我们对翱翔在蓝天白云间的最新一代“飞豹”表示惊叹与赞赏时，设计者们看到的是40多万个标准件和5万个零配件精密协调地各司其职，而在这后面“数字样机”功不可没。

应用CATIA V5的第一架数字样机

“数字化样机”对大多数人来讲是陌生的。数字化样机是现代集成制造系统虚拟生产和敏捷制造的基础，是应用三维数字化产品定义、数字化产品预装配、产品数据管理的关键技术，将产品的几何功能、性能等数据全面集成，实现对产品的虚拟设计、分析制造、使用和维护，并最终实现完整的数字化虚拟产品。

传统的二维设计方法，设计周期长，各个部件之间难以在设计阶段统一协调，往往加工后还会发现诸如起落架收不上去的问题。如何解决这一问题是航空设计界一直关注的重点。波音公司在波音777飞机的设计中，采用了国际先进的CAD软件CATIA V4版本，在国际上首次推出了全机电子样机。

2000年，CATIA推出了最新的V5版本，这个版本一改以往基于UNIX系统的传统，而是基于NT系统，在功能上也有很多突破。中航第一飞机研究成功地采用了CATIA V5版本，进行了100%的全机外形、结构件和全机飞机系统的三维数字化定义和100%的数字化预装配，推出的数字样机成为应用V5设计的第一架数字样机。

中航第一飞机设计研究院的操作人员在数字化样机的演示过程中，让系统模拟机构工作时的全部动作，以显示任意零件在任意时刻所处的空间位置，并且还可以随意改变观察视角，动态反映装配过程、路径和顺序。同时，通过虚拟预装配和在无纸条件下的虚拟制造、维护，可以进行结构干涉的检查、刀具加工路径的模拟以及维修活动的可达性、干涉性和可操作性的检查和仿真。数字化样机还有一个较大的优势，即可直接通过三维零件进行NC编程，并利用数控设备进行加工，这无疑大大提高了设计周期，降低了成本。

利用数字化样机，在CATIA的后处理阶段，还可以进行整机的应力、流场以及鸟撞等一系列的仿真分析。

建数字化环境　获CATIA与IBM强劲支持

数字样机依赖于完善的计算机应用环境，中航第一飞机研究院在CAD/CAM的技术应用方面已经有了十几年的经验，软件、硬件和网络平台都颇具规模。为了实现数字样机，中航第一飞机研究院又购买了300多套CATIA V5、40多套VPM/Portal（DB2）软件和数百台图形工作站。这里不能不提到中航第一飞机研究院与IBM的渊源。CATIA软件是由法国达索公司开发的，但软件的销售、方案实施和售后支持一直由IBM来完成。十几年前，IBM便为中航第一飞机设计研究院的前身603所提供产品和技术支持。现在中航第一飞机研究院的计算机硬件设备基本都来自 IBM，考虑到软硬件能够在统一的平台上协同集成、高效率地完成工作，中航第一飞机设计研究院坚决选用了 CATIA。

在 CATIA V5 刚开发出来拿到中航第一飞机设计研究院试用期间，IBM 率领合作伙伴与中航第一飞机设计研究院建立了全天候热线联络，发现问题随时修改。IBM 派出大量技术人员以及合作伙伴专家来到阎良，进行硬件、软件的培训与支持。IBM 的观点是："作为一个大型的国家项目，IBM 能够参与就是一种荣幸，同时这也是对 IBM 产品的一次考验。"事实证明，IBM 的产品在合作过程中经受住了考验，其服务意识也得到了中航第一飞机设计研究院全体科研人员的一致认可。

样机问世　效果超常规

在数字样机的设计过程中，中航第一飞机设计研究院对一些关键技术进行攻关，并取得了可喜的成果。

首先，完成了产品数字化标准体系的建立，包括产品建模的标准化与编码技术，这是使用 CATIA 软件的前提和关键。

其次，在维护仿真方面，应用三维人体模型和通用维修模型，实现了人体姿态分析和运动模拟，进行维修活动的可达性、干涉性和可操作性检查与模拟。在工装设计方面，打通了数字化设计与数字化制造之间的瓶颈，将 476 个三维数模传递给西安飞机制造公司，直接用于数控加工。

最后，应用 IBM 的 VPM 虚拟产品管理软件实施贯穿飞机设计周期的 PDM 产品数据管理，实现分布式、异地飞机产品的数字化构型控制，数字化产品定义的审批、发放和更改流程控制。庞大的异地设计系统需要有良好的集成和管理工具，否则数据就会像一潭死水，缺乏动力和活力。中航第一飞机设计研究院利用 VPM 技术，基本实现了 CAD/CAE 系统之间的信息集成、CAE 系统之间的信息传递和程序集成等。更主要的是 VPM 还针对异地产品数据管理的特点，建立了产品开发过程中的产品数据、开发过程等基本模型，保证了统一的产品结构描述和系列化产品管理，满足了产品开发过程对数据存取操作一致性、有效性的要求。应用 VPM 还可以在飞机设计的整个周期进行产品数据管理，实现分布式、异地飞机产品的数字化构型控制，数字化产品定义的审批、发放及对更改流程的控制。

通过数字样机的设计工作，中航第一设计研究所建立了一套卓有成效的设计、管理体系。通过全机的设计协调，逐步建立起各种设计、管理规范，同时也培养了一大批国内知名的飞机设计和管理人才。

中航第一飞机设计研究院数字样机的问世，取得了显著的效果：研制周期按常规计算为 2.5 年，采用三维设计和全机数字样机技术后，仅用 1 年的时间就完成了设计任务，缩短了 60%的设计周期；提高了设计质量，减少了 40%的设计反复；实现了工装的三维数字化定义，扩大了数控件数量和自动弯管，大大缩短了试制周期，提高了制造质量，减少了试制返工，其直接和间接的经济效益是巨大的。

主要参考文献

Burgelman R A，Maidique M A，Wheelwright S C. 2004. 技术与创新的战略管理. 第 3 版. 陈劲，王毅译. 北京：机械工业出版社

Roussel P A，et al. 第三代研发 . 赵凤山等译 . 北京：机械工业出版社

贝伦森 C，莫尔-杰克逊 I，扬西蒂 M 等 . 2003. 新产品开发 . 第 2 版 . 北京：中国人民大学出版社

陈文按 . 2000. 创新工程学习 . 上海：立信会计出版社

陈兴荣 . 2005-06-26. 国家级新产品量化评价方法 . http：//space. cetin. net. cn/docs/mp9702/mp970218. htm

陈宗舜等 . 2004. 产品数字化与产品数据管理 . 北京：清华大学出版社

葛允江 . 1996. 现代企业新产品开发战略 . 科学与管理，(2)：36，37

郭钢 . 2002. 新产品数字化设计与管理 . 重庆：重庆大学出版社

梅强，李文元，赵官兵 . 2004. 新产品开发管理 . 北京：化学工业出版社

庞士宗等 . 2001. 产品数据管理（PDM）. 北京：机械工业出版社

石文宏 . 1999. 知识经济时代的中国企业国际营销产品策略 . 经济改革，(1)：45～48

舒德尔 W M E，舍曼 J D. 2001. 新技术开发管理 . 北京：中信出版社

托马斯 R J. 1988. 新产品开发 . 沈志彦，赵正兴，古科鸿等译 . 上海：上海译文出版社

托马斯 R J. 2002. 新产品成功的故事 . 北京新华信管理顾问有限公司译校 . 北京：中国人民大学出版社

王成恩等 . 2004. 产品生命周期建模与管理 . 北京：科学出版社

王金凤 . 2005－05－12. 中小企业产品开发战略探讨 . http：//www. hnass. com. cn/qyhl/200411/1-21. htm

王毅 . 2004. 企业核心能力与技术创新战略 . 北京：中国金融出版社

吴晓云 . 2004. 市场营销管理教程 . 天津：天津大学出版社

于凌宇 . 1993. 略论新产品开发战略决策 . 电子软件学，(3)：62～64

翟丽 . 2001. 新产品开发的时间战略 . 中国软科学，(3)：71～75

张卫星 . 2004. 市场预测与决策 . 北京：北京工业大学出版社

赵光忠 . 2004. 产品研发与卖点设计 . 北京：中国时代出版社

赵弘 . 2000. 领先型与紧跟型新产品开发战略 . 经济师，(9)：208，209

朱战备等 . 2004. 产品生命周期管理 . 北京：电子工业出版社